JN298737

スウェーデン北部の住民組織と地域再生

中道仁美・小内純子・大野晃 編著

東信堂

はじめに

中道　仁美

第1節　住民による地域再生活動と地域政策の拡がり

　スウェーデンでは、1974年の石油危機まで高い経済成長が続き、その結果、地方から都市に人口が流出し、地方社会の空洞化が進んだ。また、2度にわたるコミューン（kommun）[1]合併の推進により、1960年には1031あったコミューンが1974年には278になり、住民とコミューン間で意思疎通を図ることが難しくなっていった。この時期、政府では独自の地域政策が模索されるが、農村地域では、住民による「継続的に続く過疎化と農村地域の格下げに対する抗議運動として」集落活性化運動が始まる[2]（Herlitz, 1999: 15）。スウェーデンでは、こうした住民の主体的な活動は歴史的にも散見され、地域再生活動では重要な役割を果たしている。しかし、集落活性化運動により結成された様々な住民組織は、それまでとは異なった特徴を持つ。新しい形態の協同組合や、社会的企業が生まれ、これらの組織を統括する集落組織も結成された。そこではEUや政府の構造基金が、住民により積極的に利用されている[3]。

　一方、高度経済成長とともに過疎化が進行する日本では20世紀末になって新しい農村政策が実施された。1961年に制定され、長期にわたり国の農業政策の指針となった農業基本法が見直されることになり、農村政策を明文化した「新しい食料・農業・農村基本法」（新基本法）が1999年に成立した。

国の農村政策は、国土交通省（旧国土庁）でも担われてきたが、1950年に施行された国土総合開発法に基づき、1962年以降、全国総合開発計画が策定されてきた。1998年4月に策定された第五次全国総合開発計画（21世紀の国土のグランドデザイン）では「活力ある農村社会の実現」が謳われた。これらの施策では、様々な社会経済条件が不利なため、産業が発展することが難しく、居住条件も劣悪なため、若年層だけでなく、基幹的労働者さえも流出してゆく農山漁村の過疎化[4]への対応が求められている。

こうした農村からの人口流出の状況は、日本やスウェーデンだけでなく、西欧先進国で顕著であり、1972年のEC加盟にあたりイギリスが共通農業政策に条件不利地域（LFA（山岳及び劣等地））政策の導入を強く求めたほどである（和泉、1988: 28）。また、1995年、EUはスウェーデンの加盟に際して、条件不利地域の指定要件に緯度を考慮し、スウェーデンの農用地の半分が条件不利地域となった。

日本では、EU政策を参考にして2000年に中山間地域等直接支払制度が創設され、2010年には農業者戸別所得補償制度が試験的に導入された。中山間地域等直接支払の交付金実施要領をみると、日本では「条件不利地域とは、条件の不利性が一時的事情以上の事情から生じる明確に規定された中立的・客観的基準に照らして不利と認められるものでなければならない」とされている。ここでいう日本の条件不利地域には山村振興法、過疎関連法、特定農山村法などの関連法がいくつか存在し[5]、その規定も若干異なるが、基本的には、人口減少、人口密度、人口規模、高齢者、農業従事者等の人的要件と、林野率、勾配率等の地理的要件、財政力指数の経済的要件の3つがみられる。しかし、このような要件だけでは寒冷地を規定することができないとして、対象農地の規定に「積算気温が著しく低く、かつ、草地率が70%以上」が含められた。

EUでは20世紀に向けてアジェンダ2000を策定し、デカップリング政策（価格支持から所得補償）への傾斜をますます深めている。EU拡大による支出増大を見越して共通農業政策を見直し、構造政策の改革を行った。地域政策の予算規模が拡大し、地域政策は重要性を増すようになり、方法もボト

ムアップ、地域組織とのパートナーシップが重視されるようになった。スウェーデンを含め EU 加盟国では地域政策が重要な地位を占めるようになったばかりでなく、EU の地域政策との連携も重要になってきている[6]。

第 2 節　本書の目的と構成

　私たちは、日本の条件不利地域問題の解決のため、EU の条件不利地域政策について地域住民・地域社会レベルの調査から、政策課題を明らかにしようと考えた。調査地の選定にあたり、政策導入に伴う影響を考察するため、1995 年に EU に加盟したスウェーデンで調査を行うこととした。日本では中山間地域等直接支払制度導入にあたり、北海道を考慮して、過疎関連法にはなかった「積算気温」が導入されたが、EU ではスウェーデンの加盟に際して、条件不利地域の指定要件に緯度を考慮しただけでなく、同時に構造政策でも、これまでの 5 つの政策目的に追加して、人口密度が極端に低い地域の発展及び構造調整を図る目的 6 が設定された。人口密度が 1km²あたり 8 人以下という規定の特別不利地域は、スウェーデン北部、西部にまたがり、国土のほぼ半分を占めている[7]。

　本書では、EU 加盟後のスウェーデンの条件不利地域の住民による新しい協同組合活動や社会的企業、集落組織結成による自治活動など、住民による地域活性化活動を取り上げ、これらの活動が地域再生にどのように機能したのか、EU 構造基金などの公的支援が地域再生にどのような役割を果たしたのか、実態を明らかにすることにより、地域再生の課題は何なのか、地域再生のあるべき方向を論ずることとした。

　最初に第 1 章で EU およびスウェーデン政府の地域政策について考察し、スウェーデン政府による地域政策が EU 政策と歩調を合わせ、地域住民によるボトムアップとパートナーシップ政策へ変化していることを確認する。次いで、第 2 章でスウェーデンの条件不利地域の拠点でもあるイェムトランド（Jämtland）県における地域再生活動、特に「イェムトランドモデル」を

取り上げ、地域再生支援システムのスウェーデン的特徴を考察する。

　第3章以降では、イェムトランド県における住民活動の活発な2つの地域を事例として取り上げる。1つは、新しい協同組合と自治組織の結成により地域活性化を図ろうとしてきたカル地区フーソー（Huså）集落であり、もう1つは協同組合から社会的企業が結成され、住民により運営されているトロングスヴィーケン（Trångsviken）地区である。第3章と第4章ではフーソー集落を事例として取り上げているが、第3章ではスウェーデンの協同組合の展開を概観した後、フーソー集落における協同組合活動の実態から、地域再生における住民活動の課題を論じる。第4章では、フーソー集落の自治活動を取り上げ、住民の集落維持に向けた活動と生活の実態から地域の進むべき方向を明らかにする。第5章ではトロングスヴィーケン地区を事例に取り上げ、地域活性化事例として著名な社会的企業の実態を明らかにするとともに、EUプロジェクト後の活動課題を論じる。第6章ではイェムトランド県に広くみられる自治組織（byalag: ビアラーグ）についてトロングスヴィーケン地区及びオーレ・コミューンのクビッツレの自治組織について実態を明らかにし、第4章で取り上げたフーソー自治組織も含めてその特徴を考察する。最後に、補論として、フーソー集落における親族のつながりを生活実態とともに明らかにし、その特徴を考察する。

第3節　事例地域の概要

　スウェーデンの国土は45万k㎡で、そのうち農用地は全土地利用の8%、森林・亜高山性林野が52%である。2010年の人口[8]は941万5,570人、65歳以上人口は18.5%で、ともに増加傾向にある。本書で取り上げる地域、スウェーデン北部にあるイェムトランド県の総面積は4万9千k㎡で、国土の12%を占めている。農用地はわずか1%で、森林・亜高山性林野が49%を占める。人口は12万6,691人で減少傾向にあり、65歳以上人口は21.2%で増加傾向にある。人口密度は国の21.5人/k㎡に対し2.7人/k㎡以下で、

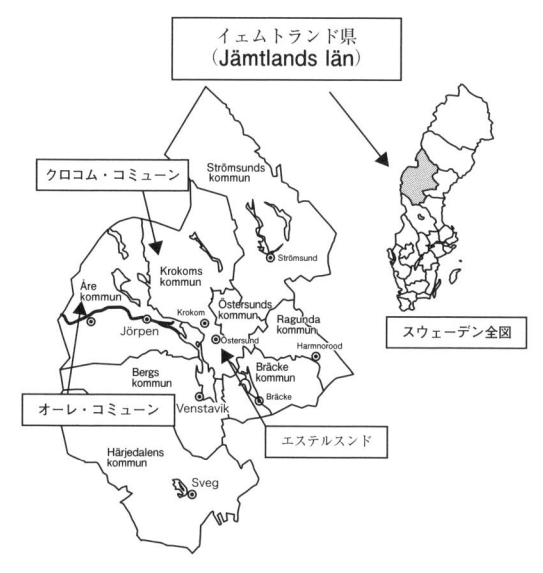

図0-1　スウェーデン全図における調査地イェムトランド県（Jämtland）の位置（右）、及びイェムトランド県におけるクロコム・コミューン（Krokom kommun）とオーレ・コミューン（Åre Kommun）の位置（左）

最も人口密度の低い人口希薄地域の1つである。スウェーデン政府は、当地に政府の地域開発担当庁や研究所を置き、北部地域開発の拠点としてきた。

　私たちは、スウェーデンでは北部農山村地域であるイェムトランド県クロコム・コミューン（Krokom kommun）のトロングスヴィーケン地区とオーレ・コミューン（Åre kommun）のカル（Kall）地区フーソー集落（図0-1）を1999年に初めて訪問し、2003年から2009年まで断続的に調査を実施した[9]。1997年にスウェーデン農業委員会が作成した「県レベルにおける地域・環境支援」をみると、イェムトランド県にはスウェーデンのEU予算の2番目に高い資金が支払われている。また、県都エステルスンド（Östersund）市には、全スウェーデン農村開発研究機関をはじめ、国の地域開発部門が集中して設置されており、開発政策の中心的地域である。

　イェムトランド県には8つのコミューンがあり、県都のあるエステルスンド・コミューンの人口が突出して多い。イェムトランド県の人口は、表

表 0-1　イェムトランド県と調査地の最近の人口

		2005年	2006年	2007年			
					エステルスンド	クロコム	オーレ
総人口		127,028	127,020	126,937	58,686	14,313	10,127
	遠隔農村地域	37,202	36,989	36,731	546	4,093	9,991
	近郊農村地域	32,093	32,213	32,525	8,691	9,499	136
	都市地域	57,733	57,818	57,681	49,449	721	0

注：「遠隔農村地域」とは最も近い人口 3,000 人以上の都市地域から車で 45 分以上離れている地域、および本土と常時接続していない島。
　　「近郊農村地域」とは最も近い人口 3,000 人以上の都市地域から車で 5 分～ 45 分の地域。
　　「都市地域」とは人口 3,000 人以上の地域、および都市地域から車で 5 分の地域。
資料：Glesbygdverket "Sveriges gled-och landsbygder 2007, 2008"

0-1 にみるように、2005 年で 127,028 人であったが、2007 年には 126,937 人と漸減している。スウェーデンの人口統計は地域を「遠隔農村地域」「近郊農村地域」「都市地域」の 3 つに分けているが、近郊農村地域で人口が増加し、都市地域や遠隔農村地域で人口が減少している。

エステルスンド・コミューンには県都エステルスンドがあり、様々な公的・私的機関や大学が立地していることから、都市地域の人口が圧倒的に多いが、私たちの調査対象地であるクロコム・コミューンとオーレ・コミューンをみると、クロコム・コミューンでは、近郊農村地域の人口が多くなっており、オーレ・コミューンでは、ほとんどの人が遠隔農村地域に住んでいる。

クロコム・コミューンはエステルスンドの北に隣接し、空港から 30 分ほどのストール湖（Storsjön）に沿った地域で、企業が多く立地している。総面積は 6,210km²（うち耕地 12%、森林 66%）、南北 186km、農業、林業、工業（中小企業）の立地する南部平坦地とノルウェー国境に隣接する山岳地帯にまたがっている。2003 年の総人口[10]は約 1 万 4,279 人で、移入増により減少傾向から若干ではあるが増加に転じている。全国平均と比べて 25 ～ 44 歳の中核的人口の占める割合が 23% 少なく、65 歳以上高齢層が 18% で、16 歳未満若年層の 21% とともに多い。2002 年の平均所得は 20 万 4,000kr で、スウェーデン平均より低いが、イェムトランド県平均より高い。なお、2003 年の自治体予算は 7 億 3,100 万 kr、総資産額 3 億 7,000 万 kr、うち負債 1 億 kr で、2002 年に比べて大幅に負債が減少し財政が改善されたが、自

治体予算に比べて資産が少ない。

　クロコム・コミューンは1980～90年の過剰投資、人口減による税収不足、政府の税システムの変更による1,500万krの補助金削減[11]等により1997-98年に財政危機に陥った。銀行が貸付しなくなり、ドイツの銀行から借りたこともあったが、組織再編と若干の職員削減の結果、財政の立て直しが進んでいる。また、政治的にも、社会民主党と中央党の連携もよく、99年から同じ首長が続き安定している。

　オーレ・コミューンはイェムトランド県の西部、エステルスンドからノルウェー国境に至る横断道路14E線をクロコムから約80kmのところにあり、総面積7,330km²（うち耕地7％、森林は56％）で、カル湖（Kallsjön）と有名な大規模リゾートスキー場オーレ（Åre）がある。2003年の調査で総人口は約9,692人で、移入により若干増加した。全国平均と比べて65歳以上が18％と高く、20～24歳が5％で若干低い。2002年の平均所得は18万4,000krで、国や県の平均よりも低く、クロコム・コミューンの9割である。2003年の自治体予算は5億2,500万kr、総資産額7億3,100万kr、うち負債5億900万krで、総資産額が大きいものの、1年間の自治体予算と同額の負債を抱えている。

　オーレ・コミューンには、カル湖岸の潮位変動による被害に対する多額の補償金が水力発電所から入り、自治体財政の危機が無かったという。しかし、社会民主党と中央党の勢力が拮抗しており、4年ごとに首長が交替して、政治的に不安定である。また、2007年に開催されたスキーのワールドカップを地域発展の好機と見て、オーレ地区に投資を集中させ、地区間格差の拡大等による地域住民の不協和音が聞こえる。

　このように、2つの調査地はともに高齢化の進んだ条件不利地域であるが、近年、クロコム・コミューンには起業投資により、オーレ・コミューンにはスキー開発投資により、労働力の移入がみられ、2007年のクロコム・コミューンの人口は1万4,312人、オーレ・コミューンの人口は1万127人と、人口が増加している。クロコム・コミューンは県都に近く、所得も県の平均より高く、財政危機を克服する過程でコミューンの組織改革が進み、住民と

の連携も良い。オーレ・コミューンはスキーのワールドカップ開催地という冬季の観光地を控えながら、所得は国・県の平均より低く、電力補償金という豊富な特別収入に依存しており、政権が不安定で、組織改革が進まず、住民との連携も弱化していると言われている。

注
(1) コミューンの適当な訳語を見出せないので、本文では、「コミューン」のまま用いることにした。国より小さいレベルにランスティング（landsting）やレーン（län）（ともに日本の都道府県に当るが、役割により分かれる）があり、それより小さいレベルがコミューンであり、地方自治の基礎単位で、日本の市町村に当るという（岡沢、1994: 61）。
(2) 1995年には全農村地域で約3,700の地域開発グループが活動していたという。
(3) 日本でも直接支払制度では住民組織が地域再生の核となるよう求めているが、過疎化・高齢化の進行により限界集落の自治会はその機能を果たせなくなっており、組織化さえ困難な状況にある。
(4) 実際、「過疎地域」は、2010年現在で268市508町村、合計776団体で、全市町村の44.9%にのぼる。過疎地域市町村は、大阪府と神奈川県を除く45都道府県にあり、大都市のすぐそばにも過疎山村がある。ブロック別には北海道、中国、九州、沖縄に多いが、鹿児島県、島根県では、9割以上が過疎地域市町村で占められ、秋田県では3人に2人、島根県では2人に1人が過疎地域に居住し、秋田県、大分県では県面積の8割以上が過疎地域である。このように、日本の条件不利地域では人口、戸数が激減し、過疎化・高齢化が急速に進行し、「限界集落」が増加している。

なお、「過疎地域」とは、「過疎地域活性化特別措置法」によると、「人口集中の著しい減少に伴って地域社会における活力が低下し、生産機能及び生活環境の整備等がほかの地域に比較して低位にある地域」と定義され、具体的な要件は、財政力指数が0.44以下、公営企業収益が10億円以下で、人口減少率が0.25以上、または人口減少率0.20以上で、65歳以上の比率が0.16以上あるいは15〜29歳人口比率が0.16未満のいずれかに該当する市町村と定義されている。

また、「限界集落」とは、65歳以上の人口が集落人口の50%を超え、冠

婚葬祭をはじめ田役、道などの社会的生活の維持が困難な状態に置かれている集落をさす。なお、現在、集落自治の担い手は確保されているものの、55歳以上の人口が50%を超え、その再生産が難しくなってきており限界集落の予備的存在になっている集落を準限界集落と呼ぶ（大野、1991）。

(5) 一連の地域振興法の中で、特定農山村法の規定による「特定農山村地域」、過疎関連法の規定による「過疎地域」および山村振興法による「振興山村」の間には重複指定があるとともに、互いに共有されない地域も含まれている。これら他に指定されていない、単独指定地域の割合は、1995年の報告では、特定農山村で全体の21%、過疎地域で全体の19%、振興山村で全体の3%ある（松木・ポスト、1995: 39）。

(6) 2005年の予算では共通農業政策予算43%に次いで、構造政策予算は36%を占めており、共通農業政策の割合が減少し、構造政策予算の割合が増加している。条件不利地域に対するEUの政策には、共通農業政策における農業構造政策と、「域内地域の経済的社会的不均衡の是正・拡大予防を行う」ことを目的とする構造政策（地域政策）の2つの政策があり、条件不利地域対策と呼ばれる施策は前者をさすことが多いが、本書では、後者の地域政策に主眼をおいて考察している。

(7) 1975年に制定された「山岳地域、丘陵地域、及び特定の条件不利地域の農業に関する指令」（75/268号）にある、EC初めての条件不利地域定義による規定要因をみると、「山岳地域」に対しては標高、作物生育期間、斜度、機械化の可能性等、「過疎の危険性のある条件劣悪地域」に対しては人口密度、農業依存度、家畜飼養密度、作物産出量等、「特別な劣悪条件に直面しているその他の条件不利地域」に対しては、農業条件の劣悪、面積等であった（和泉、1988: 31）。なお、「山岳・丘陵地域」を「山岳地域」、「過疎の危険性のある条件劣悪地域」を「単純条件不利地域」、「特別な劣悪条件に直面しているその他の条件不利地域」を「特別ハンディキャップ条件不利地域」といった呼び方をする場合もある（岡田、1998: 26）。

(8) 2010年のスウェーデンの人口のデータは「Population in the country, counties and municipalities by sex and age 31/12/2010」（Statistics Sweden）。

(9) 調査にあたっては、スウェーデン協会、全スウェーデン農村開発研究機関等の協力を得た。農村の選定はこちらの関心をスウェーデン協会、農業開発研究所に伝え、具体的選定は、農業開発研究所が行なった。農家の選定は、農村のインフォーマントが行なった。インタビューは基本的には英語で行い、一部スウェーデン語の通訳を使用した。

なお、本研究は、「あとがき」最後（p.242）に記してある3つの科学研究費補助金を受けて行ったものである。
(10) 調査地の面積、人口、就業者数等のデータは「Sweden in Figures 2003」及び「Fact about the County of Jämtland 2003」。なお、各コミューンの人口の推移は第2章第2節を参照されたい。
(11) 1993年の租税制度改革により補助金が減り、特にイェムトランドではその減額が大きかった（藤岡、2001: 195）。

参考文献

和泉真理、1988、『英国の農業環境政策』富民協会．
大野晃、1991、「山村の高齢化と限界集落」『経済』1991年6月号．
岡沢憲芙、1994、『おんなたちのスウェーデン』NHKブックス714、日本放送出版協会．
岡田明輝、1998、『のびゆく農業883～884　EUの農村振興政策の現状』農政調査委員会．
藤岡純一、2001、『分権型福祉社会スウェーデンの財政』有斐閣．
松木洋一・ヤープH. ポスト、1995、「EUと日本の条件不利地域政策の比較研究」『日蘭学会会誌』第20巻第1号．
European Community Structural Funds, 1998, *The Structural Fund in Sweden,* Info nr:009-1998（NUTEK）．
Herlitz, Ulla, 1999, *The Village Action Movement in Sweden - Local Development – Employment – Democracy,* School of Economics and Commercial Law, Gotheburg University.
Regeringskansliet, 1999, *Agenda 2000 –with Reference to Swedish Agriculture,* Fritzes, Stockholm.

スウェーデン北部の住民組織と地域再生 * 目次

はじめに ……………………………………………… 中道仁美　i
　第1節　住民による地域再生活動と地域政策の拡がり　i
　第2節　本書の目的と構成　iii
　第3節　事例地域の概要　iv

第1章　スウェーデン条件不利地域の政策とEU構造資金 … 中道仁美　3
　第1節　はじめに　3
　第2節　スウェーデンの地域政策とEUの構造資金　5
　　2-1　EU（欧州連合）の地域政策　5
　　　2-1（1）ローマ条約と地域政策へのまなざし　5
　　　2-1（2）欧州地域開発基金（ERDF）の設置と共同体の直接関与　6
　　　2-1（3）単一欧州議定書（SEA）と地域政策のプログラム化　7
　　　2-1（4）パートナーシップの導入とコミュニティ・イニシアティブの強化　8
　　　2-1（5）地域政策予算の統合とパートナーシップの推進　9
　　　2-1（6）EU統合と地域政策　10
　　2-2　スウェーデンの地域政策　10
　　　2-2（1）スウェーデンにおける地域政策の導入　10
　　　2-2（2）地域政策におけるパートナーシップの導入　12
　　　2-2（3）パートナーシップとボトムアップの導入　13
　　　2-2（4）農村・人口希薄地域のパートナーシップとボトムアップ　14
　　2-3　スウェーデンの地域政策の変化とEU地域政策との関係　15
　　　2-3（1）EU加盟前のスウェーデンの地域政策とEU地域政策の比較　15

　　　　　2-3（2）EU地域政策下のスウェーデンの地域開発　16
　　　　　2-3（3）スウェーデンの地域政策の欧州化　19
　第3節　スウェーデンの条件不利地域における農業政策　20
　　　3-1　アジェンダ2000前のスウェーデンの農業政策　20
　　　3-2　アジェンダ2000におけるスウェーデンの農業政策　24
　　　3-3　スウェーデン条件不利地域にある農家の現状　26
　　　3-4　条件不利地域の活性化と所得補償にみる政策課題　28
　第4節　むすび　29

第2章　イェムトランド県における地域再生活動と支援システム
　　　　　　　　　　　　　　　　　　　　　　　　　　小内純子　33

　第1節　はじめに　33
　第2節　スウェーデンにおけるイェムトランド県の特徴　34
　　　2-1　イェムトランド県の位置と歴史的背景　34
　　　2-2　人口の推移とその特徴　35
　　　2-3　イェムトランド県の産業・就業構造の変化とその特徴　39
　第3節　地域再生運動の隆盛と「イェムトランドモデル」　46
　　　3-1　生活不安と危機意識　46
　　　3-2　1980年代に始まる地域再生運動の3つの原動力　47
　　　3-3　「イェムトランドモデル」とは何か　52
　　　3-4　「イェムトランドモデル」を支える理論──必須の三角形──　55
　第4節　「イェムトランドモデル」を支えるシステム　56
　　　4-1　公的サポートシステム　58
　　　　　4-1（1）コミューンと県行政庁　58
　　　　　4-1（2）国と県の諸機関　58

4-2　外的刺激とサポートシステム　62
　　　　　4-2（1）民衆運動委員会（Folkrörelserädet）　62
　　　　　4-2（2）コンパニオン（Coompanion）　64
　　　　　4-2（3）女性資源センター　67
　第5節　まとめ　70

第3章　協同組合の展開と住民による地域再生運動 ………… 中道仁美　79
　　　　―オーレ・コミューン・フーソー集落を事例として―
　第1節　はじめに　79
　第2節　スウェーデンにおける協同組合活動と組織の特徴　80
　　　2-1　民衆運動の展開と新しい協同組合の設立　80
　　　2-2　多様な新しい協同組合組織の設立と設立支援体制　82
　　　2-3　スウェーデンの協同組合組織の分類　82
　　　2-4　スウェーデンの協同組合の特徴　84
　第3節　イェムトランドにおける協同組合活動の展開　85
　　　3-1　新しい協同組合の設立と拡大　85
　　　3-2　地域振興のための協同組合　87
　　　3-3　イェムトランドの協同組合の特徴　88
　第4節　フーソー集落における地域開発と協同組合活動　89
　　　4-1　フーソー集落の人口の現状と歴史　89
　　　4-2　フーソー劇の成功と新しい協同組合の設立　92
　　　4-3　地域密着型の社会事業組合の成立　94
　　　4-4　住民活動の停滞と経済組合の衰退　98
　第5節　フーソー集落における地域開発とEUプロジェクト　101
　第6節　むすび　103

第4章　人口希薄地域の住民生活と集落自治会 …………… 大野　晃　109
　　　　　―オーレ・コミューン・フーソー集落の自治会活動を中心に―
　第1節　はじめに―本章の課題―　109
　第2節　オーレ・コミューンの人口動向とカル地区の住民組織　110
　　　2-1　オーレ・コミューンの人口動向　110
　　　2-2　カル地区委員会と集落の自治組織　111
　第3節　フーソー集落の現状と住民の生活実態　113
　　　3-1　フーソー集落の歩み　113
　　　3-2　フーソー集落の世帯構成と職業　115
　　　3-3　独居老人の日常生活　116
　　　3-4　自営業者の経営―農業・ベーカリー・レストランの経営者―　118
　第4節　フーソー集落自治会の組織と活動　124
　　　4-1　フーソーの集落自治会（byalag）とその仕組み　124
　　　4-2　集落自治会の活動状況　125
　　　　　4-2（1）フーソー道路問題　125
　　　　　4-2（2）小学校の廃校活用問題　127
　第5節　人口希薄地域の集落再生とその課題　130
　　　5-1　人口希薄地域が直面している問題状況　130
　　　5-2　2つの地域資源　131
　　　5-3　人と自然の「カントリーミュージアム」　132
　　　5-4　人口希薄地域再生モデルの創造―結びにかえて―　133

第5章　「社会的企業」による地域づくり活動と住民自治 … 小内純子　137
　　　　　―クロコム・コミューンのトロングスヴィーケン地区を事例として―
　第1節　はじめに　137
　　　1-1　本章の課題　137

1-2　スウェーデンにおける社会的企業　138

　　　1-3　本章の構成　140

第2節　第1期：「歴史的社会資本」の蓄積とコミュニティセンターの建設　141

　　　2-1　トロングスヴィーケン地区の概況　141

　　　　　2-1（1）地区の概況　141

　　　　　2-1（2）主な中小企業　142

　　　2-2　新しいコミュニティセンターの建設　143

　　　2-3　コミュニティセンターの運営とコミュニティセンター組合　146

　　　2-4　「歴史的社会資本」の蓄積過程　147

　　　　　2-4（1）企業の集積過程と社会関係資本の形成　148

　　　　　2-4（2）住民組織の形成と社会関係資本の蓄積　149

第3節　第2期：EUプロジェクトの実施期間　152

　　　3-1　EUプロジェクトの開始　152

　　　3-2　EUプロジェクトの導入期　153

　　　　　3-2（1）目的6プロジェクト　153

　　　　　3-2（2）プロジェクト・リーダーの採用　154

　　　3-3　EUプロジェクトの大規模化と（株）トロングスヴィーク社の設立　155

　　　3-4　（株）トロングスヴィーク社の設立と運営体制　157

　　　　　3-4（1）株式会社の設立と運営主体の変化　157

　　　　　3-4（2）プロジェクトの運営体制　159

　　　3-5　EUプロジェクトの成功要因　161

第4節　第3期：EUプロジェクト以降の現段階　164

　　　4-1　活動のミッション―どう自己規定しているのか―　164

　　　4-2　ポストEUプロジェクトの体制づくりと新たな活動　165

　　　　　4-2（1）運営体制の再編　165

    4-2（2）新たな事業の模索　168

    4-2（3）経営状況　170

   4-3　今後の課題　172

    4-3（1）(株)トロングスヴィーク社と住民との距離の拡大　172

    4-3（2）経営基盤の強化　173

 第5節　おわりに　174

第6章　スウェーデンの集落自治会（ビアラーグ）活動と住民自治
                     小内純子・吉澤四郎　183

 第1節　はじめに　183

 第2節　エーデ／ロンニングスベリ・ビアラーグ　185

   2-1　設立の経緯　185

   2-2　規　約　186

   2-3　現在の運営　187

   2-4　活動内容　187

   2-5　会　計　189

 第3節　オーセ／トロング・ビアラーグ　189

   3-1　設立の経緯　191

   3-2　現在の運営　191

   3-3　活動内容　193

    3-3（1）ヨー農場の保存と維持・管理　193

    3-3（2）サマーカフェの取り組み　195

    3-3（3）その他の要求実現活動　196

   3-4　会　計　196

 第4節　モー／トロングスヴィーケン・ビアラーグ　196

4-1　設立の経緯　196

　　　4-2　規　約　197

　　　4-3　現在の運営　197

　　　4-4　活動内容　199

　　　4-5　会　計　201

　第 5 節　クビッツレ・ビアラーグ　203

　　　5-1　設立の経緯　203

　　　5-2　規　約　204

　　　5-3　活動内容　204

　　　　　5-3（1）親睦活動　206

　　　　　5-3（2）施設の維持管理に関する活動　206

　　　　　5-3（3）ボランティア活動　207

　　　　　5-3（4）要求実現活動　207

　　　5-4　活動上の課題　208

　第 6 節　まとめ　208

補論　家族と親族ネットワーク ……………………………………… 中道仁美　215

　第 1 節　はじめに　215

　第 2 節　調査地域の人口の推移　217

　第 3 節　調査世帯の概要　218

　　　3-1　世帯員数別にみた調査世帯　218

　　　3-2　同居状況からみた調査世帯　218

　　　3-3　住民の職業　220

　第 4 節　家族・親族ネットワークと集落における役割　220

　　　4-1　鉱山労働者の系譜と親族ネットワーク　223

　　　　4-2　集落活性化活動と親族ネットワーク　230
　第5節　高齢者と親族ネットワーク　230
　　　　5-1　高齢者家族と親族ネットワーク　230
　　　　5-2　事例にみる高齢者の日常と支える人々　231
　　　　5-3　調査地における高齢者支援　233
　第6節　むすび　234

おわりに―地域再生の新たな展開によせて― ……………………… 大野　晃　237

あとがき ……………………………………………………………… 大野　晃　241

索　引 ………………………………………………………………………… 243

執筆者紹介 …………………………………………………………………… 250

スウェーデン北部の住民組織と地域再生

第1章 スウェーデン条件不利地域の政策とEU構造資金

中道　仁美

第1節　はじめに

　周知のように、EUにおける「条件不利地域」の考えは、1972年のイギリスのEC加盟を契機としている（和泉、1988: 28）。それは、EC最初の共通農業政策の共通構造政策として同年に出された「農業近代化」政策に対し、1957年のローマ条約（EEC設立条約）の「農村社会の公正な生活水準を確保する」ことができない地域、その地域の農業外産業での所得水準「比較所得水準」が望めない地域の認知を求めるものであった（和泉、1988）。1975年に制定された「山岳地域、丘陵地域、及び特定の条件不利地域の農業に関する指令」（75/268号）にある、EC初めての条件不利地域定義による規定要因をみると、「山岳地域」に対しては標高、作物生育期間、斜度、機械化の可能性等、「過疎の危険性のある条件劣悪地域」に対しては人口密度、農業依存度、家畜飼養密度、作物産出量等、「特別な劣悪条件に直面しているその他の条件不利地域」に対しては、農業条件の劣悪、面積等であった（和泉、1988: 31）。

　この規定には「山岳地域」では農業が不可欠であること、「過疎の危険性のある条件劣悪地域」では最小限人口の維持が必要で、田園の保全が困難であること、「特別な劣悪条件に直面しているその他の条件不利地域」では農業の保全が田園の保全、観光資源の保全、海岸線の保全等に必要であると

いった認識が存在する。EUの条件不利地域の立法の目的は多重で、条件不利地域における田園の恒久的な維持、農業所得の減少と劣悪な労働条件による大規模な過疎化の抑制を含むといわれ、また、このような地域を放置するならば、耕地の放棄により農業に依存する地域の存立が危ういといわれる（フェネル、1988: 201）。

　この指令に基づいてEUの各加盟国が自国の条件不利地域を定めることになっており、その要件は必ずしも一定ではない。特にECの拡大とともに指定地域は拡大している。現在のEU共通農業政策（CAP）の条件不利地域は、農業存続の確保、最低限の人口水準の維持、田園景観の保全の3つを目的としている。地域指定は標高（生育期間、無霜日）、傾斜度（機械利用）により規定される「山岳地域」、土地条件の劣悪性（牧草地、穀物の生産性）、経済達成度（純付加価値税、所得）により規定される「その他の条件不利地域」、特別ハンディキャップ地域（小地域）の3つに分けられているが、具体的な基準は各国に任されており、対象農家の農用地基準も異なり、EUの負担率（各国の負担率）も異なるため、指定地域の割合、平均需給金額も国により、大きく異なる。

　共通農業政策においては、WTO対策から農業構造改革は急務であり、デカップリング政策（価格支持から所得補償）を推進する一方で、構造改革につながる地域政策がしだいに重要性を増してきた。農業関連予算は長らく大きな割合を占めてきたが、ECの拡大とともに地域格差が重要な課題として浮かび上がってくると、地域政策に占める予算規模がしだいに拡大することとなった。

　本章では、まず第2節で、近年特に重要性を帯びてきたEUの地域政策を振り返り、EUにおける地域政策がどのように地域振興と結びついているかを考察する。スウェーデンは1995年にEUに加盟したが、スウェーデンの地域政策とEUの地域政策を比較検討し、現代スウェーデンの条件不利地域における地域政策がEU地域政策とどのような関係にあるか考察する。第3節では、スウェーデンの農業政策について、アジェンダ2000改革を中心に検討し、条件不利地域への支援を考察する。EU加盟後、共通農業政策に

より農家支援は変化した。スウェーデン北部の条件不利地域における農業所得補償の実態から支援の課題を考える。

第2節　スウェーデンの地域政策とEUの構造資金

　本節では、まず、EUの地域政策について、「地域格差」がどのように考えられ、どのような政策として展開したのかを検討する。また、スウェーデンの地域政策について、EU加盟までの政策と加盟後の政策について、EUの地域政策との関連を比較検討し、現代スウェーデンの条件不利地域における地域政策がEU地域政策とどのような関係にあるか考察する。

2-1　EU（欧州連合）の地域政策

2-1（1）　ローマ条約と地域政策へのまなざし
　EU結成の目的は、域内のヒト、モノの自由な往来である。しかし、域内の経済格差は、この流れを一方的なものにする。EUでは、その前身である1952年のECSC（欧州石炭鉄鋼共同体）発足当初より地域間格差の縮小・調和的発展が希求されてきた。ECSCは、その後1957年にローマ条約を締結して、1958年の欧州経済共同体（EEC）の発足へと展開するが、ローマ条約には「諸国の経済の一体を強化し、多様な地域の間に存在する格差を縮小することにより、或いは一層恵まれない地域の後進性を緩和することにより、調和した発展を確保することを希求し」の文言が付加されたものの、創設当初は、所得格差の比較的小さな6カ国（西ドイツ、フランス、イタリア、ベルギー、オランダ、ルクセンブルグ）の共同体であったため、「欧州経済の一体化が進み欧州全体の経済成長が進めば、地域格差も自然に解消される」との見方[1]が趨勢を占めていた（稲本、2003: 25）。それゆえ、地域政策はまだ自立した政策として存在していなかった。
　当時、これら原加盟国の中ではイタリアの抱える地域格差が認識されてお

り、1958年のインフラの未整備、低開発地域の開発などを目的とした欧州投資銀行（EIB）の設立や、後の地域政策資金の一角をなす1960年の欧州社会基金（ESF）の設立にはイタリアの強い働きかけがあったと言われる（辻、2000: 38-44）。ESFは、共同市場での流動性を促すこと、特に労働移動を促進することを目的としており、失業中の労働者への再職業教育や配置転換に助成金を出すこととしていた。しかし、労働移動が促進されることによって、地域格差はますます拡大した。

　一方、1962年には、農業部門の自由化を進めるため、共通農業政策が導入され、欧州農業指導保証基金（EAGGF）が設置される。基金は価格維持を保証する部門と、生産・マーケティングの近代化を指導する部門に分けられており、後者の金額はわずかであったが「地域政策」の一翼を担っていた。この基金を利用して、1971年には、農業からの余剰労働力を他産業へと移動させるための経済開発案が出される。

2-1（2）　欧州地域開発基金（ERDF）の設置と共同体の直接関与

　1973年、最初の統合となる、アイルランドが新たに加盟するが、加盟に先立ち、アイルランドと原加盟6カ国との「構造的および地域的不均衡」が重要な課題となった。アイルランドの統合について話し合う1972年のパリ会議では、「経済通貨同盟の実現を阻害する恐れのある共同体の構造的および地域的不均衡を是正する」として、「欧州地域開発基金（ERDF）」の設置が合意され、1975年に創設された。

　一方、1973年に出されたトンプソン報告では、「共同体の構造的および地域的不均衡を是正」するため、EU（当時はEEC、欧州経済共同体）初めての地域政策が打ち出される。ローマ条約以来の「統一」と「格差の解消」を目的とした地域政策の新方針は、「追加」「協力」「集中」の3原則であった。追加とは、基金から加盟各国の地域助成予算へ追加して資金が提供されることを意味し、この追加予算分について各国が地域予算を削減することは禁止された。協力とは、共同体と加盟国が協力して行うことをさし、集中とは、特に困窮した地域に集中して支出することであり、助成する地域の資格につ

いて、客観的な指標の設置が求められることなった。これについて1974年12月のパリ会議では、平均所得や失業率等が指標として検討され、資格地域は全体の60%、人口の40%に達した。

一方、1977年6月に出された共同体地域政策の指針では、加盟国に割り当てられる資金と分けて、「非割当分」が合意される。ERDFの増額と同時に、基金の13%が共同体が加盟国を通さずに割り当てる「非割当分」とされた。なお、この非割当分は、後の1978年に5%に減額されて合意された。

2-1（3）　単一欧州議定書（SEA）と地域政策のプログラム化

1983年、地域政策に新たな提案がなされる。単発のプロジェクトではなく、複数のプロジェクトを含んだ、多年度（3年以上）に亘るプログラムを助成対象とするというものであり、各加盟国が地方自治体からなる実行主体との協議を行うことが求められた。その結果、1984年の改革では、複数のプロジェクトを含むプログラムへの助成に資金の20%が割り当てられた。

また、1981年のギリシャの加盟、1986年のスペイン、ポルトガルの加盟により、市場統合と格差是正は表裏一体のものとなる。「市場統合はすでに構築された関税同盟以上に貧しい地域を攻撃し、富める地域との格差をさらに広げる可能性を持つ」と、共同体圏内の南北格差が重要な課題となる。

このようなことから、1987年に出された単一欧州議定書（SEA）では、下記のような3つの基本方針が策定された。

1. 経済統合には、貧困地域の犠牲の下で中核地域の経済活動を強める傾向にあり、……（地域政策は）一人でも多くの市民が統合の恩恵を受けられるような開発政策を伴うものでなければならない。
2. 地域政策は富の再配分のためではなく、各地域の潜在的発展力を引き出すためのものでなければならない。
3. 地域政策の力点は、中期的に投資パターンを見直すこと、発展に対する構造的障害を取り除くことにおかれるべきである。

これを受けて、1988年改革では、ローマ条約130条に「経済的および社会的結束」（SEA23条）が追加され、「結束の強化、特に地域格差の縮小」が

求められる。「多様な地域の間に存在する格差を縮小し、恵まれない地域の後進性を緩和する」として欧州地域開発基金（ERDF）が条約に明記された。相対的に貧しい国の増加は、共同体の地域政策の強化を求める勢力の増加も意味した（辻、2000: 83）のである。そして、ERDF、ESF、EAGGFは構造基金として一体化して運用されることとなり、EC予算では農業価格維持予算を抑制し、地域政策予算を倍増するという改革がなされた。実際、1988年の地域政策予算は、全予算の14%であったが、1993年には25%にまで拡大された。

2-1 (4) パートナーシップの導入とコミュニティ・イニシアティブの強化

1989～93年の地域政策では、これまでの原則、集中、追加、プログラムに加えて、パートナーシップ（協力から変更）、調整、相互補完が謳われる。同時に、5つの優先対象（5つの目的）が設定された[2]。目的1の地域は、一人当たり平均所得がEU平均の75%以下の「発展の遅れた地域」とされたが、共同体内の地域を平均所得を水準として地域区分をするNUTS（地域統計分類単位 Nomenclature of Territorial Units for Statistics）が導入される。以降、この地域区分が施策対象の基礎地域として利用されるが、その区分は、行政単位であるため、加盟国の分類に任されており、主として県や州などが基礎単位となっている。

さて、今回の改革では、共同体が直接投資する非割当分が増額され、「共同主導（コミュニティ・イニシアティブ）」という名目で、ERDFの9%が割り当てられることとなった。また、従来の協力という文言に変えて、「パートナーシップ」という文言を使って、事業実施者との十分な協議を求めており、地方による政策への転換が図られた。

1992年に調印された欧州連合条約（通称マーストリヒト条約）により、新たに発足したEU（欧州連合）は、「経済的・社会的結束」が政策の1支柱となり、1993年に「結束基金」を創設した。これにより、EUの地域政策の財政的裏付けはERDF、ESFに結束基金が加わる。一方、94年から99年の構造基金（ERDF、ESF、EAGGF、FIFG）の対象は、スウェーデン・フィンランドの北欧諸国のEU加盟により、目的6の人口希薄地域が加えられ

たことにより変更され、目的1の貧困地域の資格をもつ地域が拡大（域内人口の26％）し、目的6の人口希薄地域、目的3と目的4を統合した新目的3、産業構造変化への労働者の対応促進の新目的4と変化した。また、漁業基金（FIFG）が創設され、構造基金に追加されたことにより、目的5aに漁業関連を追加した。

　結束基金が地域政策基金として加わることにより、構造基金と結束基金を合わせた地域政策予算は99年には全予算の36％に達した。コミュニティ・イニシアティブ関係では、少額ではあるが、「国境地域」では開発が遅れているとして、国を跨いだ各国のパートナーシップを視野に、INTERREGが導入された。同様に、共同体に地域住民が自らの計画を直接申請する、ボトムアップ型のLEADER事業も導入された。

　EUの地域政策のプログラム化、パートナーシップ原則の導入について、共同体におけるマルチレベル・ガバナンスの流れが見て取れるという見方もある。加盟各国における地域政策の欧州化により、加盟各国における地方分権の進展、加盟各国におけるマルチレベル化が進展するというのである（稲本、2003: 34）。

2-1（5）　地域政策予算の統合とパートナーシップの推進

　1999年に行われた改革により出されたアジェンダ2000では、複雑になった対象地域を整理統合して、3つの地域に区分した。目的1の地域は、以前の目的6を統合して資格基準を厳正化した結果、域内人口の20％が包含された。目的2の地域は目的5を統合して、経済的・社会構造改革を必要とする地域とし、目的3の地域は目的1, 2の対象とならなかった地域として、教育、職業訓練、雇用対策システムの近代化を図るとした。

　非割当予算である共同主導（コミュニティ・イニシアティブ）は結局、ERDFの5％を占めるに留まったが、地域政策予算は、共通農業政策予算に迫る金額になりつつある。

　2007〜2013年間の優先事項を決定した2004年改革では、基金と優先事項の再度見直し、統合が行われ、前述の地域住民が地域活性化グループを作

り、計画を立てて申請する LEADER は全体計画の中に取り入れられ、パートナーシップが鮮明となった。一人当たり GDP が EU 平均 75% 以下の地域支援を目的とし、予算の 82% を占める「収れん」は、ERDF、ESF、結束基金から支出される。目的 2 と目的 3 を統合させた「地域の競争力・雇用の強化」は予算の 16% を占め、ERDF と ESF から支出される。コミュニティ・イニシアティブの INTERREG、URBAN、EQUAL らを統合した「欧州地域協力」は 3 本目の柱に位置づけられ、予算の 2% を占め、ERDF から支出されることとなった。

2-1 (6) EU 統合と地域政策

EU では前身である ECSC 発足当初から地域間格差の縮小・調和的発展が希求され、当初は滴り落ち論が趨勢で、格差は経済発展とともに解消されると考えられた。しかし、経済発展は格差を押し広げ、域内の低開発諸国の統合により、格差は縮小するよりも、一層拡大することとなった。このような中で、格差解消のための施策、地域政策が次第に重要性を帯びてきた。その予算は、農業価格維持予算の抑制・構造予算の増加という政策変化により、共通農業政策予算に匹敵するほどの規模になりつつある。

地域政策は新規加盟国の状況に合わせ、優先事項や方向を変化させてきた。特に複数のプロジェクトを多年度に亘り実施するプログラム化や、地方政府などの事業実施者との協議を求めるパートナーシップ、国境地域での国を跨る協力、地域活性化グループによるボトムアップなどが打ち出された。このことは、加盟各国における地域政策が EU と一体化する欧州化により、加盟各国における地方分権の進展、加盟各国における意思決定のマルチレベル化が進展することをも意味していた。

2-2　スウェーデンの地域政策

2-2 (1)　スウェーデンにおける地域政策の導入

スウェーデンにおいて独自の目的を持つ地域政策の導入は 1960 年代半ば

とされ、論者により若干の相違がみられる[3]。本章では、穴見（2005）に依拠してスウェーデンの地域政策について見て行く。穴見によると、スウェーデンでは、1947年に設置された立地政策審議会では労働力移動の自由を重視しており、地域間の均衡発展よりも経済的効率性を優先する立場にあった。石原によると、当時、中央集権的な労使交渉システムの中で、低生産性部門でも高生産性部門でも同一水準の賃金を目指す連帯賃金政策が追求され、その中で低生産性部門が自然淘汰され、産業構造全体の効率化が図られるとした。産業構造の高度化に伴う失業には1950年代後半から積極的労働市場政策が取られ、職業訓練等のサービスを提供し、適職を与えようとした（石原、1995）。このような戦後復興期の経済成長に伴い、北部地域で人口が減少し、ストックホルム地域で人口が増加した。これら人口減少地域は、中央党、社会民主党の支持基盤であり、産業の地域的配置への政策介入が求められた。

1964年、スウェーデンで独自の地域政策の展開が国会で決定される。それは、経済活動が過熱している地域から、経済活動が停滞・衰退している地域へ企業を移動させるというものであった。そこには、地域間の発展における不均衡を是正するという意味での地域政策的目的と、国民経済的な効率性を増大させるという2つの目的があった（穴見、2005: 6）。

1960から65年にかけて森林レーン（森林県）と呼ばれるスウェーデン北部地域では、仕事が減少し、年平均13,350人規模の人口減少がみられ、教育・医療などの公的な基本的社会サービスのための財政基盤が問題となった。これら衰退地域は当時の政府、社会民主党の支持基盤であり、地域政策的介入は、産業構造の転換による痛みの緩和としても必要であった。当時の地域政策は、経済成長路線の延長上の対応であり、地域の生産資源が十分に活用されていないという国民経済的な非効率への対応であり、特定の地域に立地する企業への優遇措置でもあった。例えば、人口希薄地域に対しては、家内産業及び社会サービスへの補助制度が導入された。

1973年の石油危機と73〜74年の賃金コストの上昇により、深刻な経済的打撃を受けた地域での雇用維持のため、地域政策補助金の支出が増大した。

補助金は、失業の増大と構造的危機により、国際競争力を失いつつある企業の保護のために利用された。地域政策の所得再分配、補償的措置といった側面が肥大化したという（穴見、2005: 10）。

　ハーリッツ（Herlitz）によれば、1965年、国会（Riksdagen）は、北部森林レーンの人口希薄地域持続のために特別対策本部を立ち上げた。この本部はのちに国会が立ち上げた「人口希薄地域派遣団」に代わる。最初のプロジェクトがうまく行って、その後、多くのプロジェクトが実施され、支援活動は中央官庁からレーン庁に移り、資金提供がなされた（Herlitz, 1999: 16）。

　また、この時期は、第3章でみるように、コミューン合併が進められた時期でもある。石油危機による失業、地方の空洞化に対して、1977年には地域政策助言委員会が立ち上げられたが十分な成果を上げられなかった。

2-2（2）　地域政策におけるパートナーシップの導入

　1970年代に国際的に広がったスタグフレーションに始まり、1980年代にスウェーデンの失業率は戦間期の水準までに達した。そして1990年には金融危機が始まる。このような状況の中、1982年に復帰した社会民主党は新たな地域政策を打ち出す。1985年の地域政策の提案の中で、次の5つの基本方針が述べられている。①実施はレーン（län 県）レベルに分散化、②優先地域でのインフラ整備、知識・技能の伝播をもたらすため、積極的措置が必要、③柔らかな投資、技術開発と市場開発への投資の支持、④人口希薄地域への特別支援の必要、⑤産業政策と地域政策は相互支援・補完の形で実施、労働市場政策、教育政策、交通通信政策、農業政策との協働が地域政策の効果発揮に必要。この5つの基本方針から、特に重要と思われるのは、地域政策が産業政策と結び付けられるとともに、他の政策とも結び付けられていること、また、その実施はレーンレベルに分散化することが必要だとも言っていることである。

　一方、政策手段としての国有化が放棄され、地域プロジェクト事業制が導入され、他政策との調整が必要となった。地域プロジェクト事業は、国家からレーン庁に与えられる予算を地域開発のためのプロジェクトに当てるとい

うもので、審査・決定の事務がレーン庁に任されるようになった。それゆえ、地域政策は、レーンごとに異なったものとなって行った。

1990年に出された「1990年代の地域政策」では、以下のようなことが述べられていた。①地域政策の目的と方針の発展と明確化、②地域開発手段の北部内陸部への集中、③人口希薄地域・農村の発展手段の改良、④重要な政策分野間の調整の強化、⑤インフラ改良のための特別措置、⑦発展指向的な企業投資への支援、⑧地域政策実施に関わる権限のレーン庁への分散化、⑨イェムトランド・レーンに対する特別支援措置、⑩予算の大幅な増額。ここで述べられた地域政策の目的は、地域開発と地域間の不均衡是正で、地域開発により、全国すべての地域で経済成長と福祉を増進し、福祉の平等な配分を促進し、人々の生活水準がどこでも等価であることを保障することであった。これらに加えて、「人口の均衡をもたらす」ため、年齢と性のバランスが問題とされた。

地域レベルで、コミューン（市町村）、ランスティング（landsting：県とほぼ同じ領域）の活動がレーンの地域開発目標に沿うように、レーン庁には調整責任があり、レーン庁の権限と資源は増大した。様々な地域機関やローカルな機関がプロジェクトにおいて具体的に協力することが期待された。そこでは、コミューンによる産業開発活動の促進もレーン庁の任務であるとしており、事実上、地域内での公的機関と民間とのパートナーシップの形成が求められていた。

2-2（3） パートナーシップとボトムアップの導入

1987～88年にEU（当時はEC）は加盟国に農村キャンペーンを呼びかけたが、スウェーデンでは「スウェーデン全体で生き残る（Hela Sverige ska leva）」キャンペーンを展開し、「人口希薄地域派遣団」はキャンペーン運動を展開し、住民参加を促した。この活動は1988年の第1回の農村議会で終了したが、「民衆運動委員会（Folkrörelserådet）」に受け継がれ、「人口希薄地域派遣団」は解散し、スウェーデン農村開発局が発足する。

1995年のEU加盟の直前、1994年に出された地域政策提案は、「全国す

べての地方で生命力のある地域を発展させる」というものであり、前の「全国すべての地域で経済成長と福祉の増進し、福祉の平等な配分を促進し、人々の生活水準がどこでも等価であることを保障すること」とほとんど変わりないが、「経済成長を促進」に対し「生命力のある地域発展」という文言が使われた背景には、1990年に始まった金融危機による疲弊があり、当時のスローガン「スウェーデン全体で生き残る（Hela Sverige ska leva）」運動があった。

また、レーン庁の役割の中で、レーンの長期的包括的な開発戦略の策定・実行について、言葉の上でもパートナーシップの形成が求められるようになった。パートナーとして挙げられているのは地域の産業界を代表する組織、企業、レーン労働市場委員会、地域開発基金、コミューンなどである。

EUに加盟した1995年に国会に提出された地域政策プログラムは、政権交代した社会民主党が94年の提案を修正している。ここでは地域政策の目的は、持続的な経済成長、公正、選択の自由とされた。ここで述べられた経済成長の意味するものは、「地域的な均衡は国民経済的な成長を促進する」というもので、「すべての地域が十分に多様性のある労働市場を持つことが重要である」とされた。また、地域開発に地方における下からの投企と活動を奨励し、支援すべきとした。

2-2（4）　農村・人口希薄地域のパートナーシップとボトムアップ

1998年の地域政策提案では、小さな地域政策と大きな地域政策が出される。小さな地域政策は、「地域間の均衡と地域発展」という国家予算から支出されるもので、企業活動への補助金などで、大きな地域政策は地域的均衡の増大に資する取り組みのうち、前者の予算以外の支出分野に属するもので、通信、文化、教育政策やコミューン間の財政平衡制度などである。そして、最も衰退の危険にさらされている地域向けの特別資源投入が必要とされた。一方、95年から参加したEUの構造基金については、後述の「地域成長契約」の雛形とされ、地域間不均衡是正のための追加資金として位置づけられた。

また、人口希薄地域・農村開発事業に投入される国の政策手段として、農村支援補助金事業の継続、EUの構造基金による企業支援のための取り組み、各レーンに置かれている協同組合開発センター（次章以降を参照）を通じた協同組合事業に対する情報・助言提供事業に対する補助金の増額、農村ツーリズムのための観光ガイド等の養成、農村及び人口希薄地域における商業サービス補助事業の継続などがある。特に人口希薄地域・農村において公的機関と地方の活性化のための諸組織の活動との協力の重要性が唱えられた。

　1998年の地域政策では、地域産業政策が産業政策の一部として位置づけられており、企業の増加と成長を通じて雇用の増大に貢献するような持続可能な経済成長を促進するという。地域産業政策の手段として提案された。地域成長契約は、地域のパートナーシップに参加するアクターとともに地域の問題を認識することから始まる。次いで、行動プログラムを作成するが、各アクターは財源や実施への貢献を明確にすることがもとめられる。最後に、内閣により、各レーンの契約に含まれる行動内容や財源等が査定される。地域成長契約はこのような3段階の行程を経て作成される。産業政策を地域化し、地方及び地域の前提条件に適合させるには、ボトムアップ型の地域成長契約が想定されたのである。

2-3　スウェーデンの地域政策の変化とEU地域政策との関係

2-3（1）　EU加盟前のスウェーデンの地域政策とEU地域政策の比較

　既に見たように、EUの前身、ECSC段階では滴り落ち論に代表されるように、経済成長により地域格差は解消されると考えられており、同時期のスウェーデンの政策的対応も同様であった。いずれも経済成長の段階で発生し、拡大してゆく地域経済格差が問題となる中で、地域政策が打ち出されてきた。スウェーデンでは、その政治的状況により、支持基盤の状況を反映して、その対応に若干の相違がみられた。初期の段階では、社会民主党や中央党など、地方に支持基盤を持つ政党への圧力もあって、地域政策が展開する。EUでは、拡大する中で低成長国の参入が、地域経済格差を意識させた。いずれに

おいても、経済格差が地域政策を発展させてきた。

　スウェーデンがEUに加盟するのは1995年であるが、それ以前の地域政策をEUの地域政策と比較すると、多くの類似点が見出せる。ヨーロッパの中にあって、地域政策を論じるときに、互いの地域政策が何らかの影響を及ぼしていただろうということは想像に難くない。例えば、1983年、EUでは地域政策に新たな提案がなされる。単発のプロジェクトではなく、複数のプロジェクトを含んだ、多年度（3年以上）に亘るプログラムを助成対象とするというものであり、各加盟国が地方自治体からなる実行主体との協議を行うことが求められた。スウェーデンでは1985年の地域政策の提案の中で、政策手段として、地域プロジェクト事業制が導入され、審査・決定の事務がレーン庁に任されるようになった。ともにプロジェクト方式が重視される中、地域政策の主体が州や県などの地域レベルに移行し、パートナーシップという文言が明確に打ち出されるようになる。

　また、個々の政策を見ると、EUが経済格差により、優先地域を設け支援政策を変えていたように、スウェーデンにおいても、北部、人口希薄地域、農村など、国内の経済格差に応じた優先地域を設け、異なった施策を出していた。

2-3（2）　EU地域政策下のスウェーデンの地域開発

　EUでは増大する農業予算を削減し、一方で単一市場化推進のため、地域格差という弊害を取り除くために、地域政策予算を増大させてきた。スウェーデンがEUに加盟した1995年は、マーストリヒト条約により、新たに発足したEUで、「経済的・社会的結束」が政策の1支柱となり、「結束基金」を創設した時期である。当時の地域政策は、地域を平均所得により分類したNUTSという地域区分を利用して、地域を5つの目的に分けて、振興策を推進していた。

　しかし、スウェーデンやフィンランドなどの北欧諸国の加盟に際して、人口密度が極端に低い地域の発展及び構造調整を図るため、人口希薄地域（過疎地域）を対象とする目的6が設定された。1km²あたり8人以下という規定

人口密度の地域は、スウェーデン北部、西部にまたがり、国土のほぼ半分を占めている。人口の80%は国土の3分の1の南部地域に集中しており、特にストックホルム市及びその郊外、ヨーテボリ市及びその郊外、マルメ市及びその郊外等の南部都市地域に集中している。国土の3分の2を占める北部・西部農村の人口は希薄で、なお減少している。

スウェーデンにおけるEU地域政策の1995～99年計画で、構造基金は、目的1を除くすべての目的に割り当てられただけでなく、コミュニティ・イニシアティブにも割り当てられた。産業衰退地域の構造転換の目的2には総額69億krのうち、EU資金は14億kr、長期失業対策の目的3には総額66億kr、うちEU資金30億kr、教育・訓練・技能開発の目的4には総額55億kr、うちEU資金は13億7,500万kr、農林業の構造改善の目的5aには総額69億2,000万kr、うちEU資金は17億4,000万kr、農村地域の開発の目的5bには総額は63億kr、うちEU資金は12億krであった。

人口希薄地域の開発の目的6には、総額で51億kr、うちEU資金は21億krで、NUTEK（スウェーデン産業・技術開発庁）が履行組織となって、地方開発基金の会計責任を持つことになっている。NUTEKについては、スウェーデンの1994年の地域政策提案において、中央レベルの地域政策実行組織として挙げられていた。

また、目的5aに対しては、農業委員会が履行組織となっており、農業基金の会計責任を持つことになっている。目的5aでは、スウェーデンの農業地域の約50%を占める農業条件不利地域に補償を行う。その他に、農業、園芸、トナカイ飼育を始める35歳未満の経営者への支援、スウェーデン北部に適用されやすい農業、園芸、トナカイ飼育を恒久的に行なう活動への支援、長期的に競争力のある加工会社の設立への支援等が設定されている。

このように1995年～99年計画で、スウェーデンに配分された優先目標による援助は合計で110億kr、コミュニティ・イニシアティブは20億krであった。また、構造基金は全プロジェクト総額の29%相当が割り当てられたが、人口希薄地域や農村地域には、40%以上の配分が当てられた。

EUはアジェンダ2000で地域社会開発のための構造基金を、3つの優先

目的分野と4つのコミュニティ・イニシアティブ等に整理統合した。EUの2000～2006年間の構造基金は総額18千億krで、スウェーデンの受取額は190億krである。本書の調査地であるイェムトランド県は、開発の遅れた地域への開発支援を目的とした目的1に含まれるが、スウェーデンではこのグループを特に人口希薄な地域に当て、最北地域とイェムトランドを含む中北部地域の2地域に分け、新企業の起業化を目指す。イェムトランドを含む地域に投資される資金は総額で86億krにのぼり、このうちEU補助金は30億kr（スウェーデンの全EU構造基金の16%）で、残る2倍近い資金がスウェーデン政府と民間により投資される。目的1には、51のコミューン、97万人の住民が含まれ、前計画の目的6と目的2・目的5bの北部地域が含まれている。その主要な開発目標は、中小企業の発展で、計画では新しく1,000の企業を創業し、8,000人の仕事を生み出すことである。

　目的2には南部地域が含まれ、4つの地域に分け、農村や工業地域で、事業や企業開発の促進が目指される。投資される資金は総額で126億krにのぼり、このうちEU補助金は36億krである。目的2には、122万人の住民が含まれ、6,000の新企業創業により約3万の新規・再雇用が目指されている。目的2は前計画の目的2と目的5bが含まれる。

　目的3は労働市場における個人の地位強化のためのもので、全スウェーデンが対象となっているが、総額で240億kr、うち64億krのEU資金が投資される。目的3には、目的1プログラムの一部が含まれており、目的1の対象地域に投資されるなら、イェムトランドを含む北部地域には最大で50%ものEU構造基金が投資されることになる。

　その他、コミュニティ・イニシアティブのINTERREG Ⅲは総額で14億kr（全額EU構造基金）が配分されている。INTERREG ⅢはA、B、Cに分かれており、INTERREG Ⅲ Aのスウェーデンの北部地域対象において、イェムトランド地域とノルウェーの南北トレンデラーグ地域の「北欧グリーンベルト」が含まれ、総額で2.72億krのEU資金が投入されている。

　コミュニティ・イニシアティブのその他を見ると、EQUALは全スウェーデンが対象で、年齢、性、民族等の平等を促進する計画に利用され、総額

15億krが投資され、EU社会基金が7億3300万krを負担する。LEADER＋は、農村開発に利用されるが、スウェーデンでは、中南部地域に特化しており、12億krの資金が投下され、EUは3億4,400万krを提供する。URBAN IIは都市開発に利用され、ヨーテボリの一部地域が対象となっており、1億3,500万krが投下されるが、内EUは4,500万krを提供する。その他に漁業構造開発には5億3,000万krが投資され、前計画の目的1がここに含まれる。

　以上のことから、EU加盟後のスウェーデンの地域開発はEUの地域政策に依拠しながら、独自の地域設定を敷いて行われていることがわかる。EUでは、NUTSという平均所得によって分けられた地域区分で計画地区を分類していたが、スウェーデンの場合、EU平均所得で見れば、どこも目的1には含まれない。しかし、スウェーデン国内の経済格差、人口希薄という状況を克服すべき地域として、目的1に含めていた。スウェーデンの地域政策は、EU地域政策に準拠しながらも、国の状況に応じた枠組みの設定も行っている。

2-3（3）スウェーデンの地域政策の欧州化

　スウェーデンでは、1995年のEU加盟により、地域政策資金の3割程度がEU資金に依存するようになっており、特に人口希薄地域や農村部ではEU資金に依存する割合が高くなっている。このことは、人口希薄地域や農村部など、スウェーデンの地域政策で常に特筆されてきた地域でEU資金に依存する割合が高くなっていることを示している。このような意味で、スウェーデンの地域政策の目的であった地域格差の解消、全スウェーデンにおける平等という考え方が、EUの単一議定書に書かれた「経済統合には、貧困地域の犠牲の下で中核地域の経済活動を強める傾向にあり、……（地域政策は）一人でも多くの市民が統合の恩恵を受けられるような開発政策を伴うものでなければならない」と一致しているからである。また、近年のスウェーデンの地域政策における地域産業政策という考え方も、単一議定書の「地域政策は富の再配分のためではなく、各地域の潜在的発展力を引き出す

ためのものでなければならない」に一致する。また、手法においてもプログラム化、パートナーシップ制などは、スウェーデンの下からの活動推進政策とも一致する。

　近年のガバナンスに関する議論では、マルチレベル・ガバナンスをめぐって、EU地域政策が論じられており、欧州化が論じられる。スウェーデンの地域政策は、相対的にはEUの地域政策と一致しており、欧州化が進んでいると見ることができよう。しかし、一方で、マルチレベル・ガバナンスをみると、地域区分としての基礎単位であるレーン間の地域差異（政治的風土も含め）が、スウェーデン独自の地域区分による地域政策を可能としている。これを可能にしたパートナーシップという手法は、手法としての欧州化であるが、地域政策としては裁量を要請するものである。現在施行されている2006〜2013計画で、地域政策は国家レベルでの自由裁量へと舵を切ったのがその証左であろう。

第3節　スウェーデンの条件不利地域における農業政策

　本節では、条件不利地域の地域政策の一翼を担うスウェーデンの農業政策について、まず、アジェンダ2000改革前の農業支援策を検討し、次いでアジェンダ2000改革を検討して、条件不利地域への支援の在り方を考察する。スウェーデンでは、EU加盟後、共通農業政策の導入により農家への支援策は変化した。スウェーデン北部の条件不利地域にある調査地、クロコム・コミューンやオーレ・コミューンの農家における農業所得補償の実態から支援の課題を考える。

3-1　アジェンダ2000改革前のスウェーデンの農業政策

　EUでは増大する農業予算の削減とWTO対策のために、共通農業政策を見直している。アジェンダ2000では、共通地域政策の7つの目的を、資金の集中、事業の実施・管理の向上、制度の簡素化の観点から3つの目的に

表1-1 支援方式別農業直接支援額　　　　　　　　　　　　　　　　単位:1000kr

	1988	1989	1990	1991	1992	1993	1994	1995	1996	1997
価格支持、北部	530	530	515	505	520	535	540	0	0	0
畜産補助、北部	5	130	155	265	390	375	330	0	0	0
畜産補助、全国	0	500	1970	1415	1335	980	180	0	0	0
所得補助／面積	0	0	2125	1410	1075	850	1270	0	0	0
転換補助	0	0	0	2705	100	0	0	-430	-525	-25
酪農奨励金	100	100	105	110	115	105	100	35	60	0
転換補助、酪農	0	0	80	100	15	0	0	0	0	0
その他の補助	0	0	0	0	25	40	40	20	30	20
補償支払	0	0	0	0	0	0	0	3450	3835	3670
家畜助成	0	0	0	0	0	0	0	295	790	690
補償割当	0	0	0	0	0	0	0	490	610	610
国家助成	0	0	0	0	0	0	0	430	300	290
環境助成	0	0	0	50	100	225	250	850	665	1290
総額	635	1260	4950	6560	3675	3105	2710	5140	5765	6545

資料：Swedish Board of Agriculture, 1998, 6ページ

整理統合した。条件不利地域が含まれていた目的5aは目的2に統合される一方で、農村振興政策（地域政策）が市場制度と並立する第2の柱として位置付けられた。農村施策の中で条件不利地域は環境的制約地域と並立して述べられ、自然条件・社会条件からみて農業の条件が不利な地域の農家に、継続的な農地利用の保証、活力ある農村社会の維持への寄与、田園の維持、環境保全に資する要件を考慮した農業システムの維持・促進を目的として、補償支払いが実施された。この受給要件には「通常の良い農法」の遵守が義務づけられることになった。

　スウェーデンでは、1980年代以降、農薬・肥料投入量の削減、有機農業への助成等の農業環境政策がとられており、EU加盟に向けては、1991年からは市場原理に基づく新食糧政策が推進され、国内市場向けには新農業環境プログラム、農地への植林、農村地域政策が推進される一方で、価格支持の削減、直接所得補償制度の導入、家畜頭数に基づく補助金・青年農業者への就農支援等の北部支援、穀物・牛肉・豚肉・牛乳に対する輸出補助金の廃止、輸入課徴金の削減等が実施された。スウェーデンの直接所得補償をみると、表1-1のようにEU加盟前後で支援内容が異なり、北部支援が無くなっ

表1-2 農民への構造的、地域的、全国的支援（1997年、1000ECU）[※※]

支援の種類	支払い件数	支払い総額	1件当り支払い額
構造支援			
投資	87	1,356	15.6
青年農業者	535	2,458	4.6
小計		3,825	
地域支援			
条件不利地域	24,006	70,670	2.9
全国支援			
牛乳[※]	3,063	30,870	10.1
豚肉[※]	179	1,474	8.2
卵[※]	25	282	11.3
馬鈴薯他[※]	934	1,154	1.2
小計		104,450	
総計		108,274	

注：[※] 　スウェーデンではこれらに地域的・全国的価格支援がある
　　[※※] 　Ecu（European currency unit）：ユーロ導入前のバスケット通貨
資料：Regeringskansliet, 1999: 135（スウェーデン農業委員会資料による）

ていること、加盟後には金額が増加していることがわかる。

　北部支援が無くなったのは、EUの条件不利地域に北部が組み入れられたためである。スウェーデン、フィンランドの加盟に際して、EUは条件不利地域の指定要件を緩和して緯度を考慮することを認め、スウェーデンの農用地の50％が条件不利地域となった。同時に、農林業を営み、15ha以上の農用地を所有する家族経営についても、暫定的に助成の対象とすることになった。前節で述べたように、スウェーデンの構造基金は、目的1を除くすべての目的に割り付けられるだけでなく、コミュニティ・イニシアティブにも割り付けられている。農業構造改革を目的とし、農業基金から拠出される目的5aでは、全基金の15％が割り付けられ、農業委員会が履行組織となって、農業基金の会計責任を持つことになっている。目的5aでは、スウェーデンの農業地域の約50％を占める農業条件不利地域に補償を行う。その他に、農業、園芸、トナカイ飼育を始める35歳未満の経営者への支援、スウェーデン北部に適用されやすい農業、園芸、トナカイ飼育を恒久的に行なう活動への支援、長期的に競争力のある加工会社の設立への支援等が設定されている。一方、目的6の中にも、条件不利地域への農業支援や青年農業者への

表1-3 県レベルにおける地域・環境支援（1997、1000ECU）

県	環境支援	地域支援	合計
ストックホルム	4,549（2.4%）	94（0.1%）	4,644（1.6%）
ウプサラ	5,537（2.9%）	577（0.6%）	6,115（1.6%）
セーデルマンランド	6,234（3.3%）	15（0.0%）	6,250（2.2%）
オストゴトランド	12,403（6.6%）	507（0.5%）	12,910（4.4%）
ヨンコピング	11,444（6.1%）	4,828（4.7%）	16,273（5.6%）
クロノベリー	6,773（3.6%）	2,285（2.2%）	9,058（3.1%）
カルマル	16,127（8.6%）	3,142（3.1%）	19,269（6.6%）
ゴトランド	6,582（3.5%）	894（0.9%）	7,475（2.6%）
ブレキンゲ	2,855（1.5%）	526（0.5%）	3,381（1.2%）
スコーネ	15,284（8.1%）	1,862（1.8%）	17,146（5.9%）
ハランド	6,955（3.7%）	1,144（1.1%）	8,098（2.8%）
ヨーテボリ	4,698（2.5%）	1,587（1.6%）	6,285（2.1%）
オルブスボリ	10,775（5.7%）	3,817（3.7%）	14,593（5.0%）
スカラボリ	10,334（5.5%）	1,215（1.2%）	11,549（4.0%）
ヴェルムランド	8,643（4.6%）	6,840（6.7%）	15,483（5.3%）
エレブロ	5,362（2.9%）	1,299（1.3%）	6,661（2.3%）
ヴェストマンランド	3,154（1.7%）	89（0.1%）	3,242（1.1%）
ダラーナ	6,312（3.4%）	5,349（5.2%）	11,661（4.0%）
イエブレボリ	9,042（4.8%）	11,212（11.0%）	20,254（7.0%）
ヴェステルノランド	8,460（4.5%）	10,856（10.6%）	19,316（6.7%）
イェムトランド	9,630（5.1%）	12,813（12.5%）	22,443（7.7%）
ヴェステルボッテン	10,723（5.7%）	20,499（20.0%）	31,222（10.8%）
ノルボッテン	6,247（3.3%）	10,792（10.6%）	17,039（5.9%）
合計	188,123（100%）	102,242（100%）	290,365（100%）

資料：表1-2に同じ、138（スウェーデン農業委員会数値より作成）

営農資金支援、持続的かつ負荷の少ない林業への助言と技術開発、居住地及び山岳地における環境と景観保存、環境適応訓練と生態的環境的技術等が設定されている。

　既に述べたようにスウェーデンにおける地方・構造政策は、表1-2にみるように、目的5a及び6による構造支援と地域支援・全国支援からなり、地方プロジェクト、LEADERプロジェクトや農業、トナカイ畜産について全国支援、地域支援、構造支援のそれぞれから重層的な支援を受ける。条件不利地域への支援は、農民の数においても、金額においても大きな地位を占めている。目的6は、アジェンダ2000の変更案では、新目的1に含まれる

ように提案された。
　表 1-3 は県レベルの利用可能な資金を示しており、地域によっては多額に上ることがわかる。環境支援と地域（全国及び地域別）支援に分けて掲載されているが、目的別には示されていない。地域レベルでは目的 5a と目的 5b 対策に分割したり、目的 6 対策に分割したりして利用するようにはなっていない。それは、例えば有機農法への転換といった農場変更支援を有機農産物市場の支援に結びつけるというように、政策段階で統合や重複を回避するといったことが考えられるからである（Regeringskansliet, 1999: 137）。

3-2　アジェンダ 2000 におけるスウェーデンの農業政策

　スウェーデンのアジェンダ 2000 のモデルでは、10 の生産地域に分割される。北極地域を含む地域 1 は、最も北に位置し、大都市がなく、山林が大半を占め、作物農場は平均を下回っている。相対的に小規模自作農地が多く、主要農産物は牛乳である。地域 2a は北部沿岸地域及び西部の森林を含む地域である。人口密度は、地域 1 と同様に非常に低く、兼業農業がみられる。この地域も生産の中心は牛乳生産で、比較的大規模な乳製品生産が見られる。スウェーデン北部地域の東南部の地域 2b は、森林が大半を占め、小規模自作農地が全国平均よりも高い点は前 2 者と同様であるが、農業条件は、前 2 者よりも良い。地域 3 は中部地域にあり、農業条件は前者よりも良い。小規模農業が全国平均よりも多いが、前者に比較すると小規模農業の割合は低い。これら 4 つの地域は、条件不利地域の支援及び国家支援を受けることができる。地域 4 はスウェーデン中部地域の南部に属し、北部地域に比較すると、人口密度も高く、小規模自作農地の割合も低く、作物生産も全国平均となっている。

　スウェーデン南部地域に属する地域 5 のうち、地域 5a は比較的高い山岳地域の森林地帯を含み、小規模自作農地、作物地の割合は全国平均よりも低い。生物生産条件はあまりよくなく、半自然な大規模牧場が多く、牛乳と牛肉生産が主要農産物である。また、生物多様性のための環境からも重要な地域である。地域 5b は 5a に準じ、5a よりは低い山岳地域の森林地帯を含み、

表1-4 アジェンダ2000案の下での相対的変更（現行政策1.00）

	労働時間	生産量	生産額	直接補償
地域1	0.95	1.01	0.85	1.27
地域2a	1.05	1.13	0.97	1.29
地域2b	0.98	0.98	0.84	1.15
地域3	0.99	1.00	0.83	1.06
地域4	1.00	1.02	0.85	1.26
地域5a	1.00	1.00	0.84	1.71
地域5b	1.03	0.96	0.82	1.70
地域5c	1.05	0.97	0.80	1.52
地域9m	0.91	0.96	0.82	1.19
地域9s	0.98	1.00	0.90	1.31
スウェーデン	0.98	0.99	0.85	1.33

資料：表1-2に同じ、22ページ（SASMによるモデル評価）

森林と平地の境界という景観が特徴的で、作物生産の条件はより良いものの全国平均よりも低い。地域5cは平地地帯の近くに位置し、半自然な牧場の大半が位置し、牛乳と牛肉生産が主要な農産物である。地域5cは、5a、5bと異なり、条件不利地域の支援のうち、地方の「環境支援」を受給する資格はあるが、「動物生産に対する補償」を受給する資格はない。地域9mはスウェーデン中南部地域の平地地帯を含み、穀物生産条件は良好で、生産性が全国平均よりも高い。スウェーデンの作物作付け農地3分の1がこの地域に属し、穀物生産が主要農産物である。地域9sは農業に適した南部沃土平地を含み、作物生産が平均よりも高く、蔬菜作が盛んであるだけでなく、養鶏、養豚等の畜産も集中している。そして、スウェーデン農業の大半は、この地域9m、9sで行われている。

　このように、スウェーデンの条件不利地域は、南部の地域9を除くほとんどを網羅している。アジェンダ2000の提案では、**表1-4**のように穀物、牛肉、乳製品等の介入価格を引き下げる（労働時間と生産量による生産額の低下を低減する）一方で、直接所得補償の増加が求められており、特に山岳地方の農業者には、牛乳の生産割当を増加している。これにより、スウェーデンでは、**表1-5**のように、1や2a地域での牛肉生産を高め、全体に中・南部地域の休閑地を増加し、牛乳・穀物・牛肉生産の減少を低くとどめようと

表1-5 アジェンダ2000案の下での地域の変更（現行政策1.00）

	休閑地	穀物	牛乳	牛肉
地域1	0.25	0.97	0.85	1.02
地域2a	0.21	0.90	0.97	1.03
地域2b	0.22	0.97	0.84	0.98
地域3	0.27	0.97	0.83	0.99
地域4	0.85	0.87	0.85	0.98
地域5a	0.80	0.62	0.84	0.94
地域5b	4.46	0.96	0.82	0.79
地域5c	0.70	0.68	0.80	0.72
地域9m	1.88	0.87	0.82	0.79
地域9s	1.37	1.02	0.90	0.69
スウェーデン	1.61	0.92	1.02	0.87

資料：表1-2に同じ、23、SASMによるモデル評価

いう、計画を考えている。牛乳、牛肉生産が中心的な条件不利地域とそうでない地域で、価格補償から所得補償政策への移行による変化が大きくなっていることが見て取れる。

3-3 スウェーデン条件不利地域にある農家の現状

　EU加盟後の農家の変化について、調査事例をみてみよう。調査事例は、北部地域、イェムトランド県の2つのコミューン、クロコムとオーレにある山村である。イェムトランド県は、前掲表1-3でもわかるように、スウェーデンではEU農業支援の2番目に高い金額が支払われており、アジェンダ2000モデルでは2aに相当する地域である。農地面積の割合は1.2%に過ぎず、気候的にも10月〜4月までは積雪がみられ、平均気温の最も高い7月でも12.9度にしかならない農業条件不利地域である。

　クロコム・コミューンの山岳地にある3戸の農家が共同経営する酪農法人は、14年前にこの経営の代表者が離農した農家から農地と森林を購入して、山羊を飼うことから始めた。牛を飼ったのは、その2・3年後である。当時の購入金額30万krには建物、農地15ha、森林45haが含まれている。1999年の調査時点で、法人参加者の所有する全農地は60haである。1998年には山羊が120頭、牛が20頭の経営となり、調査時点では1戸の農家が

加わり、山羊が 120 頭、牛が 70 頭の経営となった。スウェーデンで最大の山羊飼育頭数であるため、注目されていた。

　山羊は 6 月から 8 月までの 3 カ月間山の牧草地に放牧される。この農地は、経営の所在地から 30km 離れており、所有者は複数いるが、借地料は支払っていない。山羊が食べないと、藪に覆われてしまうからである。同様に、全部で 3 つの集落の牧草地 60ha を借入しているが、地代は払っていない。つまり、ここには、EU の地域政策、環境政策が導入され、有機生産、農業景観保全等による環境補助、及び家畜補助による直接支払が行なわれている。現在使用中の建物は 1989 年に建設したもので、120 万 kr であったが、北部畜産補助金を利用して、政府が 50% の助成を行い、残りを銀行からの借入金で賄った。調査当時、すべての乳を処理するために工場を建設中であった。この施設に対し、やはり補助金が 50% 出ていた。国から 150 万 kr、コミューンから 20 万 kr であった。

　この経営の粗収益は 350 万 kr で、経営者は山羊の飼養頭数の増加を考えている。EU に加盟したため、牛乳量は生産調整されており、割当がある。牛乳量を増加させると、1kℓ 当り 1.5kr の課徴金を支払わねばならない。それゆえ、山羊飼育はチーズの商品価値だけでなく、補助金の点でも有利であった。この経営のチーズには、有機農産物を証明するシールが貼られている。この信頼のため、どんな乳でも良くはないので、原料乳購入による拡大は難しい。

　もうひとつの調査地、オーレ・コミューンの山岳地域にある山羊の酪農家の経営農地は 7ha で、うち所有地は 4ha、借入地が 3ha、森林 40ha で、山羊の飼養頭数は搾乳山羊が 30 頭、育成山羊が 7 頭で、年間の山羊チーズ生産量は 3 トンであった。1973 年に離農した農家から、現在の住宅と農地を購入し、4～5 年間は肉牛生産を行った。1978 年頃から山羊を飼い、チーズ加工を始めた。初期は経営が苦しかったが、改善されてきた。価格は 1kg 当り平均 170kr であるので、年間粗所得は約 50 万 kr になる。チーズについては、品質評価が高く、自家にある店及び夏は毎週、エステルスンド市の野外市場のスタンドで直接販売をしている。パンの生産、直販も行っており、

農家民宿も開業したいという。羊の肉については、加盟後、自分で屠殺できなくなり、屠殺場で屠殺と2回の検査をすることになり、採算が取れなくなったという。EU加盟後、規則が多くなり、大農場も小農場も同じ基準で処理されるため、小規模農家には不便になったという。また、EUの補助金受給には、家畜台帳が必要で、正確に記録してエステルスンド市にある担当機関に提出しなくてはならない。毎年提出するため、煩雑であるという。しかし、本人の申請書類をみると、EUから環境助成にあたる生態的助成、文化的景観保全、家畜助成などの補助を受けており、その補助金額は農業所得の20～25%であった。補助金は国家から直接農家の口座に振り込まれる。

3-4 条件不利地域の活性化と所得補償にみる政策課題

調査地は、人口の社会減だけでなく自然減がみられ、高齢化も進んでいた。人口密度が低いのも特徴であった。EUにおける環境政策は、特に条件不利地域の多い山岳地域や、病虫害の比較的少ない北部地域で農業生産を継続するために重要な政策根拠であった。事例では、このような生産形態が適していると考えられ、生産性が低いため生産過剰問題にも抵触せず、生産調整の面からも評価されていた。

EUの農業補助金には、返却の必要ないものが50%まで認められていた。つまり、農家が新しく機械を購入したり、加工場を建設したりする場合、認められれば、その資金の50%の費用ですむということである。そして、それらの資金は、すべて、個人の（法人であれば法人の）口座に直接振り込まれる。また、最も注目すべきであるのは、このような山岳地域に対し、植林手当てが支給されていたことであり、共通農業政策の中に、林業政策が組み入れられている。今回の調査は特に山村を対象としたが、山村では農家林家が一般的であるため、一体的に考えることが重要である。

事例にみる限り、条件不利地域への補助金は、農家の重要な資金となり、所得の一部を補償し、農業生産の継続、若年層の流出の減少、地域経済の活性化に貢献していた。しかし、過疎化問題の根底には、女性の流出がみられた。スウェーデンは女性政策が世界的にも進んだ国であるが、都市と農村地

域ではジェンダーの差異、文化の差異がみられる。教育を受けた女性は、より自由で、より平等な都市で働きたがるという。農業は依然として男性のものなのである。長い間、女性は農地を所有することができなかったし、農村には、教育を受けた女性の職場が少ないのである。条件不利地域の活性化は、所得補償の問題だけでは解決しない。

第4節　むすび

　スウェーデンでも、EUでも、そして日本でも、地域政策は重要性を増している。初期の段階でスウェーデン、EU、日本に共通していたことは、①当初、経済発展により発生した地域経済格差は、経済成長とともに解消されるだろうと考えられていたこと、しかし、②経済成長とともに地域経済格差は拡大し、地域政策が重要な位置を占めるようになったこと、③地方に支持基盤を持つ政党への圧力もあったことなどである。

　スウェーデンの地域政策は、地方の産業、社会構造への配慮を見せながら、一方では、EUと類似した政策が実施されていた。特に、日本が参考としているボトムアップ、パートナーシップといった施策は、EU加盟前から実施されていた政策であり、次章以降で述べるスウェーデンの民衆活動と深く結びついている。しかし、EU加盟後のスウェーデンの地域政策は、①資金の3割をEU資金に依存し、特に人口希薄地域や農村部ではEU資金に依存する割合が高くなっている。②スウェーデンの地域政策の目的であった地域格差の解消、全スウェーデンにおける平等意識や、近年の地域産業政策は、EUの単一議定書の方向と一致している。つまり、スウェーデンの地域政策の欧州化が進んでいると見ることができよう。しかし、マルチレベル・ガバナンスをみると、スウェーデン独自の地域基礎単位であるレーンごとの地域政策がみられた。これを可能にしたのはパートナーシップ手法である。現在施行されている2006～2013計画で、地域政策は国家レベルでの自由裁量へと舵を切っており、地域の力が試されているともいえる。

スウェーデンの条件不利地域の農林水産業は、EU 加盟に向けて価格支持の大幅削減など、EU 共通農業政策への転換を余儀なくされた。スウェーデン政府は加盟交渉で、条件不利地域に経済的に不利な人口希薄地域を加えることに成功し、以降、人口希薄地域では、共通農業政策と地域政策の両方から支援を受けることになる。事例でも見られたように、農業を営みながら生活を継続すること、あるいは農業を起業することも可能であった。

　スウェーデンの条件不利地域、人口希薄地域では、共通農業政策と地域政策が車の両輪のように機能している。農業補助金は条件不利地域の農家を支えているが、補論でみるように、人口希薄地域住民の仕事は多様である。一人が複数の仕事を持つことも稀ではない。地域政策は、これら多様な職業に就いている住民と行政、民間のパートナーシップにより実施されてきたのであり、より柔軟な自由裁量へと舵を切った地域政策については、地域の底力が試されている。その意味で、住民活動が根底にあるスウェーデンの地域開発活動は、今後も十分注視していかねばならない。

注
　(1) いわゆる滴り落ち論（trickle-down theory）が主流であった。
　(2) 以下の 5 つに分けられた。1 貧困地域、2 衰退工業地域、3 長期失業、4 青年雇用、5 農村地域（a: 農業構造転換、b: 観光、工芸等）。
　(3) Beckman & Carling は第 1 期を 1965 ～ 75 年、第 2 期を 1975 ～ 84 年、第 3 期を 1984 ～ としており、Johansson は確立期として 1964 ～ 79 年、発展局面として 1979 ～ 90 年としており、穴見は Johansson に従い、確立期を 1964 ～ 79 年、うち移行期を Beckman & Carling の第 2 期の前半の 1975 ～ 80 に設定し、発展局面を 1979 ～ 90 年としている（穴見、2005）。

参考文献
穴見明、2005、「スウェーデンにおける地域政策の変容（1）」『大東法学』第 46 号、pp.1-35.
穴見明、2006、「スウェーデンにおける地域政策の変容（2・完）」『大東法学』第 47 号、pp.1-40.

穴見明、2006、「1998 年のスウェーデンにおける地域政策をめぐる政治論議」『大東法学』第 48 号、pp.99-148.
穴見明、2007、「「地域政策」から「地域発展政策」へ（1）―スウェーデンにおける地域政策と産業政策の変容の一局面―」『大東法学』第 49 号、pp.1-32.
アームストロング・ハーベイ、2005、「21 世紀の地域政策」H. アームストロング・原勲『互恵と自立の地域政策』.
石原俊時、1995、「スウェーデン社会民主主義の歴史的展開」西川正雄・松村高夫・石原俊時『もう一つの選択肢』 平凡社.
石原俊時、2001、「地域から見たスウェーデン福祉国家の成立過程」『立教経済学研究』第 55 巻第 1 号.
和泉真理、1988、『英国の農業環境政策』 富民協会.
市田知子、2004、『EU 条件不利地域における農政展開―ドイツを中心に―』農林水産政策研究所.
稲本守、2003、「欧州連合（EU）の「地域政策」と「マルチガバナンス」」『東京水産大学論集』第 38 号.
井上和衛編、1999、『欧州連合 [EU] の農村開発政策』
大野晃・吉沢四郎・中道仁美、2000、「条件不利地域の現状と再生への課題―日本とルーマニア・スウェーデンの比較研究―」 日本村落研究学会研究通信 199 号.
岡沢憲芙、1994、『おんなたちのスウェーデン』NHK ブックス 714　日本放送出版協会.
岡田明輝、1998、『のびゆく農業 883 ～ 884　EU の農村振興政策の現状』 農政調査委員会.
駐日欧州委員会代表部、2008、「ヨーロッパ」253 号.
辻 悟一、2000、『EU の地域政策』世界思想社.
長岡延孝、2003、「スウェーデンにおける地域経済ガバナンス（1）―リージョンを基盤にしたパートナーシップの構築」『学術研究年報』（同志社女子大学）第 54 巻Ⅱ　pp.59-88.
中道仁美、2001、「条件不利地域における地域活性化の課題―スウェーデンにおける EU プログラムの適応事例から―」中川聡七郎・中村勝・垣生俊夫編著『地域社会と流通システム』農林統計協会.
農林水産省経済局国際部国際企画課海外情報室　1999 年 11 月 6 日　『http://www.maff.go.jp/soshiki/keizai/kokusai/kikaku/gaikyo/00EU3f.htm』
農林水産省経済局国際部国際企画課海外情報室　1999 年 6 月 8 日　『http://www.

maff.go.jp/soshiki/keizai/kokusai/kikaku/gaikyo/13sweden.htm』

フェネル、ローズマリ、1988、『ECの共通農業政策』 大明堂.

藤岡純一、2001、『分権型福祉社会スウェーデンの財政』有斐閣.

松木洋一・ヤープH. ポスト、1995年、「EUと日本の条件不利地域政策の比較研究」『日蘭学会会誌』第20巻第1号.

諸富徹、2004、「地域経済発展とEU構造基金」『経済論叢別冊　調査と研究』（京都大学）第26号、pp.1-24.

若森章孝、2006、「EU結束政策と越境地域環境禄の展開」『経済論集』（関西大学）第56巻第3号、pp.179-199.

若森章孝・八木紀一郎・清水耕一・長尾伸一編著、2007、『EU経済統合の地域的次元』 ミネルヴァ書房.

European Community Structural Funds, 1998, *The Structural Fund in Sweden*, Info nr:009-1998（NUTEK）.

Herlitz, Ulla, 1999, *The Village Action Movement in Sweden. - Local Development – Employment – Democracy*, School of Economics and Commercial Law, Gotheburg University.

Länsstyrelsen Jämtlands Iän, 1999, *Facts about Jämtland 1999*, Pantzare Information AB, Luleå, Sweden.

NUTEK 「EU　Structural Funds2000-2006, Developing Sweden」.

Regeringskansliet, 1999, *Agenda 2000 –with Reference to Swedish Agriculture*, Fritzes, Stockholm.

Swedish Board of Agriculture, 1998, *Facts about Swedish agriculture.*

Swedish Institute, 1997, *Agriculture in Sweden*, "Fact Sheets on Sweden."

Swedish Institute, 1998, *Swedish in European Union*, "Fact Sheets on Sweden."

YOSHIZAWA, Shiro, ONO, Akira, NAKAMICHI, Hitomi, 2000, Rural Development Issues in Less Favored Areas-A comparative study of Japanese and EU countries- , *Paper for X World Congress of Rural Sociology*, Rio De Janeiro, 30 July – 5 August 2000.

第2章 イェムトランド県における地域再生活動と支援システム

小内　純子

第1節　はじめに

　われわれは、1999年からイェムトランド県のトロングスヴィーケン地区とフーソー集落という2つの地域を中心に、スウェーデンの人口希薄地域における地域再生運動に関する調査研究を進めてきた（中道ほか、2007）。2つ地域が存在するイェムトランド県はスウェーデン中西部に位置し、8つのコミューンから構成されている（図2-1）。スウェーデンでは、イェムトランド県を含む中央部の地域を、北スウェーデンあるいはノルランドと呼ぶことが一般的である。

　このイェムトランド県は2つの顔を持つ。1つはスウェーデンでも有数な人口希薄地域であるという点である。後にみるように県の範域において人口希薄地域が占める比率が極めて高い。しかしその一方で、同県は、地域再生運動や社会的経済の活動が活発な地域というもう1つの顔を持つ。例えば、スウェーデンの社会的経済を象徴する協同組合の人口千人当たりの数は、全21県中でトップとなっている。また、1980年代から活発化する地域再生運動は、1990年代前半に「イェムトランドモデル」と言われる独自の活動スタイルを編み出し、その実践の成果はスウェーデン国内にとどまらず、広くEU全体に知られるところとなっている。

　本章の課題は、第1に、イェムトランド県がいかなる過程を経て、現在

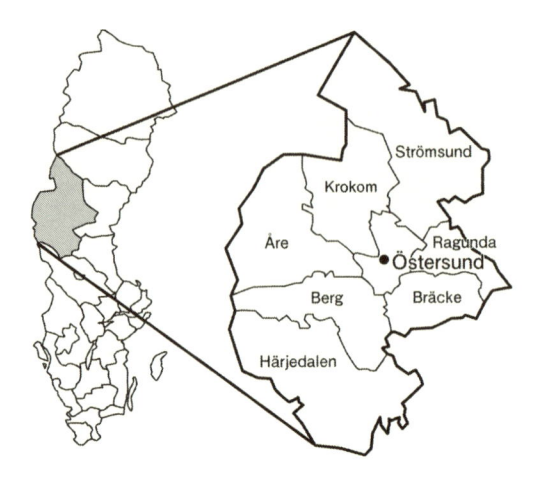

図2-1　イェムトランド県と8つのコミューン

のこうした地域的特徴を形成してきたのかを明らかにすること、第2に、「イェムトランドモデル」とはいかなる活動スタイルなのかを把握すること、そして第3に、それがスウェーデンにあってどのようにして可能となっているのか、つまりその活動を支えるシステムを明らかにする点にある。そこで以下では、第1に、主に統計資料を用いてスウェーデンにおいてイェムトランド県が占めている位置について取り押さえ、第2に、「イェムトランドモデル」が形成されてくるプロセスを明らかにし、「イェムトランドモデルとは何か」という問いに答える。その上で第3に、イェムトランドの地域再生運動を支えるシステムを把握し、そのスウェーデン的特徴を明らかにする。

第2節　スウェーデンにおけるイェムトランド県の特徴

2-1　イェムトランド県の位置と歴史的背景

　スウェーデンの中西部に位置するイェムトランド県は、西側でノルウェー

と国境で接し、北部にラップランドを一部含む北緯63度辺りに存在する地域である。県都であるエステルスンド市を中心に、8つのコミューンから構成されており、2006年現在、人口は約12万人を数える。

　このイェムトランド県は、スウェーデンのなかでも明確な地域的特徴をもつ地方として知られる。宗教行事、言語、建築物、民族音楽、伝統料理などの分野で地域独自の文化を保持してきている。イェムトランド県の旗を持ち、かつて「共和国運動」が存在したことが示すように、地域アイデンティティが強く、独自の地域的まとまりを形成してきた地域である。その背景には、長期間にわたる戦争の過程で、デンマークやノルウェーとスウェーデンの間を行ったりきたりする境遇におかれ、否が応でも地域アイデンティティを持たざるを得なかったという独特の歴史的背景があったと言われる（Länsstyrelsen Jämtlands län, 1995: 5）。当時、イェムトランドには独自の法律、貨幣、習慣が存在したことも指摘されている（Rentzhog, 1984）。

2-2　人口の推移とその特徴

　隣国との200年にわたる戦いの後に、イェムトランドがスウェーデンの主権の下に入るのは1645年のことである。この長い戦争の間、イェムトランドの人口は1万人から1.5万人で推移した。戦争が終結し生活が安定してくると、人口は増加に転じ、1800年に3万人、1900年に11万人、1950年に14万人と急速に増えていく（Länsstyrelsen Jämtlands län, 1995: 5）。しかし、**表2-1**にみるように、1955年の144,063人をピークに人口は減少し始める。スウェーデン全体では確実に人口増加が続く1955年から1970年にかけて、イェムトランド県の人口は13.3%も減少し、約12.5万人まで落ち込んでしまうのである。その後、1970年をボトムに人口は再び増加に転じ、1990年代前半には13.5万人台まで回復するものの、1990年代後半には、再度減少し始め、2005年段階には12.7万人とほぼ1970年の水準に落ち込んでしまう。

　以上のように人口変動の大きな流れを押さえた上で、1970年以降に特に注目してみると、この変動過程は以下のような3つの特徴を伴って進んで

表 2-1 イェムトランド県・スウェーデンの人口の推移

年	実　数（人）		指　数	
	イェムトランド	スウェーデン	イェムトランド	スウェーデン
1945	143,213	6,673,749	99	95
1950	144,063	7,041,829	100	100
1955	144,393	7,290,112	100	104
1960	139,799	7,497,967	97	106
1965	130,848	7,772,506	91	110
1970	125,243	8,081,229	87	115
1975	133,433	8,208,442	93	117
1980	134,934	8,317,937	94	118
1985	134,190	8,358,139	93	119
1990	135,726	8,590,630	94	122
1995	135,584	8,837,496	94	126
2000	129,566	8,882,792	90	126
2005	127,028	9,047,752	88	128

資料：http://www.scb.se/ より作成

きたことがわかる。第1は、激しいコミューン間格差を伴う過程であったという点である。表2-2は8つのコミューンの1970年から2006年までの人口の変化を5年毎にみたものである。県都エステルスンド・コミューン（以下コミューンを省略）が1970年比で約20％、クロコムが10％、オーレが5％の増加を示している一方で、ストルムスンド、ラグンダ、ブレッケが約30％、ベルクとヘンダーレンが20～25％の人口減を経験している。なかでもブレッケ、ラグンダ、ストルムスンドは、この間一度も人口の増加を経験することなく現在に至っている。エステルスンドからノルウェーのトロンハイムに向かう横断道路E14線沿いにあるコミューンが相対的に人口を維持しているのに対して、それ以外のコミューンの人口の減少傾向は顕著で、両者の間で二極化が進展していることがわかる。

　第2に特徴的なことは、男性人口が女性人口を上回る傾向が顕著に見られることである。これは女性の他出者が男性のそれを上回った結果生じた現象で、エステルスンドを除く他の7つのコミューンで共通する状況がみられた。この傾向は、表2-3にみるように1970年当時が最も顕著で、ベルグ、ストルムスンドは男女の比率に6％以上の差があり、ヘンダーレン、クロコム、ラグンダでも5％以上の差が存在している。スウェーデン全体と比較し

表 2-2　コミューン別にみた人口の変化

	コミューン	1970 年	1975 年	1980 年	1985 年	1990 年	1995 年	2000 年	2006 年
実数（人）	ベルグ	9,406	8,906	9,003	8,641	8,660	8,480	8,175	7,592
	ブレッケ	9,938	9,503	9,224	8,794	8,739	8,333	7,577	7,202
	ヘレダーレン	12,759	13,015	13,096	12,724	12,491	12,109	11,415	10,764
	クロコム	12,921	13,112	13,418	13,979	14,373	14,716	14,154	14,270
	ラグンダ	8,473	7,826	7,571	7,336	7,078	6,748	6,313	5,806
	ストルムスンド	18,460	17,758	17,343	16,611	16,093	15,316	13,938	12,782
	オーレ	9,582	9,178	9,469	9,659	9,975	10,134	9,745	10,021
	エステルスンド	49,750	54,135	55,810	56,446	58,317	59,748	58,249	58,583
	イェムトランド県計	131,289	133,433	134,934	134,190	135,726	135,584	129,566	127,020
指数（%）	ベルグ	100	95	96	92	92	90	87	81
	ブレッケ	100	96	93	88	88	84	76	72
	ヘレダーレン	100	102	103	100	98	95	89	84
	クロコム	100	101	104	108	111	114	110	110
	ラグンダ	100	92	89	87	84	80	75	69
	ストルムスンド	100	96	94	90	87	83	76	69
	オーレ	100	96	99	101	104	106	102	105
	エステルスンド	100	109	112	113	117	120	117	118
	イェムトランド県計	100	102	103	102	103	103	99	97

資料：表 2-1 に同じ

表2-3 コミューン別にみた人口の男女比

	コミューン	1970年 男	1970年 女	1980年 男	1980年 女	1990年 男	1990年 女	2006年 男	2006年 女
実数（人）	ベルグ	5,004	4,402	4,711	4,292	4,477	4,183	3,920	3,672
	ブレッケ	5,134	4,804	4,735	4,489	4,453	4,286	3,725	3,477
	ヘレダーレン	6,738	6,021	6,838	6,258	6,432	6,059	5,460	5,304
	クロコム	6,797	6,124	7,027	6,391	7,404	6,969	7,290	6,980
	ラグンダ	4,448	4,025	3,927	3,644	3,660	3,418	2,914	2,892
	ストルムスンド	9,802	8,658	9,090	8,253	8,368	7,725	6,514	6,268
	オーレ	4,966	4,616	4,881	4,588	5,141	4,834	5,134	4,887
	エステルスンド	24,431	25,319	27,136	28,674	28,355	29,962	28,432	30,151
	イェムトランド県計	67,320	63,969	68,345	66,589	68,290	67,436	63,389	63,631
	スウェーデン全体	4,045,318	4,035,911	4,119,822	4,198,115	4,244,017	4,346,613	4,523,523	4,589,734
比率（%）	ベルグ	53.2	46.8	52.3	47.7	51.7	48.3	51.6	48.4
	ブレッケ	51.7	48.3	51.3	48.7	51.0	49.0	51.7	48.3
	ヘレダーレン	52.8	47.2	52.2	47.8	51.5	48.5	50.7	49.3
	クロコム	52.6	47.4	52.4	47.6	51.5	48.5	51.1	48.9
	ラグンダ	52.5	47.5	51.9	48.1	51.7	48.3	50.2	49.8
	ストルムスンド	53.1	46.9	52.4	47.6	52.0	48.0	51.0	49.0
	オーレ	51.8	48.2	51.5	48.5	51.5	48.5	51.2	48.8
	エステルスンド	49.1	50.9	48.6	51.4	48.6	51.4	48.5	51.5
	イェムトランド県計	51.3	48.7	50.7	49.3	50.3	49.7	49.9	50.1
	スウェーデン全体	50.1	49.9	49.5	50.5	49.4	50.6	49.6	50.4

資料：表2-1に同じ

てみると、その差がいかに大きいかが確認できる。この傾向は年々弱まる傾向にはあるものの、2006年段階でエステルスンド以外のコミューンでは男性の数が女性の数を上回っている。

　第3にこの過程を通じ、人口希薄地域としての性格を明確化していく。**表2-4**は、全スウェーデン農村開発機関（GBV）が、独自に定義にした地域類型によって、全国21の県別に3つの地域類型が占める比率を示したものである（Glesbygdsverket, 2006）。3つの地域類型とは、「都市地域」「近郊農村地域」「遠隔農村地域」である。「都市地域」は3,000人以上の住民がいる地域、「近郊農村地域」は「都市地域」まで車で5分〜45分以内の地域、「遠隔農村地域」はそれが45分以上の地域（詳しくは、表0-1の注を参照）を指している。2003年段階で、スウェーデン全体でみると、人口の76.0%が「都市地域」に生活しており、「近郊農村地域」が21.9%であるのに対して、「遠隔農村地域」に住む住民はわずかに2.1%にすぎない。そのなかにあってイェムトランド県は、「遠隔農村地域」に住む住民が29.5%を占め、「近郊農村地域」と合わせると約55%が「都市地域」以外に居住していることがわかる。この比率は他県に比べても極めて高い比率である。また、全国の「遠隔農村地域」に住む住民の約5分の1がイェムトランド県に居住する者で占められていることもわかる。

　このように1970年以降、イェムトランド県では、コミューン間の格差と男女比率のゆがみを伴いつつ人口の減少が続き、結果として広範な人口希薄地域を抱える地域としての性格を明確にしてきたとみることができる。

2-3　イェムトランド県の産業・就業構造の変化とその特徴

　ところで、以上のような人口変動をもたらした背景には、産業構造の大きな変化が存在した。なかでも1950年代後半から1960年代にかけて生じた人口減少は、この時期に政府によって推し進められた積極的労働力政策の展開に大きく影響されている。積極的労働力政策とは、低生産性セクターの合理化や倒産によって生み出された余剰労働力を、労働者の「自発的移動」を促すことで高生産性セクターへと送り込むという政策である。宮本の言うと

表 2-4 県 (län) 別にみた地域タイプの人口 (2003 年)

	実　数 (人)				比　率 (%)			
	遠隔農村地域	近郊農村地域	都市地域	計	遠隔農村地域	近郊農村地域	都市地域	計
ストックホルム	8,922	103,295	1,748,655		0.5	5.6	94.0	100.0
ウプサラ	928	86,735	212,832		0.3	28.9	70.8	100.0
セーデルマンランド	103	73,603	186,672		0.04	28.3	71.7	100.0
エステルイェータランド	800	91,824	322,273		0.2	22.1	77.7	100.0
ヨンショーピング	764	97,665	230,230		0.2	29.7	70.1	100.0
クロノベリ	370	77,935	99,143		0.2	43.9	55.9	100.0
カルマル	2,325	94,436	138,125		1.0	40.2	58.8	100.0
ゴットランド	10,153	23,695	23,687		17.6	41.2	41.2	100.0
ブレーキンゲ	632	47,897	101,360		0.4	32.0	67.6	100.0
スコーネ	561	199,320	952,816		0.0	17.3	82.7	100.0
ハッランド	*	104,812	176,505		*	37.3	62.7	100.0
ヴェストラジョータランド	19,412	341,867	1,153,709		1.3	22.6	76.2	100.0
ヴェームランド	4,201	84,090	185,270		1.5	30.7	67.7	100.0
オレブロ	127	73,596	200,212		0.05	26.9	73.1	100.0
ヴェストマンランド	369	60,845	198,917		0.1	23.4	76.5	100.0
ダーラナ	10,335	87,138	179,046		3.7	31.5	64.7	100.0
イェヴレボリ	3,961	98,467	174,438		1.4	35.6	63.0	100.0
ヴェステルノールランド	9,222	71,211	163,672		3.8	29.2	67.0	100.0
イェムトランド	37,633	32,298	57,714		29.5	25.3	45.2	100.0
ヴェステルボッテン	43,925	64,003	148,028		17.2	25.0	57.8	100.0
ノルボッテン	29,169	52,960	170,742		11.5	20.9	67.5	100.0
計	184,005	1,967,619	6,824,046		2.1	21.9	76.0	100.0

注：地域タイプの詳細は表 0-1 を参照。
資料：GLESBYGDSVERKET FACTS 2006

ころの選択的な経済政策の導入である（宮本、1999: 120-127）。この政策の導入により推進されたセクター間の労働力移動は、低生産性セクターが集まる地方から、高生産性セクターが集積する都市部への労働力の地域移動を伴うものであった。

　1950年代のイェムトランド県の主要な産業は農業と林業であった。多くの住民は、夏場の農業（酪農、畜産）に冬場の林業労働を組み合わせるかたちで生計を立てていた。しかし、積極的な労働力政策の展開のもとで、これらの低生産セクター部門の合理化が進み、労働力が押し出されていくことになる。1960年代に、県内の農場数は半減し、それに伴い畜牛数が40％減、耕地が20％減となっている。1965年に約1万人いた農業労働者は5年間で約5,000人に半減してしまう。

　また、林業会社が農家の山林を買占め、作業を機械化することで、通年雇用が可能になったため、地元の農家は冬場の兼業先を失うことになる。1960年に7,300人いた林業労働者は1995年頃には2,000人前後に減少している。その結果、雇用者数に占める林業労働者数の比率は、1960年代に13％から7％に減少してしまう。こうして農業と林業の雇用先としての位置が急速に低下していく（Ronnby, 1995: 281-283）。

　ところで、先にみたように、主要産業の衰退の時期を経て1970年代に入ると、県全体としては人口増加の時期が到来する[1]。人口が増加に転じた要因は様々な点に求められるが、産業の面ではウェストルンドによって以下の点が指摘されている。まず、何よりも大きな影響を及ぼしたのは、1970年代に入って全国で実施された公共部門の強力な拡張であった。これにより公共セクターが就労先として大きな位置を占めるようになる。また、農業や林業における人員削減促進のペースが緩和される一方で、1960年代の終盤からイェムトランド県が「工業発展期」を迎え、それに伴い建設関係の労働市場が拡張してくる。加えて、1971年に県最初の大学である中央スウェーデン大学が創設され[2]、同大学を卒業した高学歴者が地元で公共セクターなどに職を得ることができるようになる。こうしたことが相乗効果となって人口は増加に転じ、以後1990年代前半まで人口は安定的に推移する（West-

表 2-5　セクター別の雇用者数（2005 年）

		男	女	計
実数（千人）	イェムトランド計	31	28	59
	民間セクター	24	13	37
	公共セクター	7	15	22
	スウェーデン計	2,181	2,004	4,185
	民間セクター	1,841	1,049	2,890
	公共セクター	340	955	1,295
比率（％）	イェムトランド計	100	100	100
	民間セクター	77	46	63
	公共セクター	23	54	37
	スウェーデン計	100	100	100
	民間セクター	84	52	69
	公共セクター	16	48	31

資料：KROKOM Municipal facts 2007 より作成

lund, 2002）。

　しかし、1990年代初頭にスウェーデンを襲った深刻な経済不況の到来とともに、イェムトランド県の人口は再び減少に転じ今日に至っている。その要因の1つは、公共セクター部門が縮小に転じたことにある。1990年から1993年の間に、県内の公共セクターの雇用者数は12.6%も減少している（Hugosson, 2002: 84）。さらに、IT関連の発展産業はストックホルムやウプサラなど南部に集積し、都市部の人口吸引力が再び強くなってくる。その結果、スウェーデン全体の人口増加が継続するなかで、イェムトランド県の人口の減少は現在も続いている。

　それでは現在イェムトランドに暮らす人々はどのような職に就いているのであろうか。表2-5から表2-9は、現在の雇用の状況を示したものである。まず、表2-5で、民間セクター、公共セクター別に雇用者数をみると、スウェーデン全体に比べてイェムトランド県は公共セクターに就労する者の比率が高く、その傾向はとりわけ女性に顕著となっている。男性の場合77%が民間セクターであるのに対し、女性は54%と、実にその半数以上が公共セクターの仕事に従事している。1990年代前半から公共部門の縮小が始まったとはいえ、なお公共セクターへの依存率が極めて高いことがわかる。

表2-6　産業別雇用者数（2005年）　　　　　　　　　　　　　　　　　　　単位：％

	イェムトランド県			スウェーデン		
	男	女	計	男	女	計
農林水産業	7	2	5	3	1	2
鉱工業	18	6	12	25	9	17
電気水道、廃棄物	3	0	2	1	0	1
建設業	11	1	6	11	1	6
卸・小売・運輸・通信	18	12	15	22	15	19
金融・事業活動	13	10	12	15	12	14
教育・研究・開発	6	18	12	6	17	11
健康・福祉	7	34	20	5	29	16
対人サービス・文化サービス	8	10	9	6	8	7
公務	7	7	7	5	6	6
分類不能	2	2	2	1	2	1
計	100	100	100	100	100	100

資料：表2-5に同じ

　表2-6は産業別の雇用者数比率を男女別にみたものである。男性は、鉱工業、卸・小売・運輸・通信、金融・事業活動が多いのに対し、女性は、健康・福祉、教育・研究・開発が多く、ここでも男女差は顕著である。女性の場合、とりわけ健康・福祉分野が34％と極めて高く、この比率はスウェーデン全体と比較しても高い水準となっている。

　さらに職業別にみると、より一層男女差が明らかになる。表2-7は、クロコム・コミューンを事例に、就労者が多い上位20の職業を男女別にみたものである。全就労者の3分の2以上を女性が占める職業を「女性主体型」、男性が3分の2以上を占める職業を「男性主体型」、それ以外を「両性型」とすると、それぞれ8つの職業が「女性主体型」と「男性主体型」に区分されることがわかる。女性は、ヘルパーやケア関連の仕事、入学前や初等教育の教員、男性は、建設業関係、農業、ドライバーなどが多くなっている。

　以上の3点からみて、イェムトランド県の就業構造は、全国平均以上に労働市場のジェンダー分割を内包していることがわかる。このような就労先が男女間で明確に異なる点は、教育水準や年収の違いにも反映している。スウェーデンの場合、全国的にみても女性の方が高等教育を受けた者の比率が高いが[3]、イェムトランド県ではその傾向がより顕著である（表2-8）。高

表 2-7 クロコム・コミューンの上位 20 の職業 (2005 年)

	職　業	人　数（人）			比　率 (%)		
		男	女	総計	男	女	総計
女性主体型	ヘルパーおよび掃除作業員	10	85	95	10.5	89.5	100.0
	大学前教育関連の専門家	15	115	130	11.5	88.5	100.0
	家政および残りのサービス労働者	11	62	73	15.1	84.9	100.0
	レストランの助手	9	48	57	15.8	84.2	100.0
	対人ケアと関連の労働者	142	717	859	16.5	83.5	100.0
	他の会社の事務員	14	60	74	18.9	81.1	100.0
	商店や売店の売り子および実演家	28	88	116	24.1	75.9	100.0
	初等教育の専門家	51	124	175	29.1	70.9	100.0
両性主体型	生産および操作の管理者	34	27	61	55.7	44.3	100.0
	中等教育の専門家	70	52	122	57.4	42.6	100.0
	金融と販売関連の専門家	33	23	56	58.9	41.1	100.0
	小企業の経営者	65	38	103	63.1	36.9	100.0
男性主体型	他の販売・サービスなど単純な職業	49	24	73	67.1	32.9	100.0
	他の機械の操作者および整備士	78	20	98	79.6	20.4	100.0
	物理、工学技術者	51	6	57	89.5	10.5	100.0
	車のドライバー	104	3	107	97.2	2.8	100.0
	農業と他の動植物の経営者	131	3	134	97.8	2.2	100.0
	建物の骨組みと関連業種の労働者	202	1	203	99.5	0.5	100.0
	建物の仕上げおよび関連業種の労働者	90	0	90	100.0	0.0	100.0
	金属鋳物、溶接、薄板金属労働、および関連の労働者	61	0	61	100.0	0.0	100.0
	20 の職業計	1,248	1,496	2,744	45.5	54.5	100.0
	全職業総計	2,004	2,044	4,048	49.5	50.5	100.0

資料：表 2-5 に同じ

表 2-8　20-64 歳の住民の教育水準（2006 年）

	イェムトランド県			スウェーデン		
	男	女	計	男	女	計
義務教育	17	11	14	18	14	16
高校	58	53	55	50	47	48
高等教育	24	35	29	31	38	34
不明	1	1	1	2	2	2
計（%）	100	100	100	100	100	100
計（千人）	37	35	73	2,722	2,641	5,363

資料：表 2-5 に同じ

表 2-9　年収総額（2005 年）　　　　　　　　　　　　　単位：1,000kr

			男	女	計
実数	平均収入	イェムトランド県	238	196	218
		スウェーデン	269	199	235
	中央値	イェムトランド県	232	196	214
		スウェーデン	252	198	222
指数	平均収入	イェムトランド県	109	90	100
		スウェーデン	114	85	100
	中央値	イェムトランド県	108	92	100
		スウェーデン	114	89	100

注：指数は、男女計の収入を 100 として求めている。
資料：表 2-5 に同じ

等教育を受けた者の比率は、女性 35% に対して男性は 24% に過ぎない。全国水準に比べても男性の比率が低い傾向は顕著である。これは女性の就労先が教育や福祉など資格を必要とするものが多いことと関係していると考えられる。その一方で、年収総額は男性の方が高くなっている（表2-9）[4]。全国と比較するとイェムトランド県の男性平均年収は全国のそれよりも 3 万クローナ（以下 kr）ほど低いが、それでも女性の年収総額よりも 4 万 kr ほど高いことがわかる（1kr ≒ 17 円：2008 年 3 月現在）。「学校にいる間は一貫して女性の方が成績がいいが、一旦就職すると女性の方が賃金が低く、昇進も遅い」（Braithwaite, 2006: 156）という状況が、スウェーデンでも存在している。

2005年現在のイェムトランド県の20〜64歳層の労働力率は、男性79%、女性76%で、これはスウェーデン全体の男性77%、女性74%よりも若干高い数値となっている。しかしながら、就業構造をみると、全国平均以上に労働市場におけるジェンダー分割が顕著であり、こうした状況は、当然のことながら以下にみるように地域再生活動にも影響を及ぼすことになる[5]。

第3節　地域再生運動の隆盛と「イェムトランドモデル」

3-1　生活不安と危機意識

　さて、前節でみたように1950年代後半から1960年代にかけての積極的労働力政策の推進によって、地方から都市への労働力の移動が進行し、イェムトランド県の人口減少が進展していく。この動きは、1960年代終わりから1970年代末にかけて政府によって進められた住宅建設計画＝「100万戸」計画によって加速された。スウェーデン中央と南部中心に建てられた住宅には、地方から流入してきた人たちが移り住むことになる。北からの人の流れは1960年代におよそ10万人に達したと言われる（Ronnby, 1995: 173-174）。

　地方にとって人口の減少は、地域の小学校やスーパーマーケットなどを閉鎖に追い込むほか、各種社会サービスの質の低下を招くことになり、さらにそれが人口減少を促進するといった負のスパイラルが進行していくことに繋がっていく。このことは地元に残った住民の生活不安を増大させることになる。

　また、1960年代半ばに始まるコミューンの統合がこの不安感を助長することになる。すなわち、1964年には1,006あったコミューンは、1980年には一旦279まで整理されてしまう（2007年現在は290）。しかもこの過程で、1960年には3万人以上いた地方議員の数が1973年には1万3千人程度まで減少する。その結果、地方議員による地域に密着した活動は弱まり、地域住民と地方議員の距離が拡大することになる（宮本、1999: 229）。これによ

り地域住民の間に、「自分たちは政治的に見捨てられてしまった存在である」という認識が広がり、彼らの生活不安を増長する結果となった。

一方、1971年に実施された税制改革の影響も看過できない。この改革によって、所得税の課税単位が家族から個人に変更され、女性が労働市場へと「動員」されていくことになる。男女を問わず、自ら働くことによって現在と将来の生活の安定を手に入れざるをえなくなり、それまで家庭にとどまっていた女性も働くことが「強制」されてくる（太田、2005a）。このことは女性向けの職場が少ない地方の女性たちに対して、新たなプレッシャーを生み出していくことになる。イェムトランド県においてこの税制改革が与えた影響は大きかった。

3-2　1980年代に始まる地域再生運動の3つの原動力

以上のような要因によって、イェムトランド県では、1960年代前後から人口減少が進み、負のスパイラルが進行するなかで、次第に地域住民の間に生活不安や危機感が強まっていく。しかしその一方で、1980年代に入るとこうした地方の閉塞感を打破するような動きが生まれてくる。こうした動きはやがて大きな潮流となり、数々の成果を生み出していき、その地域再生活動の手法は1990年頃には「イェムトランドモデル」として全国やEU諸国に知られるところとなる。

それではイェムトランドモデルはどのように生み出されていったのであろうか。以下の3つの活動がその原動力となったと言われる（Ronnby 1995,1997, Länsstyrelsen Jämtlands län, 1995）。

第1は、地方のボランティアグループの活動である。1980年代以降、様々なボランタリーな組織の活動が活性化してくる。例えば、その様子は、「緩やかに組織された労働者アソシエーション、商業的アソシエーション、協同組合、あるいは小さい企業などが、数多く村や周辺地域に生まれている。それらは、古い集落自治会（ビアラーグ）[6]、禁酒運動の団体、民間伝承のグループ、スポーツ協会やクラブ、コーラスグループ、芝居のグループなどと、多くが歴史的な関わりをもって誕生している」と述べられている（Länsstyrelsen Jämtlands län, 1995: 14)。実際、イェムトランド県では、100年以上も前から様々な協同関係が形成されていた。村クラブ（village club）が牧草地、漁業水域、森、共有地、村の水車、製材工場、鍛冶屋などを共同で所有することもしばしばみられた。また、様々なアソシエーションや協同組合が、道路、街灯、水道ポンプなどの維持・管理のために設けられていた。(Ronnby, 1995: 327-328)。

つまり、地域のなかにそれまで蓄積されてきた様々な社会的ネットワークを生かしながら、新しいボランティアグループの運動が多数形成されてくるのである。ロンビーはこの活動を、「new-old運動」と性格づけているが（Ronnby, 1995,1997)、それはこうした実情を的確に表現したものと言える。

さらに一方で、この運動は全国、あるいは他のヨーロッパ諸国と連動した動きにも繋がっていた。1987年、スウェーデン政府はEU理事会の呼びかけに応じて、NGOと協力して、「スウェーデン全体で生き残る（Hela Sverige ska leva)」というキャンペーンを始めている。これは文字通り、都市部だけではなく、地方も含めた国全体の持続可能性を追求していこうという運動である。1989年には民衆運動委員会（Folkrörelserådet）が結成され、全国の地方ボランティアグループが結集することになる（Herlitz, 1999)。

イェムトランド県のボランティアグループも、こうした全国的な運動に結集していく。1995年頃、スウェーデンには約2,400の地方ボランティアグループが存在したが、うち300がイェムトランド県に存在した。全国に対する人口比が1.5%に対して、グループ数比は13%を占めており、イェムトランド県がこの運動で大きな位置を占めていたことがわかる（Länsstyrelsen Jämtlands län, 1995: 14)。

第2の原動力は、「新しい協同組合」の設立である。新しい協同組合とは、既存の大規模化した協同組合とは異なり、地域内のニーズに地域住民自身が応えるかたちで、地方で小規模に展開されてきた協同組合で、1980年代に全国で設立させるようになる（Pestoff, 1991=1996,1998=2000;秋朝、2004)。イェムトランド県における最初の「新しい協同組合」は、1983年にフンゲ村にできた親（保育）協同組合であった。その後急速に地域内に広まり、

1995年頃には140以上が存在している。この当時は、親協同組合が最も多く、高齢者ケア組合がそれに続き、他には、芸術や工芸、山羊乳や魚の加工品、ウールの製品、村の売店、レジャーセンター、カフェ、観光、スキーリフトなどと結びついた協同組合も設立されている（Länsstyrelsen Jämtlands län 1995: 16）。親協同組合が大半を占めたのは、女性が働くためには子どもを預ける場所が必要だったことが大きく関係している。また、親協同組合の設立自体が女性の職場を生み出すという面もあり、親協同組合の設立が急激に進んでいった（太田、2005a、2005b）。設立に資本金を必要としないため、協同組合は資金の乏しい地方の女性の起業に適した事業形態でもあった。

この協同組合の設立に関しては、当初中央スウェーデン大学の教員が大きな役割を果たしている。1983年に、中央スウェーデン大学の教員による協同組合に関する研究会がスタートし、協同組合の設立を理論面でサポートした。そして、この研究会の延長線上に協同組合の設立をサポートする機関としてイェムトランド地域協同組合開発センター（CDA）が設立されている。1986年には全国に地域協同組合開発局が設立されることが決定され、それと連動した動きでもあった（Ronnby, 1995,1997; Grut 1995）。2006年には名称がコンパニオン（Coompanion）に統一され現在に至っている。

冒頭でもふれたように、イェムトランド県は人口千人当たりの協同組合の数が多く、**表2-10**でみるように、2.12組合と、25ある地域のなかでトップとなっている。2位はゴットランドの1.50組合で、他の県はほとんど1を割り込んでおり、イェムトランド県の数値の高さが目をひく。

第3に原動力としてあげられるのは、女性たちによる運動である。先に見たように、女性の問題は、イェムトランド県にとって固有の問題領域を構成していた。女性が進学や就職を契機に他出してしまうことは、地域の将来にとって大きな問題であった。女性にとって十分な雇用先がない上に、家父長的な生活様式が残る地方の生活は、女性にとってけっして魅力的なものではなかった[7]。1980年代半ばには、行政もこの問題を深刻に受け止めるようになる。

1989年の小さな女性グループの活動に始まり、1991年には、県行政の後

表2-10 人口1,000人当たりの協同組合の数（2006年）

コンパニオン所在地域	人口 (2006/12/31)	協同組合 の数	人口千人 当りの数
イェムトランド	127,020	269	2.12
ゴットランド	57,297	86	1.50
ヴェステルボッテン	257,581	301	1.17
ロースラーゲン	131,023	124	0.95
ノルボッテン	251,886	236	0.94
ダーラナ	275,711	255	0.92
イェヴレボリ	275,653	249	0.90
ヴェームランド	273,489	243	0.89
ヨーテボリ	804,349	695	0.86
ヴェステルノールランド	243,978	201	0.82
ブレーキンゲ	151,436	117	0.77
ハッランド	288,859	219	0.76
ヴェストマンランド	248,489	188	0.76
カルマル	233,776	167	0.71
フィルボーダル	271,461	193	0.71
スカラボリ	255,758	177	0.69
クロノベリ	179,635	113	0.63
ウプサラ	319,925	201	0.63
ストックホルム	1,787,081	1,082	0.61
エステルイェータランド	417,966	227	0.54
スコーネ	1,184,500	639	0.54
オレブロ	275,030	148	0.54
シューヘラド	206,716	106	0.51
ヨンショーピング	331,539	150	0.45
セーデルマンランド	263,099	111	0.42
全体	9,113,257	6,497	0.71

注：中央統計局に活動している企業として登録されている協同組合を対象としている。

資料：COOMPANION "Kooperativt företagande ökar mest-tillväxten region for region 2007" より作成

押しを受けてクビンヌム（Kvinnum）プロジェクトが正式にスタートする。Kvinn とはスウェーデン語で女性を意味する単語である。このプロジェクトは、女性及び女性グループと県内の行政諸機関が協力し合い、イェムトランド県の女性の地位向上を目指すことを目的とするものである。女性 2 人と県の男性職員 1 人がプロジェクト・リーダーとなり、事務所は近郊のオース（エステルスンド市から北に約 15km）におかれた。同じ建物の中には CDA の事務所もあり、両組織の間には強力な協力体制が築かれていた。この機関は、全国的な組織化の動きを受けて、1994 年前後にイェムトランド県の女性資源センターとして全国組織の 1 支部に再編されている。

　活動の中心は、女性たちのネットワークづくりや女性の自立のためのサポートにおかれた。人口希薄地域に孤立して生活する女性たちを結びつけることが何よりも重視されたからである。その結果、1995 年当時、県内において 12 人の女性のプロジェクト・リーダーの誕生と 70 の女性のネットワークの構築に成功している。また、郷土料理や伝統的なレシピを用いた料理を提供するための協同組合イェムトマート（イェムトランド /Jämtland と食事 /mat の合成語）活動には約 200 人の女性が参加し、1994 年にエステルスンド市で開催された女性活動の全国大会、"Women Can" フェアには、延べ約 4 万人とも、6 万人とも言われるほど大勢の参加者が集まり、大成功を収めている。

　こうした女性の活動は、先の 2 つの原動力と重なり合うものである。ボランティアグループの 28% は女性が折衝役であり、オースではその比率が 49% に達していた。また、新しい協同組合の約半数では女性が折衝役や委員長となっている。ベルグではそれが 75% を占めると言われる（Ronnby, 1995,1997）。新しい協同組合の推進役や従業員の 87% は女性であるというデータもある。

　このように、地域再生運動は以上の 3 つの流れが互いに影響し合いながら進展してきているが、そのなかにあって、この地域でもっとも不利な状況におかれていた女性たちが大きな役割を担ってきたことがわかる。

3-3 「イェムトランドモデル」とは何か

さて、1980年以降、イェムトランドでは、以上みたように「ボランティアグループ」「新しい協同組合」「女性の活動」を3つの原動力として、活発な地域再生運動が展開されていく。そのなかで確実な成果を積み重ねたことで、当地の地域再生運動の手法は、「イェムトランドモデル」として他地域から注目を集めることになる。

それでは「イェムトランドモデル」とはいかなるモデルであろうか。イェムトランド県によって、1995年に「スウェーデンの地域開発 イェムトランドモデル」というインターナショナルレポートが提出されている。ただし、このレポートは行政寄りの視点で書かれている上に、「イェムトランドモデル」についての明瞭な定義は行なわれていない。そこでこのレポートの他、当時のイェムトランドの地域開発運動を理論的に支えていた研究者であるロンビーの論考（Ronnby, 1995,1997）や当時コミュニティワーカーとして活動していた人たちに対するインタビューの結果を参考に、「イェムトランドモデル」について検討を行った。

その結果、「イェムトランドモデル」のキーワードとして、ボトムアップ（グラスルーツ）、ネットワーク、パートナーシップ、触媒作用の4つが浮かび上がってきた。

なかでも特に重視されるのは、地域再生の運動はボトムアップの活動であるという点である。活動の出発点はまず地域住民の側にある。過疎化が進行し、人口の減少とサービスの低下が進むことに危機感や不安感を覚え、この流れを止めるために何かをしなければいけないと考える人々が現れる。その人たちが行動を起こす時に活動はスタートする。彼らは、地域に対する強い愛着を持ち、集団的な学習を通じて、自分たちで目標を設定し、計画を立て、それをやりきることができるという見通しと確信を持って、地域再生運動に取り組み始める。そうした動きが重要なのである。そして実際の活動を通じ、なんらかの成果をあげることができれば、住民自身が自信を取り戻し、さらに次の活動へと繋がっていくことになる。

同時に、地域資源を活用するという点も重要である。この場合、地域資源

とは、単に経済的資源ではなく、人的、社会的、文化的資源を含む多様な資源を指している。実際、イェムトランド県では、ムース狩り、釣り、スノースクーター、スキー、工芸品、織物、薄焼きパン（tunnbröd）づくりなどの諸活動が日常生活のなかに根付いており、こうした文化的資源を地域再生運動の一手段として用いた地域も多い。すなわち、ここでいうボトムアップの活動とは、地域住民自身のイニシアティブで、地域資源を生かして地域再生を行うことである。先にあげた県が発行したナショナル・レポートの表紙には、「地域再生は決して行政の問題ではない。地域再生は民間の地方イニシアティブと参加の成果である」という一文が記されている。

　このボトムアップの活動を支えるのがネットワークとパートナーシップである。ネットワークという用語は、同じような活動を行うもの同士の結びつきを指して用いられている。互いに活動経験を学び合い、情報を交換することにより、自分たちの活動を進めていこうというものである。当時の活動に関わったコミュニティワーカーによれば、自分たちと同じような条件下にある人々の活動状況を知ることは、これから活動を起こそうとしている人たちを勇気づけ、刺激を与える点で最良の方法であるとされる。なかでもとりわけこのネットワークづくりの重要性を強調していたのが女性の運動に関わってきたコミュニティワーカーたちである。人口希薄地域であるがゆえに家も遠く、仕事もなく、孤立しがちに生活していた女性たちを運動に巻き込んでいく際に、ネットワークづくりが最も効果を発揮したという経験に基づく発言である。出会いの場を設定し、まずは地域に住む女性同士が集まり、活動の基盤を作り、次第にその輪を外に広げて行くことは、活動の大きな力となったという。

　これに対してパートナーシップは、他の諸団体と関係を結んでいくことを指している。この場合、特に、重要なのは公的セクターとのパートナーシップである。公的セクターの強いスウェーデンでは、人口希薄地域の地域再生においても公的セクターが果たす役割は大きい。財政的援助をはじめ、情報や知識の提供という点でも、公的セクターのサポートなしには地域再生運動の成功は難しい。なかでも重要な役割を果たしているのが県行政とコミュー

ンである。県行政の側も、長期的な展望に立った地域再生の計画を立案するとともに、その実現に向けてコミューン、県議会、各種民間セクターと緊密なパートナーシップづくりを進めている。住民諸団体にとっても、自分たちの意見を反映させていくためには、各種機関とパートナーシップを形成していくことが重要であることは言うまでもない。

　そして、触媒作用とは、以上のような3つの活動を促進する役割を担うものである。ボトムアップの活動が重要とはいえ、そうした運動が生じてくるのをただ待っているわけではない。学習会や講演会を組織するなどして、運動の種を蒔いたり、刺激を与えたりする活動は必要である。また、地域住民だけでネットワークやパートナーシップを構築することが困難な場合には、それを援助する活動は極めて重要である。そうした活動を担うのがコミュニティワーカーやプロジェクト・リーダーであり、彼女／彼らが足場を置く組織ということになる。

　以上のように、「イェムトランドモデル」とは、試行錯誤を通じて、ボトムアップ、ネットワーク、パートナーシップ、触媒作用の4つをキーワードに作り上げてきた活動スタイルを指している。この4つのキーワードは、現段階では日本でも広く用いられているものであり、新味がないものと思われるかもしれないが、1980年段階から学習や実践を通じて、当事者たちが作り上げてきた運動論であることの意義をここでは改めて確認しておきたい。

3-4　「イェムトランドモデル」を支える理論──必須の三角形──

　ところで、以上のような「イェムトランドモデル」を支える理論として、「必須の三角形」理論にふれる必要がある。初期の地域再生運動をサポートした研究者や実践家の論考をひもとくと、必ずこの理論が取り上げられていることに気づく（Ronnby, 1995; Grut, 1995; Herlitz, 1999）。これはもともとノルウェーの研究者であり、人口希薄地域の研究をおこなうアルモスが、地域再生運動の成功にとって必要な3つの要素とその相互作用を三角形を用いて表わし、それを「必須の三角形」（the necessary triangle）と呼んだことに

```
         LOCAL
      MOBILIZATION（地域的動員）
```

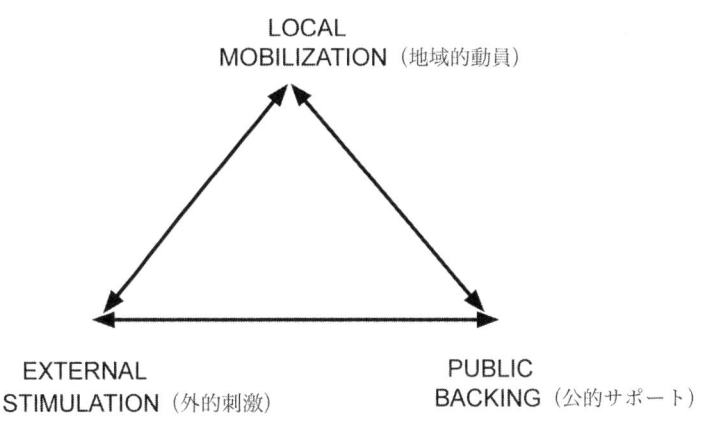

図2-2 必須の三角形（The necessary triangle）
出典：Ronnby（1995: 154）

（頂点左下）EXTERNAL STIMULATION（外的刺激）
（頂点右下）PUBLIC BACKING（公的サポート）

始まる（Almås,1985）。3つの要素とは、図2-2にみるように、①地域的動員（Local Mobilzation）、②公的サポート（Public Backing）、③外的刺激（External Stimulation）である。これをロンビーは、それぞれ、①地域のイニシアティブと地方の人的・物的資源の動員、②公的支援とイネブラー（成功促進要因）としての地方政治、③可能な外的刺激とサポートと言い替えている（Ronnby, 1995: 153-161）。この3つを頂点として3辺の矢印が双方向に向っていることからみて、この3つの要素がそれぞれに積極的に協力し合うことが、地方の地域再生を成功に導く鍵であることを意味している。この3つの要素を、前項の「イェムトランドモデル」と関連づけてみると、以下のような関係にあることがわかる。

　第1の地域のイニシアティブと地方の人的・物的資源の動員に関しては、「イェムトランドモデル」のキーワードの1つであるボトムアップ（グラスルーツ）に呼応するものである。地域再生にとって最も重要な点は、地元住民の主体的な取り組みと地域資源の活用であり、それゆえにこの要素が三角形の頂角の位置に置かれている。

　第2の公的支援とイネブラー（成功促進要因）としての地方政治は、「イェムトランドモデル」のキーワードでいうとパートナーシップに関連する。こ

れが三角形の底角の一方を占めている。すなわち、地方の地域再生の成功にとって公的セクターのサポートは、必須の条件となっている。公的セクターとしては、コミューン、県行政庁、県議会、国などが主に想定されている。サポートの内容は、関心、奨励、賞賛、アドバイスなどを与えること、行政手続きをスムーズに実施すること、ネットワークとの連絡や協同、経済的援助、フォローアップとフィードバックの実施など多岐にわたっている。

　第3の可能な外的刺激とサポートは、触媒作用が果たす役割に関係している。ボトムアップの活動に刺激を与えたり、支援したりする人や組織が果たす役割のことを意味する。また、ボトムアップの活動にとって、同じような活動をする組織とのネットワークや異なるタイプの組織とのパートナーシップが重要であることはすでに指摘している。しかしながら、日々の生活に追われる地域住民にとって、他地域の組織と交流をしたり、他の公的な組織と交渉したりすることは、経験に乏しく、不得手な分野である。それゆえ、地域住民に代わって、コミュニティワーカーやプロジェクト・リーダー、及び彼女／彼らが足場を置く組織が、人々や組織を結びつける役割を担うことになる。そうした活動が、ここでは外的刺激とサポートとして底角のもう一方に位置づけられている。

　以上が「必須の三角形」の概要であるが、実際にこの三角形が地域活動のなかで具体的にどのようなかたちで現れるかは、活動が展開される地域がおかれた状況によって大きく異なることは言うまでもない。しかしその一方で、スウェーデンの場合、こうした地域活動が全国的な機関や国の制度によって支えられている面も大きい。そこで以下では、3番目の課題でもある「イェムトランドモデル」を支えるサポート体制の把握を試み、そのスウェーデン的特徴を検討していく。

第4節　「イェムトランドモデル」を支えるシステム

　前節でみたように、「イェムトランドモデル」という活動スタイルにおい

表 2-11　スウェーデンにおける地域開発（再生）活動に関するサポートシステム
　　　　　―イェムトランド県の場合―

		公的事業機関	研究機関	民衆運動支援機関
国		NUTEK （スウェーデン産業・技術開発庁） GBV （全スウェーデン農村開発機関） ITPS （スウェーデン経済成長研究所） ALMI （ビジネスパートナー公的企業）	SLU (Swedish University of Agricultural Sciences) 〔ALI （労働生活研究所）〕	全国コンパニオン協議会 （スウェーデン地域協同組合開発センター） 民衆運動委員会 〔全国女性資源センター〕
県		県行政庁 JiLU （イェムトランド地域開発局） ALMI 支社	中央スウェーデン大学	コンパニオン（地域協同組合開発センター） 県民衆運動委員会 〔イェムトランド全国女性資源センター〕
コミューン		8つのコミューン		

注：〔　〕内は2008年3月現在閉鎖されている機関を表す。
資料：各種資料・インタビューより作成

て、「公的サポート」と「外的刺激とサポート」がきわめて重要な位置を占めている。結論を先取りして言えば、最大のスウェーデン的特徴は、この2つのサポート体制が、全国レベルで確立され、それぞれが国―県―地方自治体各レベルで連携し合いながら、各地域の地域づくり活動を様々な側面からサポートしている点にある。

表2-11は、スウェーデンにおける地域再生活動をサポートする主な機関・組織を、イェムトランド県に即して概観したものである。サポート体制は、公的事業機関、研究機関、民衆運動支援機関の3つに大きく分かれ、それぞれが国―県―地方自治体各レベルでサポート体制を構築している。このうち公的事業機関に属するものが必須の三角形の「公的サポート」に、民衆運動支援機関が「外的刺激とサポート」を行う機関にほぼ対応する。以下では、第1項で「公的サポートシステム」について、第2項で「外的刺激とサポートシステム」についてみていく。

4-1　公的サポートシステム

4-1（1）コミューンと県行政庁

　まず、公的セクターにおいて地域の再生運動にとってもっとも身近な存在は、やはりコミューンと県行政庁である。なかでもイェムトランド県の8つのコミューンは、それぞれ独自の地域開発機関を有し、地域再生に取り組んできた。こうした機関は、初めこそ優遇措置を設けて企業を外から誘致してくることに熱心だったが、次第に、地元住民のイニシアティブにたった地域再生運動の重要性を認識するようになり、1990年代にはそうした活動にも投資するようになってくる（Ronnby, 1995: 259-260）。

　また、県行政庁は、国の方針を受けて、県としての地域開発の方針を策定し、地域が進むべき方向を示す[8]。政府の地域政策のほとんどは、県行政庁を介して実施され、補助金も県行政庁から支給される。1993年、94年の予算では1.3億krがイェムトランド県に配分され、独自予算も加えると約1.6億krが地域政策に投じられている（Ronnby, 1995: 341）。

4-1（2）国と県の諸機関

　一方、地域開発に関わる国や県の各種機関が果たしている役割も大きい。とりわけ関わりが大きい機関として、国の機関であるNUTEK（スウェーデン産業・技術開発庁）、GBV（全スウェーデン農村開発機関）、ALMI（ビジネスパートナー公的企業）、国の研究所であるITPS（スウェーデン経済成長研究所）[9]、及び県の機関であるJiLU（イェムトランド地域開発局）がある。以下では各機関の活動について簡単にみていく。

　①NUTEK（スウェーデン産業・技術開発庁）：NUTEKは、地域開発に関わる国の諸機関のなかで最も重要な役割を担っている。新しい事業の創出、より一層の事業の成長と並んで、より強い地域の創造を促進することを使命とする機関である。事業開発と地域再生を支援することで持続可能な経済成長と繁栄を促進することを目指している。ストックホルムの本部では約200人のスタッフが働き、その支所は各地に置かれている。その1つがエステ

ルスンドに存在し、スタッフの数は約35人である。

　NUTEKの活動領域は、1）インターネットや電話による起業家への案内、2）起業に関する法律や制度の改善、3）起業家活動に関する知識の普及と奨励、4）中小企業の成長のために必要となる条件の整備、5）事業に対する資金援助、6）観光産業の振興、7）スウェーデン環境技術会議（SWEN-TEC）の開催、8）地域の成長プログラムの作成と実施、9）地域の成長と雇用の増大に対するサポート、10）EUの地域構造基金プログラムの運営などである。

　このようにNUTEKは、単に企業の成長のみではなく、それを通じた地域の持続可能な発展を目指した活動を担っている。その際、中小企業を始め、女性や移民による起業や協同組合の形態をとる起業の推進に関して主導的役割を果たすことが目的として謳われている。

　②GBV（全スウェーデン農村開発機関）：GBVは、1991年にエステルスンドに設立された国の機関である。活動の責務は、農村地域（Rural areas）、人口希薄地域（Sparsely populated areas）、島嶼（archipelagos）の発展に関する研究と報告・提案を行うことである。これらの地域の優れた点を強調し様々な分野に働きかけることで、地方に住んでいる人々の生活条件と発展機会の拡大に寄与することを目的としている。そのため、これらの地域の生活条件をいかに改善するかについての提案を行っている。エステルスンドに置かれているが、全県を事業の対象範囲としており、スタッフは33人を数える。

　活動分野は、1）必要な教育と訓練に関する提案、2）雇用の創出のための提案、3）住宅供給で障害になっている点の明確化、4）インフラと通信の整備に関する提案、5）人口に関する研究、6）地域発展政策への協力、7）国内・国際的な調査の実施と結果の普及、8）地方に必要とされるサービスの把握、9）統計と分析方法の開発、の9つである。

　このように農村開発機関の主な仕事は、地方に対する調査研究を進め、それを通じて障害になっている点や改善すべき点の提案を行うことである。その成果は報告書にまとめられ毎年刊行されている。また、地域の実態をより的確に把握するために独自の地域類型の方法を提案するなどの成果をあげて

いる（前掲表2-4参照）。さらに、全国を250㎡のエリアに分け、エリア内のサービスの利用や人口移動など様々な変化を地図に表すという、独自の事業にも継続して取り組んでいる。

③ ALMI（ビジネスパートナー公的企業）：ALMIは、主に技術革新企業、新規創業者、経営革新を進める中小企業に対して、コンサルティング及び金融支援を行う公的企業である。1994年に24の地域開発ファンドを再編して、政府により設立されている。

ALMIは、国によって所有され、各県にある21の子会社からなるグループの親会社である。51%は親会社による所有で、他は、県議会、地方当局、コミューンの協力団体によって所有されている。雇用者の数は約450人である。事業活動は各地域の実情に合わせ子会社中心に行われる。親会社の仕事は、経営、調整、生産活動の発展、さらにはグループ内の広範な機能に対するサービスである。

ALMIは、会社の現況、事業内容、市場可能性を分析した上で、必要な資金総額の最大50%までの融資を提供するが、ほとんどの場合、融資提供額は約20%となっている。融資の条件は、個々で異なるが、高いリスクを伴うことから商業融資より高い利率が設定されている。ALMIから融資を受けた実績と会社の事業計画が判断材料となって、商業融資を利用する道が開かれる場合もある。このようにALMIの融資は、既存の商業融資を補う性格を持っている。ALMIの貸し付け作業は自己資金で行われ、運営と日々の作業は所有者からの年間の補助金によって賄われる。

④ ITPS（スウェーデン経済成長研究所）：ITPSは、経済成長に関する統計データを収集・分析し、政府の政策を評価するための調査研究機関である。それ以前にあったSIR（Sweden Institute for Regional Research）が再編されてできた機関で、エステルスンドには2001年に設立されている（Hugosson, 2002）。現在は、ストックホルムに本部があり、海外にはブリュッセル、ワシントン、ロスアンゼルス、東京、北京に事務所がある。

ITPSの目的は、経済成長の決定要因に関する関連情報を明らかにし、普及させることである。これまで成長政策の分野で政策決定者が直面してきた

4つの主要な課題にアプローチしてきた。4つの課題とは、1）国際競争力の向上、2）産業の再構築と原動力、3）地域再生、4）技術変革と開発である。ITPS は、これら4つの分野の知識を発展させるために、1）産業の構造と原動力に関する統計的な記述と分析、2）産業の開発と革新に関する国と地域の政策に対する評価、3）他国の政策経験から学ぶ政策理解力、の3つをツールに用いて研究を進めてきている[10]。

⑤ JiLU（イェムトランド地域開発局）：JiLU は、イェムトランドの地域再生と教育に貢献する機関である。2002 年に設立された県の組織で、スタッフは約 140 人である。資金は、10% は県から、残り 90% は競争的資金から獲得している。2006 年の調査時点には、15 の EU プロジェクトが並行して実施されていた。また、JiLU は、エステルスンド近郊のオースに農業大学（専門学校）を所有している。スウェーデンでは、1999 年に教育行政はコミューンに委託されたが、この学校は県が運営に責任をもっており、その意味では例外的な存在である。農業大学には動物の飼育、馬、農業、林業の4つの専攻があり、16 〜 19 歳の若者約 200 人が通っており、そのほとんどは女性で占められている。

　JiLU は、県議会、県内のコミューン、他の公的な組織や民間の組織と協力して、イェムトランド県の将来の教育と開発に関して重要な貢献をしている。JiLU は人々が出会い、彼らの将来の計画を発展させる場所である。農業大学の学生から農村の雇用者や企業家に至るまで、幅広い層を対象にした活動を行っている。農業や林業に関しても従来の生産分野のみならず、ツーリズムや農産品加工・販売、レストラン経営などの分野も重視しており、若者の教育、特に農業教育には力を入れている。農業教育は田舎に住んで起業する次の世代を育てる点でも決定的な意味をもつからである。また、JiLU は、さまざまな研究にも取り組んでおり、ノルウェーなど6大学、5つの国にまたがる8つの研究所と協力関係にある。

　以上のように公的なサポート体制は、コミューンと県行政庁を中心に、各種の国や県の諸組織が、研究、助言、財政、教育、起業など様々な面でサポートする体制が組まれていることがわかる。

4-2 外的刺激とサポートシステム

それでは、外的刺激とサポートシステムはどのようになっているのだろうか。表2-11の民衆運動支援機関がほぼこれに対応する。"触媒"としてのコミュニティワーカーやプロジェクト・リーダーが活動の足場を置く組織でもある。これは地域住民の活動を現場で支える機関と言うことができる。インタビューのなかで、「公的サポート」をトップダウン型のサポート、「外的刺激とサポート」をボトムアップ型のサポートと性格づける者も複数存在した。スウェーデンではこのボトムアップ型のサポート体制が、全国的に組織されており、しかもそれが設立から運営に至るまで、国や県などの公共機関から大きなバックアップを受けている点に、スウェーデン的とも言える大きな特徴がある。

1980年代に始まるイェムトランド県の地域再生運動の原動力となった3つの運動は、いずれもそれぞれ全国的に設立された支援機関のサポートを受けて活動を展開してきている。ここでは、3つの支援機関についてそれぞれその活動状況をみていく。

4-2（1）民衆運動委員会（Folkrörelserädet）

まず、ボランティアグループの活動をサポートする組織が民衆運動委員会である。全国のボランティアグループの活動は、1987年からスウェーデン政府がNGOと協力して推進した「スウェーデン全体で生き残る」というキャンペーンを通じて盛り上がっていく（第3節第2項参照）。その流れのなかで、スウェーデン政府主導で、1989年に地方開発会議が開催され、その場で民衆運動委員会が設立される。全国組織の設立に政府が大きく関与したことがわかる。

民衆運動委員会の活動の目的は、1）地方開発を刺激し、サポートすること、2）地方活動グループ間のコミュニケーションと協力を強めること、3）国家レベルでNGOの活動と協力すること、4）村活動グループの代弁者として活動すること、5）世論や政策決定に影響を与えること、にある。

2007年現在、全国4,300の村活動グループがあり、県レベルはもちろん

のこと、290あるコミューンのうち約100ではコミューンレベルの協議会が結成されている。村活動グループに直接関わっている人が全国に約10万人いる他、スウェーデンの人口の3分の1に当たる約300万人が活動からなんらかの影響を受けていると言われる。

民衆運動委員会の会員は4,300の村活動グループと53の国内NOGである。総会は、50%が村活動グループの代表と50%がNGOの代表によって構成される。理事会は12人の会員と議長で運営され、やはり活動グループとNGOが半々の構成となる。オフィスはストックホルムにあり、スタッフは5.5人である。

2年に1回村活動グループの代表と他の関心がある人々が、地方の問題を話し合うために「地方議会（Rural Parliament）」に集まる。会議の主目的はグループ間の交流にあるが、自分たちの活動を世間の人々にアピールするという狙いもある。この議会はすべての人に開かれており、毎回外国からのゲストの他、1,000～2,000グループが参加する。なお年1回、成果をあげたグループとコミューンを表彰する制度がある。

民衆運動委員会の年間予算は約1,700万kr、そのうち約1,300万kr（76.5%）はスウェーデン政府から出ており、残りはメンバーの会費やプロジェクトの補助金で賄われる。財政面でも政府から受けている支援は大きい。

また、民衆運動委員会は、ヨーロッパ諸国間で形成されているネットワークと協力関係にある。例えば、1994年にスウェーデンからの呼びかけで、「北欧全体で生きる」（Hela Norden ska leva）をスローガンとする組織が結成されている。会員は、スウェーデン、ノルウェー、デンマーク、フィンランド、アイスランド、エストニアの6カ国である。

一方、民衆運動委員会は、下部組織として県毎に県民衆運動委員会と呼ばれる支部を置いている。県民衆運動委員会が地方の開発グループに対して情報提供や助言などを行うとともに、県内の問題の解決を図っている。イェムトランド県の場合は、ボランティアグループが、「村フォーラム（Byforum）」を結成している。1995年頃、イェムトランド県には約300のボランティアグループが存在し、それらが「村フォーラム」に結集していた。理事会は8

つのコミューンの村活動グループの代表と議長で構成されている。「村フォーラム」の目的は、県内の村活動グループ同士を結びつけたり、村活動グループと民衆運動委員会とをつないだりすることである。経験交流をしたり、活動で協力したり、世論を形成したり、行政当局へのロビー活動を展開したりしている。1995年頃は、国の道路委員会に対して道路を直すように要請も行っている（Ronnby ,1995: 333-334）。

4,5年前に「村フォーラム」は、「県村活動委員会（Läsbygderådet）」に再編され、新たに会費が徴収されるようになった。現在は、イェムトランド県には400を超える村グループが存在するが、県村活動委員会に登録するグループは約120である。県村活動委員会が窓口になって、県行政と交渉したり、意見を述べたりしている[11]。

4-2 (2) コンパニオン（Coompanion）

新しい協同組合運動をサポートする組織はコンパニオンである。公共行政省（the Ministry of Public Administration）のサポートのもと、1986年に協同組合評議会（Cooperative Council）が地域協同組合開発局（CDA）を設立することを決定し、それ以降、各地に開発局が結成され、ネットワーク化が進められていく（Grut, 1995）。この場合も政府が各地の組織の結成を促す役割を果たしている。2006年末からは名称がコンパニオンに統一され、現在はこの名の下で活動が展開されている。

現在、コンパニオンは全国に25局あり、従業員は130人を数える。2006年の取引総額は約1億kr、会員総数は900である。コンパニオンの財政基盤は、3分の2が地域の団体や公的機関からの助成金、コンサルタント収入、EUからの補助金によって成り立っている。残りの3分の1は、国がNUTEKを通じて資金提供している。2006年の国の支援金は3,500万krである。国を始めとする公的機関の財政的支援はやはり大きい。

全国に散らばるコンパニオンを結ぶ協議会を結成したのは1994年のことである。協議会は、社会的政治的な監視とロビー活動を行うとともに、共同の方法、事業開発、能力開発、意見形成に取り組んでいる。1999年以来、1

年に4回ジャーナル「社会的経済」を発行し、コンパニオン、協同組合、社会経済に関するインターネットサイトを運営している。

　コンパニオンの重要な仕事は、地域住民自身が自分たちのアイディアを実現したり、事業を起こしたり、発展させたりすることに協力することである。アドバイスや情報の提供、学習機会やトレーニングの場の設定、関連出版物の発行などを行っている。情報やアドバイスの提供は無料で行われる。その際、スタッフは、協同組合の設立・運営は、民主主義を発展させ、社会的経済の動きを広めることであるという自覚のもとに支援事業に取り組んでいる。2006年には、全国でアドバイスを受けた者が約5,000人、情報提供を受けた者が約22,000、サポートを受けて設立した協同組合は385にのぼっている。

　協同組合は、CDAが設立されてからその数が特に増え始め、1990年代前半から1996年までは毎年300～350の協同組合が設立されている。**表2-12**は1997年から2006年の活動分野別組合数の変化を見たものである。1997年から2006年にかけて協同組合の数は4,507から6,497へ増加しており、分野別には、かつて協同組合の中心だった保育所（親協同組合）の増加率は低く、かわって多様な分野で協同組合が設立されていることがわかる。

　イェムトランド県にCDAが結成されたのは1987年である。当初は、事務所を中央スウェーデン大学構内に構えたが、翌1988年に、オースに移転している。大学から自由になり、新しい協同組合運動により近いところで活動をするためであった（Ronnby, 1995, 1997; Grut, 1995）。イェムトランド県におけるCDAの開設に繋がる動きは、先に第3節第2項でみたように、中央スウェーデン大学の教員を中心にすでに1980年初めからみられた。むしろこうしたイェムトランド県で先行する動きを、国が吸い上げて全国的な組織化を進めていったとみることができる。スウェーデンでは比較的よく見られる手法である。

　イェムトランド県のコンパニオンの事務所は、現在、中央スウェーデン大学構内に置かれている。2004年にオースからエステルスンドに再び移転した。現在のスタッフは2人。コンパニオン自体が協同組合の形態をとっており、

表 2-12　協同組合（住宅組合を除く）の活動分野別組合数（1997 年、2006 年）

	実数			比率		増加率
	1997 年	2003 年	2006 年	1997 年	2006 年	1997→2006
農業、狩猟、林業	113		162	2.5	2.5	43.4
製造業	142		280	3.2	4.3	97.2
電気・ガス・暖房・水道供給	129		214	2.9	3.3	65.9
小売業・修理業	408		498	9.1	7.7	22.1
ホテル及びレストラン業	137		190	3.0	2.9	38.7
運送業、倉庫、交通	274		292	6.1	4.5	6.6
不動産、賃貸、企業サービス（住宅組合以外）	906		1,729	20.1	26.6	90.8
教育	(75)	(211)		1.7		(181.3)**
（2003 年以前は保育所業務を含まない*）		1,259	1,295		19.9	2.9
医療、社会サービス、獣医業	(1,023)	(1,252)		22.7		(22.4)***
（2003 年以前は保育所業務を含む *）		204	238		3.7	16.7
その他の社会及び個人サービス	802		1,234	17.8	19.0	53.9
その他	91		112	2.0	1.7	23.1
分野不明	407		253	9.0	3.9	-37.8
計	4,507		6,497	100.0	100.0	44.2

注：＊「保育所における児童福祉」は「社会サービス」分類されていたが、2003 年より「前学校教育」と定義されるようになった。
　　＊＊「保育所における児童福祉」を含めずに計算した変化率（1997 ～ 2003 年）。
　　＊＊＊「保育所における児童福祉」を含めて計算した変化率（1997 ～ 2003 年）。
資料：COOMPANION"Kooperativt företagande ökar mest-och overlever längst"2007 より作成

　協同組合のメンバーは県と 8 つのコミューン、4 つの既存の大きな協同組合、63 の小さい協同組合から構成されている。財政基盤は、2007 年で、国から 90 万 kr、県と 8 つのコミューンから合わせて 58 万 kr、4 つの大きな協同組合から計 2 万 kr、小さな協同組合から計約 2.5 万 kr、EU プロジェクトとして約 80kr で、総額約 230 万 kr となっている。国と EU 以外は、メンバーの会費という性格をもっている。国からの助成金が収入の約 4 割、県とコミューンが会費として納める分を合わせると実に 64% が行政からの収入で、やはりその占める割合は大きい。
　前述したように、イェムトランド県は協同組合活動が盛んな地域である。1993 年には、イェムトランド県には 120 の協同組合があり、そのうち約 60 が親協同組合型保育所であった。その後、2001 年に 188（うち親協同組合型

保育所42)、2006年に222（同32）と推移している[12]。親協同組合型保育所は減少してきており、ここでも協同組合の多様化が進んでいる。

　イェムトランド県のコンパニオンの代表者に対して行ったインタビューによると、組織の拡大・充実とそのための資金の獲得が現在の課題として指摘された。イェムトランド県の将来にとって社会的経済の発展は重要な位置を占めており、コンパニオンはそこでプラットホームの役割を果たす立場にある。そのためには現在のスタッフ2人の体制を拡充し、組織の充実を図る必要があり、そのためには資金を確保しなければならない。他のコンパニオンのなかには県からの資金援助が少なく苦労しているところもあるが、イェムトランドは県やコミューンとの関係は良好で、その点では問題はない。しかし、収入の3分の1を占めるEUプロジェクトからの基金は必ず獲得できるという保障がないため、将来を見越して組織の充実を図ることが難しい状況にある。現時点は、ちょうど1つのプロジェクトが終了し、次のプロジェクトを申請している時期にあたるため、特にこの点が問題となっている。一定期間で終了してしまい将来展望が描けないというEUプロジェクトのもつ問題の一端を語ってくれた[13]。

4-2（3）女性資源センター

　地域再生運動の原動力の3つ目にあげた女性の活動は、1991年からスタートする女性プロジェクト（クビンヌムプロジェクト）と、その流れのなかで形成されていった女性資源センターから活動のサポートを受けてきた。

　スウェーデン政府が、各県に女性に関する施策策定の指示を出したのは1984年のことである。イェムトランド県では、1989年に、県行政庁とCDAなどの主催によって女性セミナーが開催されている。県内で活動する53人の女性が出席し、今後の活動についての話し合いが行われた。

　このセミナーの結果を受けて、1990年に、1991～1994年の県の行動計画書が作成され、3年間のクビンヌムプロジェクトがスタートする。1991年には、県行政庁により「Hardda」（イェムトランド地方の方言で「半分、片割れ」という意味。「人類の半分を占める女性たち」という意味が込められてい

る）という名前で、イェムトランドの実情に即したより具体的な活動指針が出された。このように女性の活動は、県行政のなかで進められていく。ただし、このプロジェクトは県行政庁に属するものであるが、女性活動組織は、「活動形態を自分達で見つけ出す裁量と、組織や団体間の壁を気にせずに活動する権利及び義務を有する」ことが認められていた（Forsberg, 2002: 40）。

プロジェクトの最大の目的は、若い女性が暮らしやすい地域、他出した女性が戻って来るような環境を作ることにおかれた。そのために、1) 女性の必要に合った教育と訓練の開発を行うこと、2) 研究者と女性のあいだに協力関係を確立すること、3) 雇用の開拓と創造のために女性の潜在力を高めること、4) クビンヌムを女性のための出会い場所にすること、5) 国際的なネットワークづくりを進めること、6) 民主的な働き方をサポートすること、が目指された。活動の対象は25～60歳の女性におかれた。

クビンヌムプロジェクトの推進母体は、マネージメントグループとワーキンググループから構成されている。マネージメントグループは、県行政庁、県議会、県労働委員会、コミューンの地域組織、開発財団などの組織の上級代表者で構成され、初期には県知事が議長を務めた。ワーキンググループは、女性問題に関心がある重要な組織の上級職員と、コミューンによって推薦された50人の女性からなるリファレントグループによって構成された。この推進母体をみる限り県主導の組織編成が行われたようにみえるが、女性の問題に取り組むために関連する多くの団体や組織が集まり、それに女性のリファレントグループも加わって広範なパートナーシップが形成された点に関しては、むしろ積極的な評価が下されている[14]。

実際の活動は、3人のプロジェクト・リーダーによってすすめられていく。3人のうち、2人は民間の女性で、もう1人は県の男性職員であり、プロジェクト・リーダーの構成にも県との協力関係が表れている。プロジェクト・リーダーは、オースのCDAが入っている建物の中にある事務所を拠点として活動を行った。彼女たちの最も重要な活動は、女性のあいだのネットワークづくりを進めることにあった。そのためにプロジェクト・リーダーたちは、女性グループのニーズに合わせて、草の根の相談やニーズの把握に多

くの時間を割いた。このボトムアップ型の活動をスタイルのことを、当時のプロジェクト・リーダーは「イェムトランドモデル」と表現した（Braithwaite, 2006: 134）。活動を通して新しい女性のネットワークが構築される際には、1グループ当たり1万5,000krの補助金が、県行政庁、NUTEK、各コミューンから支給されるなど、財政的援助も行われた（Ronnby, 1995: 351-352）。

　この3年間のプロジェクトは、第3節第2項で指摘したように大きな成果を得て終了している。このイェムトランドの活動は、全国的な女性運動に影響を与え、その広がりのなかで、NUTEKの指導下、全国的な組織化が進められていく。それが女性資源センターの設立であり、イェムトランド県にも全国組織の1支部として女性資源センターが結成された。プロジェクト終了後の活動はこの組織に引き継がれていく。ここでもやはり特定の地域で取り組まれ成果をあげた活動を、国が吸い上げ全国に関連組織をつくりあげるという手法が取られている。

　しかし、女性の活動を支援するこの組織は、1999年には閉鎖されてしまう。この組織が短命に終わった背景には、女性運動を取り巻く状況の変化があった。その1つは県行政庁の取り組む姿勢の変化である。女性プロジェクトに初期から関わり、ボトムアップ型の活動スタイルに理解を示していた県職員のプロジェクト・リーダーが配置換えになり、活動を上からコントロールするタイプの担当者に変わったことにそれは端的に表れている。2つ目の変化は、1995年にEUに加盟し、活動資金としてEU基金を獲得する必要がでてきたことによる影響である。EU基金を獲得するためには、プロジェクトの申請時に期待される結果と効果を申請書に記入する必要があり、自由な発想で活動するクビンヌムの活動スタイルとは相容れないものがあった。クビンヌムの活動の場合、「やってみなければ何が出てくるのかわからない部分がある」（元プロジェクト・リーダーの発言）という面があった。つまりこの段階になると、担当者の人事に関しても、申請の方法に関しても、活動に上から枠がはめられる傾向が強まっていくことになる。

　さらに、1996年頃から「ジェンダー主流化」という概念が導入されることにより事態は決定的になる。「ジェンダー主流化」とは、あらゆる政策、

施策、事業などにジェンダー格差解消の視点を組み入れることを指すが、ここでは、もはや女性に対しての特別な施策は必要ない点が強調された。こうした変化のなかで、活動もプロジェクト事業のみに縮小され、それに伴いスタッフや助成金が削減され、初期段階から活動を支えてきたプロジェクト・リーダーも組織を去ってしまう。最終的には、1999年に、NUTEK が進めていた全国レベルの女性資源センターは廃止され、女性の活動は通常業務の中へ統合される。イェムトランド県でも、2000年、クビンヌムの活動の拠点がオースからエステルスンドへ移され、プロジェクト活動の大部分は廃止されるとともに、女性資源センターは解散に至る。こうしてクビンヌムの活動は、2001年には県の組織内の一プロジェクトとしての位置づけにすぎなくなってしまう[15]。

こうしてイェムトランド県では、女性を真正面に掲げた運動の支援組織は消滅する。ただし、クビンヌムの活動がイェムトランド県の女性のエンパワーメントに大きく貢献してきたことは事実であるし、その経験は当地の現在の活動にも間違いなく引き継がれている。と同時にクビンヌムの活動が解散に至る経緯は、「必須の三角形」がもっている関係の質の問題を考える上で興味深い材料を提供してくれる。

第5節　まとめ

以上、スウェーデンのなかでも人口希薄地域に位置するイェムトランド県に焦点をあて、1）イェムトランド県が現在の地域的特徴を形成するに至った経緯、2）「イェムトランドモデル」と言われる活動スタイルの特徴、3）イェムトランド県の地域再生運動を支えるシステムとそのスウェーデン的特徴についてみてきた。以上の分析をふまえて、最後に本章のまとめとして以下の点を指摘しておきたい。

第1は、イェムトランド県の住民運動の基礎には、集落の形成過程を通じて様々な協同関係が存在していたということである。集落自治会を中心と

した協同関係、禁酒運動、地域の街灯、道路、水道ポンプなどの維持・管理のための協同関係などが地域のなかに蓄積されており、それが1980年代に生じてくる運動の基礎に存在していた。ウェストルンドとフレーベルは、活動が生じる以前にすでに当該地域に蓄積されていた社会関係資本を「歴史的社会資本」(historical social capital) と呼び、それが地方再生過程の初期の段階にきわめて重要な役割を果たすことを指摘している（Westlund and Fröbel, 2007）。まさにイェムトランド県はこの「歴史的社会資本」が豊かに存在する地域であり、それが地域再生活動が生じてくる基盤となっていたのである。

　第2に、イェムトランド県では、この「歴史的社会資本」を地域のボトムアップな活動の中で生かしたという点である。ロンビーが、1980年段階に生じてくるボランティアグループによる活動を「new-old運動」と性格づけたように、この運動はそれまで地域に蓄積されてきた「歴史的社会資本」を、時代状況に合わせて再生し、活用したものであった。ソーシャルキャピタル（社会関係資本）が、積極的な面だけではなく、消極的な面も合わせ持つことはすでに多くの論者によって指摘されている（Westlund, 2006: 27-29）。社会的ネットワークが内向きに、閉鎖的に作用した場合、地域活動は保守的になり、地域再生運動にマイナスの影響を与える場合が多い。しかし、イェムトランド県では、ボトムアップの活動、つまり地域に住んでいる人が中心になって、「歴史的社会資本」を現代的課題への対策に生かし、積極的に活用していくことに成功しているのである。この過程で"触媒"としてのコミュニティワーカーやプロジェクトリーダーも大きな役割を担っていた。

　第3に、「必須の三角形」が有効に機能した点である。1990年代には、様々な住民の活動が成果をあげてくるなかで、「イェムトランドモデル」と言われる活動スタイルが形成されていく。それは「ボトムアップ（グラスルーツ）」「パートナーシップ」「ネットワーク」「触媒作用」をキーワードとする活動スタイルである。このモデルを理論的に支えたのが、「必須の三角形」と言われるモデルであった。「地域的動員」「公的サポート」「外的刺激」が互いに関連し合いながら展開していくことが、地域活動の成功にとって必要不可欠とされた。ソーシャルキャピタルの視点に立てば、「歴史的社会資

本」の上に、この三角形が効果的に機能しながら生み出されてくる社会的ネットワークが新たに積み上げられていくことになる。

第4は、スウェーデン型とも言える地域再生運動を支えるシステムについてである。「必須の三角形」に示されるように、地域再生運動にとって公的機関によるトップダウン型の「公的サポート」と民衆運動支援機関によるボトムアップ型の「外的刺激とサポート」の果たす役割は大きい。スウェーデンの場合、「公的事業機関」と「民衆運動支援機関」が、国―県―コミューンレベルで相互に関連し合いながら地域の再生運動をサポートする体制がつくられていた。「公的事業機関」に関して言えば、県やコミューンによるサポートの他、人口希薄地域を代表するイェムトランド県の県都エステルスンドにNUTEKやGBVやITPSなどの国の機関が配置されていたり、教育と地域開発に関わる県の機関であるJiLUが設けられるなど、イェムトランド対応とも呼べる政策がとられている。一方、「民衆運動支援機関」に関しては、その設立と運営過程において、国や県など行政機関のリーダーシップが目を引いた。国が地域再生運動で先駆的な成果をあげた地域の試みを積極的に吸い上げ、それを全国的に展開していく政策がとられている。また、設立以後も、とくに財政的なサポートは引き続き行われ、活動の継続を保障していた。地域再生運動が目指す方向と国家が目指す方向が、大きく矛盾することなく同居している国であるがゆえに実現しているとも言える。つまり長い社会民主党政権のもとで構築されてきたスウェーデン型のサポート体制とみることができよう。

ただし、このスウェーデン型サポート体制が常に矛盾なく機能しているというわけではない。その点を5番目に指摘しておきたい。すなわち、ボトムアップ型の活動がトップダウン型の機関からサポートを受ける場合、前者が後者から強制されたり、圧力を受けたりする可能性はあり、また前者が後者に依存してしまうといった可能性も存在する。日本の場合、多くの中間機関が、過度に政府資金に依存し、政府主導型の関係のなかにはめ込まれてしまい、活動の自律性が損なわれている問題が指摘されている（Tsukamoto and Nishimura, 2006）。

スウェーデンの場合には、民衆運動支援組織が政府の補助金を得る際、政府機関との間で事前に十分な話し合いが行われる。政府側から抽象的な目標が設定され、政府の方針に合わない団体にはお金はでない。合意が成立すれば、活動に介入してくることはないが、結果は求められるし、そのための評価も受けるという関係が成立している[16]。つまり、民衆運動支援組織は、活動する段階には自律性が保障されているのである。

　しかし、こうした関係が崩れる場合もある。それはクビンヌムの活動の後半に端的に示されている。県行政のプロジェクトとしてスタートしたこの活動は、当初、「活動形態を自分達で見つけ出す裁量と、組織や団体間の壁を気にせずに活動する権利及び義務を有する」ことが認めたれていた。しかし、行政側の姿勢が変化する中で、官僚的な対応が目立つようになり、女性たちの現場の活動に枠をはめるような指導が行われ始め、やがて予算がカットされ、活動は大幅に縮小されてしまう。まさに上記の問題が極端なかたちで現れた例と言える。スウェーデンにおける公的機関と民衆運動支援組織の間の相対的に自立した関係も、時としてトップダウンの関係に転化してしまう危険性は存在しており、現状の自立した関係は双方の努力によって維持されている面もあるということである。

　この問題を、「必須の三角形」の視点からみると、3つの要素間の関係、すなわち双方向で示されている矢印の関係をより慎重に検討してみることが必要であることがわかる。現実には、常に水平で均一な力が働いているわけではなく、その関係は変化していくものである。「必須の三角形」の理論は、ともすると3つの角のみが注目されがちであるが、やはり3つの要素の間にどのような関係が成立することが望ましいのか、つまり辺（矢印）によって示される関係の「質」が問われなければならないのである。

注
（1）全国的にみても、1970年代は3大都市圏の成長が不活発になり、地方の人口が増加している。スウェーデンではこの現象を「緑の波」（Green

Wave) と呼んでいる (Westlund, 2005)。
(2) 1965年にウメオ大学が設立されるが、それまでは最も近い大学がウプサラ大学であった。そのため大学進学が若者の他出の契機となっていた。
(3) スウェーデンの場合、高卒で就ける建設・製造業の賃金水準と大学教育が必要な専門職・技術職の賃金水準が、あまり変わらないという現実がある。看護師や医療関係者、教員などの賃金は、ブルーカラーの賃金と同じか、やや低いため、大学へ進学するメリットは小さく、大学進学への動機づけは日本に比較して弱い。特に、看護師や医療関係者、教員が「女性主体型」の職種であるのに対し、ブルーカラーは「男性主体型」であるため、男性の大学進学率が低くなる傾向がある（湯元・佐藤、2010: 129）。
(4) 女性の就労先は公共セクターが半数を占め、なかでも健康・福祉、教育関係の地方公務員が多い。彼女たちの賃金は概して低いが、その背景には、地方公務員の給与は地方税収の制約を受けており、給与を上げるためには地方税率を上げる必要があるという事情が存在する。そのため他の職に合わせて給与を上げることが難しいのである（湯元・佐藤、2010: 130）。
(5) イェムトランドの地域的特性や社会的経済の現状については、ヒューゴソンほか（2007）も参照のこと。
(6) ビアラーグに関しては第6章を参照のこと。
(7) これに対し、イェムトランド県の男性には、ムース狩りや魚釣りといった楽しみが存在した。また、継ぐべき財産や仕事があり、生活の変化に対する不安もあって、男性は地元にとどまる傾向があった（Ronnby, 1995: 277）。

　ただし、ジェンダーの視点からイェムトランド県が相対的に非伝統的な地域であると指摘する者もいる。グンネル（Gunnel, 1998）は、政治的、経済的、社会的なジェンダー不平等の視点から、スウェーデンを3つの地域に分けている。3つとは、1）伝統的なジェンダー関係、2）近代的なジェンダー関係、3）非伝統的なジェンダー関係である。3）の非伝統的なジェンダー関係の地域とは、他の2つのタイプの中間に位置し、過渡的形態として位置づけられる。このよい例とされるのが、ゴットランドとイェムトランドである。ともに周辺部に位置する地域であるが、古くから国際的な交換や貿易が盛んであった地域であったため、伝統的なジェンダー関係が強固に残っている地域にくらべると、相対的に平等なジェンダー関係を形成してきたと説明されている。
(8) スウェーデンでは1990年代にはいると、地域レベルにおける地域政策の

実施と調整に関して、中央官庁から県行政庁（レーン）への権限の移管が進み、県行政庁が地域政策の主たる責任を担うようになる（穴見、2010）。なお、穴見（2010）では、1960年代から2001年までのスウェーデンにおげる地域政策の言説の変化が詳細に検討されている。
(9) ITPSは政府から与えられた課題を検討する機関であるため研究機関には含めなかった。政府機関にあって、スタッフが自らの問題意識で研究ができる唯一の研究機関としてはALI（労働生活研究所）が存在した。ALIは労働生活の発展と改善を目的とし、研究者と労働生活の実務家の双方が参加して多様な開発研究を進めていたが、2007年7月1日をもって閉鎖されている。
(10) 2008年3月時点で、以上のNUTEKとGBVとITPSの3つの機関を再編し、2009年1月に2つの新しい機関を設立することが決定した。GBVを分割統合するかたちで、NUTEKを母体とする国の政策を実践する機関とITPSを母体とする実践したものを評価する機関の2つを設立することが意図されている。このようにGBVが分割され2つの組織に吸収されてしまうことで、GBVが担っていた「人口希薄地域の人々のために」という任務の優先順位が下がってしまうのではないかという懸念が、関係者の間で問題とされている。
(11) 民衆運動委員会に関しては、Ronnby（1995, 1997）、Herlitz（1999）、および関連HP、関係者へのインタビュー結果を参考にした。
(12) イェムトランド県にあるすべての協同組合がコンパニオンに登録しているわけではない。表2-12は中央統計局に登録している協同組合の数であるため、2006年の数値が269となっており、イェムトランド県のコンパニオンへの登録数222と異なっている。
(13) CDAとコンパニオンの活動に関しては、Grut（1995）、Ronnby（1995, 1997）、太田（2005a, 2005b）のほか、コンパニオン発行の各種資料やHP、及び関係者へのインタビュー結果を参考にした。
(14) 1990年代にはいると、産業振興策や地域開発政策の推進において、公共部門と民間部門にまたがるパートナーシップの形成が、国によって奨励されていく（穴見、2010）。
(15) クビンヌムの活動に関しては、Ronnby（1995）、Braithwaite（2006）、Braithwaite（2001）、Forsberg（2002）、Länsstyrelsen Jämtlands län（1995）など参照。また当時のプロジェクト・リーダー3名に対するインタビュー、およびクビンヌムの活動記録や資料を参考にした。

(16) イェムトランドの県民衆運動委員会の関係者に対する聴き取り調査による。

参考文献
秋朝礼恵、2004、「スウェーデンにおける非営利活動」神野直彦・澤井安勇『ソーシャル・ガバナンス』東洋経済新報社、pp.58-78.
穴見　明、2010、『スウェーデンの構造改革　ポスト・フォード主義の地域政策』未来社.
太田美帆、2005a、「スウェーデン過疎地域における保育サービス提供—その背景と最初の試み—」『年報 人間科学』vol.26、pp.53-74.
太田美帆、2005b、「スウェーデン過疎地域における保育サービス提供」社会的排除とコミュニティケア研究会中間報告書『社会的排除をめぐる諸問題』. pp.160-174.
中道仁美・小内純子・大野晃・吉澤四郎、2007、「条件不利地域における地域開発と住民参加—スウェーデンの2地区の事例から—」日本村落社会学会編『村落社会研究』第13巻第2号（通巻26号）、pp.24-36.
ヒューゴソン，A.O.・神田健策・大高研道、2007、『地域社会の持続的発展と非営利・協同（社会的経済）の実践 —スウェーデン・イェムトランド地域の事例研究』2005年度非営利・協同総合研究所いのちとくらし 研究助成金研究成果報告書.
宮本太郎、1999、『福祉国家という戦略』法律文化社.
湯元健司・佐藤吉宗、2010、『スウェーデン・パラドックス』日本経済新聞社.
Almås, Reidar, 1985, *Evaluering av lokalt utviklingsarbeid*, [Evaluation of Local Development Work]: IFIM Bygdeforskning.
Braithwaite, Kate, 2001, The Influence of three different European welfare states upon the development of rural women's groups, Centre for Rural Economy in University of Newcastle, Working Paper 61.
Braithwaite, Kathryn, 2006, *Women's Networks in Rural Development*; Newcastle（PhD THESIS）.
Forsberg, Marie, 2002, Kvinnum [Women], *Med tro på framtiden Östersunds-Posten 125år*: Adeprimo Kommunikationsbyrå AB.
Glesbygdsverket, 2006, *Year Book 2006*.
Grut, Katarina, 1995, *The Cooperative Idea as a strategy for regional development*, Glesbygdsverket.

Gunnel, Forsberg, 1998, "Regional Variations in the Gender Contract: Gendered Relations in Labour Markets,Local Politics and Everyday Life in Swedish Regions", *The European Journal of Social Siences*, Vol.11,191-209.

Herlitz, Ulla, 1999, The Village Action Movement in Sweden - Local Development – Employment-Democracy, *School of Economics and Commercial Law* :Gotheburg University.

Hugosson, Alvar, 2002, *Social Economy in Sweden and Japan*; Hirosaki（PhD THESIS）.

Länsstyrelsen Jämtlands län, 1995, *Local Development in Sweden,The Jämtland Model* :International Report.

Pestoff,Victor, 1991, *Between Markets and Politics Co-operatives in Sweden*:Westview Press=1996, 藤田暁男ほか訳『市場と政治の間で―スウェーデン協同組合論―』晃洋書房.

Pestoff,Victor, 1998, *Beyond the Market and State* :Ashgate Publishing Limited=2000 藤田暁男ほか訳『福祉社会と市民民主主義』日本経済評論社.

Rentzhog, Sten, 1984, *Jämtland*,:Helsingborg.

Ronnby, Alf, 1995, *Mobilizing Local Communities* :Avebury .

Ronnby, Alf, 1997, "Empowering People by Community Building" http://www.socialmobilisering.nu/artiklar.html（2007/6/16 最終閲覧）.

Tsukamoto, I., Nishimura, M., 2006, The Emergence of Local Non-profit-Goverment Partnerships and the Role of Intermediary Organizations in Japan,*Public Management Review*,vol.8/4:567-582.

Westlund, Hans, 2002, Utveckling[Development], *Med tro på framtiden Östersunds-Posten 125år* :Adeprimo Kommunikationsbyrå AB.

Westlund, Hans, 2005, "Settlement patterns on the Swedish countryside in the emerging knowledge society" paper presented at the 2nd Workshop on Social Capital and Development Trends in Japan and Sweden's Countryside（Oct.）, Nichinan Japan.

Westlund, Hans, 2006, *Social Capital in the Knowledge Economy*:Springer.

Westlund, H.,Fröbel, L., 2007, "Social capital as a driving force in local development and social economy entrepreneurship – a qualitative study based on Swedish examples" paper presented at the 4th Workshop on Social Capital and Development Trends in Japan and Sweden's Countryside（Aug.）,Kitami, Japan.

参考 HP

イェムトランド地域開発局（JiLU）の HP（2007/5/30 最終閲覧）
http://www.jilu.se/index.php?l=en&p=4

国際安全衛生センター・国別情報のスウェーデンの項目（2008/1/30 最終閲覧）
http://www.jicosh.gr.jp/japanese/country/sweden/organization/workinglife-3.html

コンパニオンの HP（2007/5/31 最終閲覧）
http://www.coompanion.se/

コンパニオンのパンフ "Cooperative development in Sweden"（2007/5/31 最終閲覧）
http://www.coompanion.se/backoffice/Bildbank/Upload/File/Jnkping/Cooperativ%20development%20in%20Sweden_ny.pdf

スウェーデン経済成長研究所（ITPS）の HP（2007/5/27 最終閲覧）
http://www.itps.SE/

スウェーデン産業・技術開発庁（NUTEK）の HP（2007/5/27 最終閲覧）
http://www.nutek.se/sb/d/113/a/1074

スウェーデン民衆運動委員会（Folkrörelserädet）の HP（2007/6/4 最終閲覧）
http://www.bydge.net/?class=b_PageAdmin&method=showPage&id=73

スウェーデン大使館投資部（2003 年 7 月）Invest in Sweden Agency ファクトシート「助成制度」（2008/1/28 最終閲覧）
http://www.smrj.go.jp/keiei/dbps_data/_material_/chushou/b_keiei/keieichosa/pdf/265_cy_venture15-you.pdf

スウェーデン地方政府協会（SKL）の HP（2007/5/29 最終閲覧）
http://www.skl.se/artikel.asp?C=756&A=180

スウェーデン農村経済・農業団体連盟（Hushållningssällskapet）の HP（2007/06/29 最終閲覧）
http://www.hush.se/

全北欧会議（hele-norden.dk）の HP（2009/6/4 最終閲覧）
http://www.hele-norden.dk/english

全スウェーデン農村部開発機関（Glesbygdsverket）の HP（2007/5/9 最終閲覧）
http://www.glesbygdsverket.se/site/Default.aspx

ビジネスパートナー公的企業（ALMI）の HP（2008/1/29 最終閲覧）
http://www.almi.se/almi_in_english.html

第3章　協同組合の展開と住民による地域再生運動
―オーレ・コミューン・フーソー集落を事例として―

中道　仁美

第1節　はじめに

　スウェーデンにおける協同組合の歴史は、19世紀にまで遡ることができる。近代的協同組合運動は、19世紀初頭のイギリスやフランスの協同思想に起源をもつが、産業資本の展開と並行して発展してきた。スウェーデンでは19世紀半ばまで、商業と手工業は国家と同業組合の厳しい規制下におかれていた。商業活動の自由の布告が行われたのは1864年で、これで消費組合活動の基礎が与えられた。当時、小売商業システムは十分に展開せず、多くの地域で小売商業が不足し、高いコストと粗悪品、信用売りによる価格の上昇などが問題であった。そのため、1860年代中頃から約10年間に300以上の組合があちこちで設立された。そのほとんどは労働者協同組合で、多様な関心を持ち、より良い経済条件を促す趣旨で結成されたが、失敗の比率も高く、1870年代の終わりにはほとんどが衰微してしまった（松本、1984：196-225）。これらのいくつかの組合は消費組合に変わったが、その後、1899年に協同組合中央組織KFが設立され、協同組合運動は大きく展開する。1910年には全部で5,000を超える協同組合があり、25年後には約3倍になり、1950年にはその2倍になったという（Pestoff, 1991=1996: 4）から、単純に計算しただけでも約3万もの組合があったということになる[1]。

このように、スウェーデンの住民にとって協同組合は身近なものであった。本章では、既存の伝統的な組合に対して、20世紀後半に盛んにみられるようになった新しい協同組合に注目し、住民運動の視点からその展開と組織的特徴を考察し、地域活性化に果たす意義と課題を調査事例から考える。

第2節　スウェーデンにおける協同組合活動と組織の特徴

2-1　民衆運動の展開と新しい協同組合の設立

　19世紀後半、スウェーデンでは、都市部を中心に様々な立場の民衆により多様な民衆運動が展開されるようになる。代表的なものに自由教会運動、禁酒運動や社会主義思想のもとで勢力を強めた労働運動がある。スウェーデンでは、多くの人が積極的に学習サークルに参加していると言われるが、その原点は19世紀末より組織された民衆教育と1960年代以降に整備された成人教育制度にあるといわれる。民衆教育は20世紀前半に全国民の3分の1が参加した民衆運動の推進手段として展開するが（太田、2004）、1830年代の禁酒運動やその後の自由教会運動は古典的な民衆運動といわれている（秋朝、2004）。1890年代にはこれらの民衆運動を通して「協同組合は共同集団や理解者を増強する基盤と意識を獲得した」という（Pestoff, 1991=1996: 5）。

　1860年代中頃から盛んになった労働者協同組合は1870年代には衰微したが、その後、KFの設立により、大きく展開して行く。これらの協同組合運動の根底には、多様な民衆運動があった。それゆえ、労働者協同組合や消費生活協同組合など、協同組合を必要とする目的に対して、別個に組織された協同組合運動が存在する。これらの協同組合間には、管理面、組織面での関連はない。スウェーデンでは、このような諸活動の厳格な分割により、各分野の経営組織を専門化できるという利点があり、多くの重要な利益をもたらしているという。最適経済単位で、適正な合理化を達成することができる

というのである（エームス、1956: 11-12）。しかし、これら既存の組合活動はしだいに硬直化してゆく。

1970年代は、2度のコミューン合併により生まれた市民と政治の溝を埋めるための分権化が進められた時期でもあった（藤岡、2001: 168-169）。実際、1960年には1031あったコミューンが、1974年には278までに合併された。石油危機で生まれた地方における失業と地域の空洞化に対し、スウェーデン政府は1977年に地域政策助言委員会を立ち上げ、地域活性化を図った。しかし、継続する地方の空洞化に対し、1987年には「スウェーデン全体で生き残る」という2年にわたるキャンペーンを全国的に展開した。大量のメディアキャンペーンが展開され、全国的な、多数のセミナーが開催され、どんな小さなコミューンでも地方の発展戦略を描くよう推進された。以降、各地で地域再生に向けた活動が取り組まれ始め、1989年には地域の活動組織は1000を超え、全国的な組織「民衆運動委員会　スウェーデン全体が生き残る（Folkrörelserådet Hela Sverige ska leva）」が結成された。

スウェーデンでは、1974年の国際的石油危機までの10年間は3%台の経済成長率を達成しており、この高度経済成長により、都市への人口流出が、地方社会の空洞化を招いた。しかし、石油危機により、経済成長率は1%台へまで下降し、都市でも地方でも失業者が増加し、特に青年層の失業が大きな社会問題になっていった。このような経済・財政危機の発生とともに、1970年半ばから、既存の協同組合の枠組みから外れた様々な協同組合が生まれてくる。これらの協同組合は、適切な総称がないので、スウェーデンでは「新しい形態の協同組合」（「新」協同組合[2]）と呼ばれている（富沢、1990: 320）。

経済成長とともに1970年代に進んだ地域社会の空洞化に対して、地域社会の活性化に取り組むコミュニティ協同組合も組織された。多くは組合員資格を当該地域住民に限定しており、少数で、生産、消費、社会サービスなど、住民の種々のニーズをみたすための多目的協同組合であった。地域社会の空洞化現象に直面した地方自治体も、地域社会活性化の観点から様々な新しい協同組合[3]に関心を持ち始め、特別の協同組合振興プロジェクトをつくる

ようになる。

2-2 多様な新しい協同組合組織の設立と設立支援体制

新しい組合運動は、高い経済成長率を続けた1960年代に対し、経済の構造転換期を迎えて低成長期に入った1970年代の経済・財政危機に、伝統的な民衆運動（大衆社会運動とも呼ばれる[4]）を再活性化することで乗り切ろうとする活動の中で生まれた。最初は印刷、繊維、金属、製靴、建設における従業員所有の零細製造企業職を守るために、企業閉鎖に反対してつくられた防衛的なものであった。80年代にはサービス業の協同組合が増加し、80～81年には中間搾取の排除を目的にした、共同購入販売、健康食品の消費者協同組合ができ、82年には、サービス業領域が拡大して、コンサルタント、建築設計、出版関連、文化事業、自動車の共同利用、有機農業、手工芸品などの協同組合ができた。82～84年には学校食堂、学用品の共同購入を行う学校協同組合が結成された。また、80年代初頭には青年の失業問題を扱う青年協同組合が結成され、若者のパン製造協同組合などが結成された（富沢、1990: 320）。

その後、1980年代、「新」協同組合は設立当初において組織基盤が弱いことなどから、様々な協同組合の設立、発展を促進するための情報・助言支援をする協同組合開発センター（Kooperativ Utvecklingscentra: 現在の名称はCoompanion）が各地で設立されるようになる。協同組合開発センター自体が協同組合組織で、組合員は「新」協同組合、既存の協同組合連合会の地域組織、地方自治体などである。協同組合開発センターは各地に開設され、1995年には19地域、1999年には24地域に増加し、開発センターに所属するコンサルタントは1999年には100人に上っている（佐藤、2002: 120）。1994年、スウェーデン協同組合開発センター連合が設立され、全ての開発センターのネットワークができた。

2-3 スウェーデンの協同組合組織の分類

ヨハナン・ストルイヤンによれば、協同組合への支援は、費用保障のよう

な直接的なものと、権利譲渡のような間接的なものがあり、直接的な支援では、協同組合がかかった経費を直接肩代わりする。また、協同組合の多くは、地域の住民や中小企業へのサービス供給に特化しており、協同組合の事業は、社員食堂や工業団地内カフェテリアの経営など、社会との結びつきを強めようとする傾向がある。この場合、顧客とは顔の見える関係となり、協同組合と周囲の組織との関係発展につながっていくため、顧客と親密な関係によって社会的資本が生み出されるともいう（ストルイヤン、2003: 220-222）。これについて、グルト（Grut）は非営利協同組合についても「すべての発展は人々自身から始まることを理解しなくてはならないのです。サウナやムース狩り、コミュニティセンターで人々が出会い、話をするとき[5]に、発展は始まる」といっている。

　既に述べたように、スウェーデンには多様な協同組合が存在する。ストルイヤンによれば、スウェーデンにおいて、協同組合は明確なカテゴリーの法的主体として存在しているわけではないという（ストルイヤン、2003）。「協同組合」（Cooperatives）とは多様な法人形態を含むあいまいなものとされ、スウェーデンの民衆運動の中から生まれたサードセクターに含まれる組織が一般に採用している3つの法人形態は、財団（stiftelse）、非営利「新」協同組合（ideell: 論文翻訳では「新」協同組合ではなく、アソシエーションとなっているが以下「新」協同組合とする）、経済「新」協同組合（ekonomi）の3つに分けることができる。協同組合の法人格で最も一般的なのは、経済的「新」協同組合である。理論上は、株式会社や財団として法人化することも可能であるが、実際はこれらの法人格が選ばれることはすくないという[6]。「新」協同組合は、一定の自然人（または法人）が組織され、一定の期間にわたって、あるいは通知があるまでの期間、共通の目的に向かって協働する場合に設立される。スウェーデンの法律では、これら「新」協同組合に関する共通の法的定義はなされていない。

　一方、経済協同組合法によれば、経済協同組合とは、①自然人または法人の組合員が経済活動を通じて組合員の経済的利益の向上をめざして協働する組織、②組合員は消費者、商品生産者、労働の提供者、サービスの利用者な

表3-1　3つの「新」協同組合のまとめ

	財団	経済「新」協同組合	非営利「新」協同組合
法的規定	有	有	無
最低資本金	有	無	無
会員制	無	要	要
規約／定款	有	有	有
民主的統治	無	必須	努力義務
登記	要	要	選択
事業に関する有限責任規定	無	有	無
営利目的	無	有	無
社会／事前目的に関する優先・専念規定	有	無	有

資料：ストルイヤンより転載（ストルイヤン、2003: 217）

どとして参加する、③加入脱退の自由、一人一票の民主主義、投資に対する配当や会員に対する利潤配当の制限（法律に取り入れられている）が明記されているという。

　非営利「新」協同組合（ideell förening）はほぼ民間非営利組織と同義である。一般的に、事業活動とメンバーの利益追求の2つの基準を満たさない協同組合は自動的に非営利「新」協同組合とみなされる。この「新」協同組合の形態は現行の法律で規定されていないため、実際には全ての「新」協同組合に経済協同組合法を標準的に適用しているという。これらをまとめると**表3-1**のようになる。

　前掲の表2-12は経済協同組合（伝統的＋「新」協同組合）のみであるが、1997年から2006年の変化を見たものである。様々な分野の組合がみられ、そのどれでも増加していた。協同組合開発センター（Coompanion）のデータによると、スウェーデンの協同組合では、発展している分野で「新」協同組合の設立が多くみられるという。1980年以降に設立された協同組合の大部分が、今までとは異なった分野で活躍しているという（Coompanion, 2007: 12）。

2-4　スウェーデンの協同組合の特徴

　最後に、スウェーデンの協同組合の特徴を簡単に総括しておくと、①歴史

的にも住民の学習サークル等に根ざした多様な民衆運動に支えられていること、②1970年代の財政、金融危機、市町村合併等による行政サービスの不足に際して、民衆運動を再活性化するなかで、伝統的な協同組合ではなく、「新」協同組合が多く生まれたこと、③これらの協同組合を育成・支援する機関が作られていること、④これらの「新」協同組合には、非営利「新」協同組合（ideell）、経済的「新」協同組合（ekonomi）の二つがあり、これらを統制する法律は経済協同組合法しかないこと、⑤非営利「新」協同組合（ideell）、経済的「新」協同組合（ekonomi）の違いは、事業活動とメンバーの利益追求にあること、⑥非営利「新」協同組合（ideell）は、民間非営利組織とほとんど同じであることである。

　スウェーデンの伝統的協同組合では合併等による大型化が進み、活動が硬直化する一方で、その隙間を埋めるような、あるいは発展が見込める分野では、新たな非営利協同組合や新たな経済協同組合が成立してきた。このような「新」協同組合は経済基盤も弱く、経営管理組織も十分ではないため、育成・支援機関が必要とされた。グルトは新聞のインタビューに「どの分野においても協同組合を設立することはできる。必要なのは地域における資源の動員と触媒としての外部からの刺激、そして公的機関からのバックアップだ」と持論を展開している。第5章のトロングスヴィーケンの成功した事例をみても分かるように、「新」協同組合は公的機関からのバックアップに支えられながら、地域における資源を動員し、外部からの刺激をうけて発展することができる。

第3節　イェムトランドにおける協同組合活動の展開

3-1　新しい協同組合の設立と拡大

　ノルウェーと国境を接しているイェムトランド県は、935年には独立したイェムトランド共和国を形成していたが、スウェーデン、ノルウェー、デン

マークの戦争に巻き込まれ、1677年にスウェーデンに組み入れられた。平野部の少ない山間地イェムトランドの産業は、木材産業のほかに、銅山と石灰生産で発展した。また、変圧器（ASEA）、ボールベアリング（SKF）といった一部の製品生産に特化した専門的な企業が立地していた。しかし、1953年以降、産業の縮小や移民等により、イェムトランドの人口は流出し、1970年までは減少し続けた。

　イェムトランドの協同組合の推移をヒューゴソン（Hugosson）のデータを参考にしてみると（Hugosson, 2007: 21）、全国的な労働者組合設立の動きと呼応して、すでに1860年代には10組合が設立されている。1870年代には49組合に増え、30年間はほぼ変化ない。ただし、これらの組合で現存しているものはないことから、1870年代に衰微した全国の傾向よりは長く続いたと推察される。その後、1900年代に一気に254まで増加し、1910年代には369を数える。組合の数は1940年代にピークを迎え、378の組合があった。全スウェーデンで1950年には3万もの組合があったというが、イェムトランドもほぼ同様の展開を見せたことがわかる。その後、組合数は減少に転じ、1970年代までは減少が続き、190組合にまで減少した。1900年代に設立された組合のうち現在も登録されているものは7組合、1910年代に設立された組合で、現在も登録されているものは13組合で、1950年代までに設立された組合で、現在も登録されているものは95組合であった。ヒューゴソンの別のデータでは、1969年までにイェムトランドでは2089の協同組合が設立されており、1998年の時点で継続しているものはわずか136組合であるという（Hugosson, 2007: 25）

　1980年代になると、政府の公共事業部門では公共事業や保育に対する需要を満たせないことから、イェムトランドの中央スウェーデン大学では「協同組合研究」プロジェクトが始まり、地方で新しい協同組合を設立するための助言がなされた。1980年代、協同組合開発センターが各地に開設されたが、イェムトランドでは1987年に開設された。イェムトランドの組合数は1980年代に296組合にまで増加した。1995年、イェムトランドには132の経済「新」協同組合があり、そのほとんどは保育に関するものであったが、

表 3-3 イェムトランドのコミューン別の協同組合数（1998 年）

コミューン＼協同組合	保育	介護・看護	地域・村落	労働者	生産者	消費者	住宅	その他	合計
ラグンダ*	4	2	4	−	3	5	2	5	25
ブレッケ	9	5	8	2	1	2	4	9	40
ベルグ	4	1	4	2	4	3	−	9	27
オーレ	8	−	8	9	2	4	2	13	46
ヘイダーレン	4	−	4	−	4	2	−	8	22
クロコム	6	5	6	6	5	8	1	10	47
ストルムスンド	4	3	6	3	5	5	−	10	36
エステルスンド	15	3	6	12	18	14	−	11	79
合計	54	19	49	34	42	43	9	75	322

注：*ラグンダの1協同組合は保育と介護の両方に登記。
資料：ヒューゴソン（Hugosson、2007: 26）より、筆者修正

地域社会開発に関連するものもあったという（Grut, 1995: 10）。ヒューゴソンのデータによると、1998 年までに、イェムトランドで設立された「新」協同組合は 321 ある。県の中で協同組合が最も多かったコミューンは、エステルスンドで、114 組合あった。次いで、事例のクロコムの 101 組合、ストルムスンドの 84 組合、事例のオーレの 79 組合となっている。当時のコミューンの人口でみると、1 組合あたりの人口はエステルスンドで 518 人、クロコムで 144 人、ストルムスンドで 176 人、オーレでは 125 人となっており、少ない人口にもかかわらずオーレの組合設立数の高いことがわかる。

表 3-3 は、イェムトランドの各コミューンの「新」協同組合数を見たものである。保育組合が最も多いのは全国的な傾向と変わらない。そのほかに特徴的なのは、地域・村落協同組合が多くみられることである。コミュニティ・ビジネスが経済的「新」協同組合方式により起業されたと考えられる。また、消費者協同組合も多くみられ、人口希薄地域の日用品購買への課題が伺える。

3-2 地域振興のための協同組合

イェムトランドでは地域再生に向けた活動が 1970 年代に盛んになる。

ヒューゴソンがスウェーデン全土の地域振興団体ネットワークから入手したデータによると、1900年代に43の地域振興団体が設立されたものの、1910年代には1組合しか設立されていない。しかし、1970年代には34の地域振興団体が、1980年代には63の地域振興団体が設立されている（Hugosson, 2007: 21）。

　1970年代に始まった集落活性化運動において、特にイェムトランドでは県が早くから地域開発プロジェクトを開始していた（Herliz, 1999: 3）。協同組合開発センターが設立され、大学でも協同組合を支援するプロジェクトが始まり、県都エステルスンドには国の地域開発機関（全スウェーデン農村開発機関（GBV））が設立され、多様な協同組合が設立されていった。保育（親）協同組合が多く設立されたが、保育の場の確保は働く女性を地域に繋げるとともに、女性の職場を提供すると言われ、子どもが増加すれば学校だけでなく、地域の様々な職場が維持されると考えられた。

　1993年に調査されたイェムトランドの経済「新」協同組合の地域経済開発効果に関する研究（Lorendahl, 1996）では、6つの事例について、①地方の雇用、②地方の社会基盤（インフラ）、③購買の地理的傾向（パターン）に焦点を当てて考察されている。保育組合では3.5人の新たな雇用を生み出したことがわかる。住宅組合だけが雇用を生んでいないが、他の組合は2～10人の雇用を生み出している。また、社会基盤として、学校、商店の維持についても保育組合は十分貢献していると言い、購買の地理的傾向でも17%が地域で消費する傾向にあるとしており、保育組合の設立が地域振興に有効であることが明らかにされている。

　もちろん、地域振興を目的とした観光やコミュニティ「新」協同組合は、雇用増加にも、社会基盤の維持にも十分な成果を上げており、イェムトランドにおける営利「新」協同組合が地域振興に役立っていることがわかる。

3-3　イェムトランドの協同組合の特徴

　イェムトランドでは、全国的な労働者協同組合設立の動きと呼応して、1860年代には協同組合が設立しており、広く発展してきた。しかし、イェ

ムトランドではスウェーデンの経済成長とともに人口流出が続き、二度にわたる合併は地域と行政との距離を拡大した。政府の公共事業を補う目的で、協同組合プロジェクトが開始され、多くの新しい協同組合が設立されてゆく。保育や地域・村落開発を担う協同組合などが設立される。これらの組合の多くは経済「新」協同組合として設立され、雇用増大、インフラの維持に貢献した。次節の協同組合の事例のように、集落を代表して地方自治体と交渉するほどの力のあるものも出ている。

しかし、その一方で、こうした地域開発グループには、EU構造基金等の地域開発資金の申請に際し、必要とされる自治体との共同出資や組織化、「企画立案書」作成など、管理・運営能力の不足も指摘されている（Herliz、1999: 19）。スウェーデンでは、伝統的な民衆運動の歴史を経て、近年は「新」協同組合が住民活動の主体的な担い手となっている。新しい組合開発を先導する者を「社会起業家」と呼び、しばしば「エルドシェル（eldsjäl: 牽引力のある人、活動家）」と呼ばれる。能力があり、プロジェクトの手綱を握ってゆく意思と精力のある人のことをいう。エルドシェルは組合の重要な財産であり、組合成功の前提条件だという（Grut, 1995: 15）が、地域開発グループにとって、地域開発成功の前提条件でもある。

次節では、地域を挙げて協同組合運動に取り組み、一時はEUからの研修団さえもやってきた集落の協同組合活動について、地域振興、地域維持に果たす役割をみてみよう。

第4節　フーソー集落における地域開発と協同組合活動

4-1　フーソー集落の人口の現状と歴史

本節の事例は、イェムトランド県オーレ・コミューンのカル湖（**写真 3-1**）ほとりの小さなむら、フーソー集落である（**図 3-1**）。オーレ・コミューンは、オーレ、マットマル、モーシル、カル、ウンデルソーケル、ハッレン、

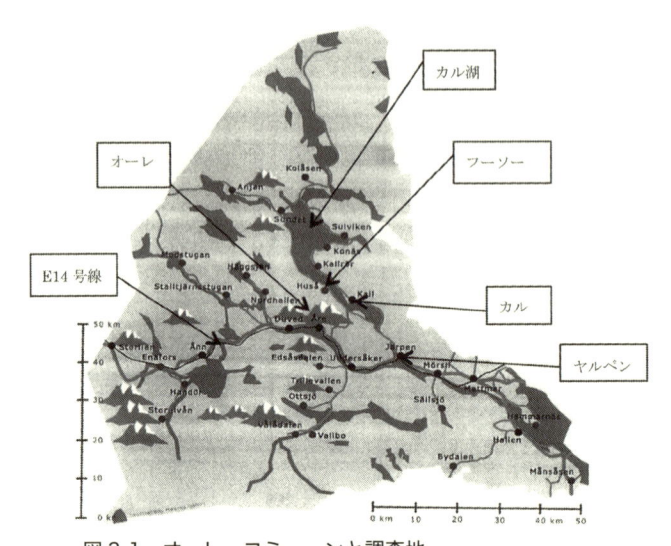

図 3-1　オーレ・コミューンと調査地
資料：Åre Kommun, Utvecklingplan 2004-2006, 2003 年

写真 3-1　カル湖とオーレスクタン山（中道撮影）

表3-4 オーレ・コミューンの各地区の年齢別人口（2006年6月30日）

	地区	0-14	15-29	30-54	55-64	65歳以上	合計
実数（人）	オーレ（Åre）	563	705	1382	323	366	3,339
	マットマル（Mattmor）	90	87	185	102	115	579
	モーシル（Morsil）	177	161	348	127	219	1,032
	カル（Kall）	65	83	183	104	150	585
	うちフーソー（Huså）	10	11	33	13	19	86
	ウンデルソーケル（Undersåker）	509	519	1035	391	597	3,051
	ハッレン（Hallen）	158	147	284	113	198	900
	マールビー（Marby）	47	83	119	63	77	389
	コミューン合計	1,596	1,791	3,541	1,224	1,722	9,891
割合（%）	オーレ	16.8	21.1	41.4	9.6	11.0	100.0
	マットマル	15.5	15.0	32.0	17.6	19.9	100.0
	モーシル	17.1	15.6	33.8	12.3	21.2	100.0
	カル	11.1	14.2	31.3	17.8	25.6	100.0
	うちフーソー	11.6	12.8	38.4	15.1	22.1	100.0
	ウンデルソーケル	16.7	17.0	33.8	12.8	19.7	100.0
	ハッレン	17.6	16.3	31.5	12.6	22.0	100.0
	マールビー	12.1	21.3	30.6	16.2	19.8	100.0
	コミューン全体	16.1	18.2	35.9	12.4	17.4	100.0

資料：Statistika centralbyrån:Befolkning i kommunen より筆者作成

マールビーの7つの地区に分かれている。フーソーはカル地区（旧カル村）に属しており、かつてはカル村（カル教区）の放牧地でしかなかった。フーソーにあった鉱山の閉鎖とともに、1860年には2000人を超えていたカル教区の人口も、1960年には1280人まで減少した。表3-4は、オーレ・コミューンの各地区の年齢別人口をみたものである。カル地区の2006年の人口はオーレ・コミューン4番目で、全人口585人、65歳以上人口は150人であった。コミューンの高齢化率は17.4%であるのに対し、カル地区のそれは25.1%である。フーソーの人口は86人、65歳以上の高齢化率は22.1%であるが、14歳以下の比率はコミューンが16.1%であるのに対し、カル地区で11.1%、フーソーで11.6%となっている。フーソーの小学校は生徒不足から閉鎖されており、カル地区の小学校に統合された。調査地であるフーソー集落の人口の推移は第4章に譲るが、2009年の資料によると69人にまで減少している。

フーソーの開発は鉱山の採掘により始まる。1742年、現在のフーソーから数キロの地域で銅鉱石が発見され、1743年からほぼ140年にわたり採掘が続けられた。鉱山会社は経営安定化のため、フーソーを含めカル湖一帯を所有した。鉱山活動に伴い、フーソーの人口はほぼ600人に達し、うち150～170人が鉱山労働者であった（写真3-2）。当時としてはスウェーデンの中規模都市並みの人口で、鉱山関係以外にも牧師、床屋、外科医、教師など様々な職業の人がいた。1835年から1837年の間に建てられた鉱山主の館には、ノルウェーに行くスウェーデン国王も宿泊したことがあるという[7]。当時、銅は主要な輸出産業であり、その生産量はスウェーデンの3%を占めていたが、厳しい気候条件と長距離運搬のためコストが高く、鉱石価格の変動が激しかったため、経営は厳しく、鉱山の所有は度々代わった。1881年には閉山となり、1907年に土地がフーソー住民に開放された。鉱山労働は非常に過酷なものであったゆえに、経営がうまくいかないときや農作物の不作のときなどのために、労働者には小作地が与えられ、自家用だけではなく、販売用の作物も作って小作料として納入していたようである。彼らは、まずは家畜小屋を建て、その後に住居を建てるなどして、鉱山労働と農業労働の両方で生活を支えていたようである。鉱山会社の所有地は1954年に住民に分配された。鉱山従業員の子弟のための学校は、1851～52年に鉱山とカルの議会により設立された（Almqvist, 1973）。鉱山閉山後は、学校管理のため村に協同組合が設立された。これが、フーソーで初めての協同組合である。

4-2　フーソー劇の成功と新しい協同組合の設立

　1970年代、集落の人口が100人にまで減少し「死にかけていた」とき、オーレ集落出身の著名な劇作家バッテサリンがフーソーに滞在し、集落の歴史を読み、関心を持ち、野外劇「フーソー物語（Husåspelet）」を書いた。住民は触発されて自分たちの村の歴史を勉強し始める。それはスウェーデンで最も一般的な「学習サークル」として始まった。この演劇が行われた場所は、そこに住んでいたオーロフ・スヴェンソン・ローディングにちなんで、オルスヴェンスと呼ばれている。フーソー劇は、フーソーの歴史を垣間見せるも

写真 3-2　鉱山労働者の家（中道撮影）

ので、出演者も俳優を職業とする者は一部であり、出演者の大半はこの物語に触発された住民であった。フーソー劇は裏方も含め、住民の手による演劇であり、補論でみるように、担い手にはオーロフ・スヴェンソン・ローディングにつながる者や、劇の内容と深く関係する者もいた。フーソー劇をとおして、子孫たちと新たに移転してきた人々はむらのことを学び、協力してむらの再生活動を担った。1979年フーソー劇組合（Föreningen Husåspelet）が設立され、住民主体の劇が上演されるやいなや、大成功を収めた。この成功により、住民は村の状況を自分たちで改善できるのではないかと真剣に話し合うようになる。

　フーソー劇は夏に10から20回上演され、上演当初の2年間は1万人の観客が訪れた。フーソーはテレビ番組を通じて「死ぬことを拒否する村」として広く知られるようになる。フーソー劇の成功により、1980年代になっ

て、集落活動が活発になり、人口も増加し、フーソー劇組合など多くの組合が設立されるようになる。フーソー劇組合は非営利「新」協同組合として、フーソー物語に投資するために設立され、年会費は30kr である。

1999年の調査当時、フーソーには館組合（Huså herrgård ek. förening）、スキーリフト組合（Huså lift ek. förening）、水道組合（Huså VA- förening）、演劇組合(Föreningen Husåspelet)、保育（親）組合（Föräldrakooperativet Knotthale）、ドロットニング・ソフィア（蒸気船）組合（M/S Drottning Sofia）、ハウス組合（Huså hus）、フーソー道路組合、音楽組合、住宅目的製材組合、縫物組合、スノーモービル組合など、様々な「新」協同組合があった。趣味のクラブ的なアソシエーションのほかは、そのほとんどが事業（経済「新」協同）組合である(8)。

4-3　地域密着型の社会事業組合の成立

フーソー物語の舞台、国王が宿泊したほどの館も1930年代から崩壊の危機にさらされていた。1979年、館保存に関心を寄せる住民が「フーソー館組合（非営利）」を設立し、コミューンも館を取得して、組合に譲渡した。組合は県立博物館、水利調整金から補助金を得て、1983年から建物の改修を行い1993年母屋の改修が終了した（写真3-3）。改修後、館はカフェテリア、レストラン、博物館、様々な文化的催し物等、多くの用途に使用された。母屋に隣接する醸造小屋も、鉱物博物館とサロンに改修された。フーソー館組合は、上記の様々な事業を行うようになると、非営利から経済「新」協同組合に改組された。

一方、フーソー劇の成功を受けて、住民等により、1983年にスキー場開発のためのリフト組合が設立された。リフト組合は経済「新」協同組合で、組合員数170人以上、経済的危機に陥るまで60万2,000kr の資本金を持っていた。リフト組合は、協同組合の中心的事業であった（写真3-4、5）。ロンビーによると、当初の計画ではリフト・プロジェクトは300万kr 必要であり、そのうちの1割を住民が出資するというものであった。労働可能な人口が35名の村で、40時間の無償労働を提供する契約に20人が署名した。

写真 3-3　フーソー館（中道撮影）

　当初の会員は 80 人、総額 32 万 kr の投資が行われた。1984 年の記録では投資額は 400 万 kr に達し、住民の負担も 40 万 kr に達している。建設のための無償労働は 1,000 時間を超えた。投資方法は、1,000kr を 1 単位、1 票とした。理事となった 8 名が中心的な会員で、1 万 kr から 2 万 5,000kr を投資した。理事となった会員をいれて 12 人が 2 万 5,000kr、合計 30 万 kr の借入金の保証をした。当時の物価は、自動車の価格が 6 万 kr くらい、教師の給料が 1 ヵ月 9,000kr(2007 年の給料は 1 ヵ月 2 万 3,000 〜 5,000kr くらい）であったという。労働を提供したことが一番大きく、お金を出さなくても労働で提供して、15 日間の労働というように提供した者がいた。
　1993 年のグルトの調査によれば、概算であるが、172 の会員がおり、うち女性は 50 人、22 人が有給で働き、うち 12 人が男性、10 人が女性であった（Grut, 1995: 22）。

写真 3-4　夏のスキー場とリフト（中道撮影）

　同時期、スキー場経営に必要な宿泊施設の建設が始まり、1985 年にはすでに 10 戸の貸コテージが建設されていた。1989 年、「スウェーデン全体で生き残る」キャンペーンのため、イェムトランドでの全国会議がエステルスンドであり、フーソーの住民 G がストックホルム市の役人 W と出会った。当時、労働者にホリデイハウスをという動きがあり、ストックホルム市でも考えていたことから、住民はこの役人 W をフーソーに招待した。1989 年にストックホルム市は市民の福利厚生用にストックホルム・ハウスを建設することを決定し、3,000 万 kr の投資が行われ、1991 年に完成した。ストックホルムのコンスム（消費協同組合）も 5 つのコテージを建設した。このように、スキー場の建設にともなう転入者や観光客の増大により、40 戸を越える住宅が建設された。一方、高齢者は小さな住宅を必要としたため、1989 年、住民は 3 戸の家を建設し、6 つの賃貸アパートを所有するハウス

写真 3-5　スキーゲレンデ（中道撮影）

経済「新」協同組合を結成する。

　住宅建設が盛んになったものの、フーソーでは上下水道の問題を抱えていた。コミューンが上下水道を建設する余裕がないということで、1989 年、住民自ら 1 戸あたり 8 万 kr を出資して、上下水道を建設・整備・運営する、住民全員によるフーソー水道組合を非営利「新」協同組合として結成した。2008 年現在、約 70 戸の家屋（所有者）が会員で、年間の使用料として、約 30 戸の居住家屋に 2,100kr、約 40 戸の不在住者家屋に 1,400kr が課されている。下水道が完備することで、若者にも継続的に居住可能な集落になったと評価された。

　地域開発が盛んになるにつれて、子供たちの数も徐々に増加し始める。1979 年に小学校には 5 人の生徒しかいなかったが、1995 年には 16 人になっている（Ronnby, 1995: 168）。保育問題を抱えた親たちにより、1992 年、保

育（親）組合（非営利「新」協同組合）が結成され、新たな託児施設が開設され、1995 年には 4 人が雇用されていた。

1992 年、経済「新」協同組合のドロットニング・ソフィア（蒸気船）組合が、カル湖の 6 つの集落により設立され、20 世紀初頭に湖に多く見られた古い蒸気船を購入して修理し、観光アトラクションとして、営業を開始した。

インフラに関係するものでは、集落住民全員が加入している非営利「新」協同組合のフーソー道路組合や製材所を共有する 10 人の会員により運営されている非営利「新」協同組合の住宅目的製材組合がある。そのほかに、非営利「新」協同組合の音楽組合、縫物組合、スノーモービル組合など、趣味のクラブがある。フーソーフィッシングクラブは、湖で漁をする権利のある住民により結成されたクラブで、非営利「新」協同組合である。

当集落はこのように多くの機能を持つ部門を越えた地域密着型の社会事業組合が集積し、「フーソー組合」と総称されていた。1993 年、これらの多くの組合の調整を図るためにフーソー集落自治会（Huså byalag）が設立された。自治会組織ついては第 4 章第 4 節で詳しく述べている。自治会設立当時、集落の人口 81 人に対し、組合全体の会員数は延べ 172 人で、複数の組合への参加や外部からの参加があるほど活発であった。「フーソー組合」は様々な問題対処するための活動を行い、自信を獲得し、強い連帯感で結ばれていた（Grut, 1995: 22）。

4-4 住民活動の停滞と経済組合の衰退

しかし、フーソーは 1990 年代から再度危機に見舞われる。フーソー組合の中心事業であるリフト組合が経営危機に見舞われ、リフトの売却にまで話が進む。ロンビーによると、1994 年、オーレ・コミューンは当時の銀行負債の清算に同意している（Ronnby, 1995: 169-172）。そして、1995 年、ストックホルム・ハウス建設に関わった役人 W の発案で、EU から 3 年の事業資金支援を受けて、フーソー・カル村振興株式会社（Huså-Kallbygden Promotion AB）が設立された。この会社は旧カル村の観光開発、マーケティン

写真 3-6　フーソー小学校（中道撮影）

グを推進する会社で、フーソー集落自治会が所有しており、社長はリフト組合の会計F氏で、自治会の理事も兼務していた。Wはマネージャーの地位にあり、彼の給与はストックホルム市から出ていたという。この事業はほとんどが広告活動に費やされ、3年の事業終了後、Wは市役所にもどったままとなったという。

　この事業が十分な成果を見せないまま、1999年にはリフト組合が遂に破綻し個人投資家に譲渡され、フーソーの活動が次第に衰退して行く。リフト組合と両輪となって活動を牽引してきたフーソー劇も、1999年を最後に休止された。理由の一つは各地に同様のイベントができて観客が減少したことであるが、出演者である住民への負担が大きかったのが最大の原因である。劇を牽引してきた住民には農業経営者も多かったが、短い夏にほとんどの農作業をこなさなくてはならないのに、同じ時期に劇の準備・出演と、長期間

写真 3-7　フーソー集落（中道撮影）

劇活動に縛られた。これらの人々の、いわゆる「燃え尽き症候群」による劇離れ、中心メンバーの住民では離婚が契機となって村を去るなど、次第に上演することが難しくなった。

　2000年には保育園が閉園し、2002年秋に小学校が対岸のカル小学校に統合された（写真3-6）。2003年、人々の交流の場となっていた集落唯一の食料雑貨店ICAが閉店し、2002年に営業を再開した館のレストランも夏の客不足で2004年に閉店した。

　スキー場の経営譲渡については、当集落住民と他集落住民の間の不協和音が垣間見える。オーレ地区の企業による大規模開発買収案に対し、当集落住民は自然を生かした現状維持経営を希望した。それはスキー場開発当初から「この古い村を壊してしまうなんて恐ろしいことだ。」「生き生きとした田舎であり続けることが絶対条件だ」と言われていた（Ronnby, 1995: 171）（**写真**

3-7)。こうした選択をした当集落の住民に対し、集落外からは独立心が強く協調性にかけ、他人の儲けに嫉妬するため開発が進まないという評価もある。結果的にオーレは 2007 年のワールドカップスキーにより開発が進み、当集落のスキー場は再度譲渡されようとしている。

　組合活動は停滞しているが、住民の個人事業は多様である。農家の乗馬・コテージ経営などは順調で、馬の数、コテージ管理を増やす農家もいる。チーズとパン生産農家は山羊飼養をやめ、チーズ加工だけを継続し、パン工場を増築、パン生産を拡大している。ストックホルム在住の企業家は当地の草地の一画をゲームフェア（競馬等の野外スポーツ中心の大イベント）用に開発投資しており、現在は新たに、ほとんど住民のいない隣集落の草地を開発していて、移住して来て雇われる若い住民もいる。個人の才覚が活かされる余地はまだ十分残されている。

　現在、当地の組合活動は停滞しているが、組合の調整役であったフーソー集落自治会が中心となって集落の開発を牽引するようになった。フーソー集落自治会の詳細については第 4 章に譲るが、総会で選出された役員が中心となって、電力補償金と EU 地域開発補助金を利用して地域活性化を図ろうとしている。以下では、これらの活動の成果と課題をみてゆく。

第 5 節　フーソー集落における地域開発と EU プロジェクト

　近年、フーソー集落の地域開発は、カル地区連合会の開発計画「カル村 2004」や EU プロジェクトと密接に結びついている。カル地区連合会では、様々な意味で各集落の均衡を考慮して、毎年 300 万 kr にのぼるカル湖地域への電力補償金を利用したり、1995 年の EU 加盟以後は EU 資金を導入したりしてきた。カル湖における水力発電の電気は南部スウェーデンに供給されており、自分たちの問題は自分たちで解決するための第一歩として、当地区の電力確保のため風力発電を計画した。EU やコミューンの補助金、電力補償金の積立金と会社組織にした株[8]の 36% を住民に売却して建設費用と

し、2002年10月に第1号機が完成した。

　カル地区の開発プロジェクトには、他に各地域の商店の確保、エコツーリズム、EU地域資金の獲得、鉱山跡地整備やゲームフェアなどの文化プロジェクトがある。これらプロジェクトの遂行のための専従者、プロジェクト・リーダーを1人雇用しており、その費用はEUの地域マネージャーの育成資金を利用した。現在は、当地区の建造物の管理（清掃などを含めて）をコミューン等から請け負う会社を設立して、給料の一部を稼いでいる。1995～1999年のカル地区EU地域開発プロジェクトは概ね成功と自己評価されており、成功要因として①（自治会のような）民主的な方法で地域に活動を下ろすことができる、②ビジネスマインド[9]を持った人々がいる、障害要因として①燃え尽き症候群がみられ、②無関心層や、③嫉妬がみられるといった点が指摘されている。これらについては、フーソー集落に当てはまる部分も多々みられる。

　フーソー集落の開発プロジェクトの立案・実行者は集落自治会で、これまでフーソー館周辺や鉱山跡の保存活動に力をいれてきた。活動には、EUの目的6や目的1の資金の他、現在は「カル村2004」プロジェクトの資金が利用され[10]、結果は逐次、集落自治会で報告されている。自治会には外部の者でも参加できると謳われているが、集会への参加者は毎回10名程度で、現役員や役員経験者を除く地域住民の出席はほとんど見られない。鉱山跡地プロジェクトに関わるのも、高齢化した自治会役員数人のみである。人が集まるのは予算決定の時だけで、住民の自治会への意識は低い。

　しかし、自治会役員を中心とした住民たちはEUプロジェクトに当集落再生の足がかりを見つけようとしている。粘り強い活動により、現在閉校している小学校をコミューンから譲り受け、施設維持のため文書アーカイブ、鉱物博物館、学習施設としての利用、建物暖房費の節約のための地熱利用等を企画している。希望を捨てない住民たちは、このような地域を象徴する鉱山主の館や小学校を中心とした観光・文化開発により新たな事業誘致も可能であると考えており、女性の働く場所も確保する予定である。事業を推進する過程で、住民の中に集落に対する希望と関心が生まれ、次代を生む性である

女性の流出が阻止されると考えている。無関心な住民が多い中、2人の高齢者が「カル村2004」プロジェクト開始に当たり合計15万krという多額の寄付しており、プロジェクトに高い期待を寄せている。

第6節　むすび

　最後に当地の協同組合活動と地域再生活動の成功・停滞要因と現状について小括し、本章の課題に応えたい。

　当集落の初期の地域活性化が成功したのには、以下の4つの要因が見いだせる。①集落衰亡の危機感を募らせていた住民が、当時の「スウェーデン全体で生き残る」キャンペーンに触発され、集落の歴史劇に集落への帰属意識を強く持って参画したこと、②活動の受け皿組織として、事業が可能な「新」協同組合が当時普及しつつあったこと、③館の整備等にコミューンが協力的であったこと、④種々の組合の活動を調整する組織として集落自治会が結成されたことなどである。一方、活動を牽引してきた両輪ともいえる以下の2つの活動の衰退が、組合活動衰退へとつながった。①類似イベントの出現による観客数の減少と、担い手住民への負担が「燃え尽き症候群」につながって、活動の片方の輪であった野外劇が衰退したこと、②2年連続の雪不足が経済活動の中心であったスキーリフト組合の経営を圧迫し、外部に売却されたこと、第5章のトロングスヴィーケン地区と比較すると、③企業家精神が活動家たちに不足していることである。

　組合方式は意思決定に時間がかかると言われるが、EU加盟後の市場経済の拡大に組織的対応が遅れた。運営が順調に行っていたときはよかったが、問題が生じたときに素早く対応できなかった。その結果、活性化を牽引してきた多くの組合活動が停滞してしまった。リフト組合は設立時、株式会社にする話もあった。しかし、すぐ裏の山の株式会社が経営不振に陥った時、銀行が介入して、大きな企業に売却され、地元の人々がすべて失ったのを見て、資産だけでなく、管理権まで失うことはできないと考え、組合方式にした。

グルトは、新しい組合開発を先導する者「エルドシェル（eldsjäl: 牽引力のある人、活動家）」について、組合成功の前提条件だと言った。プロジェクトの手綱を握ってゆく意思と精力が求められたが、当地には多くのエルドシェルがいた。上記の「燃え尽き症候群」や経営の失敗により、活動から退いたものも少なくないが、現在、残ったエルドシェルたちは、組合を束ね調整する自治会活動を通して、EU 資金と電力資金を利用して地域再生の道を模索している。活動のシンボルである館を中心に据え、鉱山文化対象の観光開発に力を注いでいる。地域開発資金獲得にはカル地区連合会との連携がますます重要になってきている。

　グルトは、地域振興についてライダー・アルモス（Reider Almås）の地域開発の 3 つの必須条件を示している。1 つ目の条件の地元住民の動員ではエルドシェルの存在が求められ、2 つ目に地方自治体の支援、3 つ目に外部からの刺激、活動に参加しなくとも触媒のように働く者を求めている（Grut, 1995: 17）。現在のフーソーの組合活動では、①度重なる首長の交代（正副が入れ替わる）やオーレ地区への重点投資により、コミューンのとの連携が難しく、十分な支援が受けられなくなった、②フーソーの生活環境の維持への意志が強く、外部からの刺激を恐れているなど、組合活動が活発だったときに比べると、これら 2 つの要素が不足している。

　住民が気軽に意見交換が行えた、多くの組合の広報的な役割や紐帯的役割を担っていた ICA（スーパーマーケット）の閉鎖の影響は大きい。オーレ・コミューンによる支援の獲得は難しいが、カル地区連合会などを通して支援を引き出そうとしている。新しい住民をオランダから獲得するダッチ・プロジェクトがスウェーデン全体の EU プロジェクトとして行われ、3 組の家族がカル地区に移住してきた。フーソー集落も集落自治会が中心となって、ダッチ・プロジェクトを始めた。館でのレストラン経営は、新たなドロットニング・ソフィア号（観光蒸気船）の契約者に託された。エルドシェルたちは、当初からの開発理念、地域の生活環境保全を念頭に、住民活動の源である組合を生かす道を探っている。

注
(1) 1999年のデータでは約15万の組合、組合員は延べ3千万人にのぼるといわれる（秋朝、2004: 64）。
(2) 現在の開かれた民主的組合は当時の協同組合とは異なるとして、アソシエーションや協会と訳される場合もある（佐藤、2002: 88）。なお、本文では、佐藤（2002）が述べている新しい協同組合運動のひとつとして位置づけているため、「新」協同組合とした。
(3) これらの組織は「社会経済的である」ことが特徴と言われる。スウェーデンでは、コミューン合併の一方で、集落レベルで様々な民主組織（新しい協同組合等）が増えており、これらは国、県、コミューンの3段階を補完する第4段階として位置づけられ、重視されつつある。
(4) この「大衆社会運動」という用語は「参加、活動的な人々、抗議、善意、国民的信頼、民主制」と結びつき、国民の大部分に支持されている運動を表すという（佐藤、2002: 93）。
(5) サウナやムース狩りのような趣味のサークルと思われるものでも、協同組合（非営利「新」協同組合）を作っている。フーソーの事例を参照されたい。コミュニティセンターが非営利「新」協同組合で運営されている事例は、トロングスヴィーケンの事例を参照されたい。
(6) 第4章のトロングスヴィーケンでは、協同組合が株式会社を設立しているが、組織形態としては協同組合が基礎にある。
(7) エステルスンドから隣国ノルウェーのトロンハイムに至るセントオラフレーデンと呼ばれる道（現在の14E線）は、1835年スウェーデンとノルウェー王であった国王カールヨハン14世によって新たに開発された（NABOER AB, 2004: 3-4)。また、1910年にはエステルスンド-トロンハイム間に鉄道が敷かれた。
(8) 株式会社の設立には資本金が必要だが、協同組合の場合は不要だから近年は小規模営利組合の設立が多いという（藤岡、2001: iii）。
(9) 「企業家精神」と呼ばれるものではなく、多くの事業組合の設立にみるように、「経済志向」と言ったほうが的確であろう。
(10) 2002年の自治会議事録には、EUプロジェクトについて鉱山跡修復の報告が記載され、2001年の財務状況の収入には、EUからの収入6,729krが記載されている。

参考文献

秋朝礼恵、2004、「スウェーデンにおける非営利活動」神野直彦・澤井安勇『ソーシャルガバナンス』東洋経済新報社.

エームス、J.W.、1956、『スウェーデンの協同組合』家の光協会.

藤岡純一、2001、『分権型福祉社会スウェーデンの財政』有斐閣.

松本登久男、1984、『変革を迫られる世界の協同組合運動』筑波書房.

太田美幸、2004、「スウェーデンにおける成人教育の歴史と制度」第3回北欧教育研究会資料.

ストルイヤン、ヨハナン、2003、「スウェーデンの社会的協同組合」『経営論集』50巻第2号(Working Paper 1-2002).

佐藤慶幸、2002、『NPOと市民社会』有斐閣.

富沢賢治、1990、「スウェーデンにおける協同組合セクターの動向」『経済研究』第41巻第4号.

Almqvist, Boel, 1973, *Huså*, Sevärdheter I Jämtland-Härjedalen, Tryckeribolaget Jämtlandsposten.

Coompanion, 2007, *Kooperativt företagande ökar mest,* Fakta om Kooperativt Företagande, Nr.1.

Grut, Katarina, 1995, *The Cooperative Idea*, GBV(Rural Development Agency).

Herlitz, Ulla, 1999, *The Village Action Movement in Sweden - Local Development – Employment – Democracy*, School of Economics and Commercial Law, Gotheburg University.

Hugosson, Alvar Olof, 2007、「スウェーデンイェムトランド地域における社会経済」Hugosson, Alvar Olof, 神田建策、大高研道編著『地域社会の継続的発展と非営利(社会的経済)の実践―スウェーデンイェムトランド地域の事例研究』非営利・協同組合研究所いのちとくらし.

Jonsson, Teresa, 2007, Huså En by med gruvlig historia.

Lorendahl, Bengt, 1996, New Cooperatives and Local Development: A Study of Six Cases in Jämtland, Sweden, *Journal of Rural Studies* , vol.12, No. 2, 143-150.

Mckane, Alistair, 1993, Huså The Village That Refused To Die.

Mårtensson, Bo, 1985, Bykooperativ i Bredsjö och Huså, Ordfront, Stockholm.

NABOER AB, 2004, St OLAVSLEDEN、NABOER AB.

Pestoff, Victor, 1991, Between Markets and Politics Cooperatives in Sweden: Westview Press=1996, 藤田暁男ほか訳『市場と政治の間で―スウェーデン協同

組合論―』晃洋書房.
Ronnby, Alf, 1995, *Den lokara kraften,* Liber Utbildning.
Ullberg, Gösta, 1989, Huså BRUKS HISTORIA, AB OPE-TRYCK, ÖSTERSUND.

第4章　人口希薄地域の住民生活と集落自治会
―オーレ・コミューン・フーソー集落の自治会活動を中心に―

大野　晃

第1節　はじめに―本章の課題―

　スウェーデンの中北部に位置し、国内で人口希薄地域（都市地域へ車で45分以上かかる遠隔農村地域）の割合が最も高いイェムトランド県は、8つのコミューンから構成されている。オーレ・コミューンはそのうちの一つである（前出表2-4参照）。このオーレ・コミューンのなかで典型的な人口希薄地域とされているのが、ここで取り上げるフーソー集落である（図3-1参照）。

　フーソー集落は、ノルウェー国境に接しており県都エステルスンドまで車で90分以上要する森と湖に囲まれた静かな小集落である。日本の過疎地域と同様にスウェーデンの人口希薄地域は、人口減少、高齢化が進んでおりフーソー集落も例外ではない。フーソー集落は現在、人口減少と高齢化で小学校の統廃合、幼稚園の閉園、集落唯一の食料雑貨店の閉店などの問題に直面している。こうした問題に対し、フーソー集落の住民はどのようにして集落を維持し存続させようとしているのか、その具体化と進むべき方向性をどのように模索しているのか。こうした点を集落住民の生活実態調査と住民の自治組織である集落自治会（ビアラーグ：byalag）の活動とを通して考察していくこと、これが本章の課題である。

第2節　オーレ・コミューンの人口動向とカル地区の住民組織

2-1　オーレ・コミューンの人口動向

　オーレ・コミューンは県都エステルスンドからノルウェーのトロンハイムを横断する幹線道路 14E 線沿いにあり、その人口は 2006 年現在で 1 万 21 人を数えている。これはイェムトランド県人口 12 万 7,020 人の 7.9% を占めている。このコミューンは、教区を単位にした 7 つの行政区に区分されている。地区別の人口をみれば、表 4-1 に示されているように、人口 3 千人を越す地区は市役所のある行政の中心地ウンデルソーケル地区とコミューン最大の観光地であるオーレ地区の 2 地区である。他の 5 地区は人口 300 人～800 人の小規模地区で、オーレ・コミューン内の地区間格差の拡大が進行していることがわかる。

　ところで、オーレ・コミューンの 2000 年から 2007 年までの人口動向をみれば、2000 年時 9,745 人あった人口が 2007 年には 1 万 127 人と 382 人の増加を見せている。この人口増は、2007 年のワールドカップスキー大会の開催地がオーレ地区に決定したため、この"ビッグチャンス"にコミューンがオーレ地区に巨額の投資を決め、スキー場整備、ホテル増築支援等の観光開発を推進し、観光関連産業の雇用が拡大されたことによるものである。このため、オーレ地区の 30 歳から 54 歳までの中核的生産年齢人口比は 7 地区のなかで最も高く 40% を占めるに至っている。ワールドカップの大会が大成功を納め、オーレ地区が観光地として広くヨーロッパに知られるようになったため、コミューンは、オーレ地区にさらに投資を行い 2014 年の冬季オリンピックの誘致にも乗り出している。他方、地区人口 661 人の小規模地区で生産年齢人口比が低く、7 地区のなかで 65 歳以上の高齢化率が最も高いカル地区ではフーソー集落のように学童数の減少による学校統廃合が進められている集落もある。

　観光地としてヨーロッパに広く知られるようになったオーレ地区と学童数

表 4-1　オーレ・コミューン各地区の性別・年齢別人口比

単位（上段：人、下段：%）

地区名	性別		年齢別					計	2002年人口（高齢化率）
	男	女	0～14歳	15～29歳	30～54歳	55～64歳	65歳以上		
マールビー（Marby）	211	183	59	71	127	63	74	394	418
	53.6	46.4	15	18	32.2	16	18.8	100	(19.4)
ハッレン（Hallen）	464	451	177	152	282	111	193	915	891
	50.7	49.3	19.3	16.6	30.8	12.1	21.1	100	(21.8)
ウンデルソーケル（Undersakr）	1544	1529	528	519	1051	389	586	3,073	3067
	50.2	49.8	17.2	16.9	34.2	12.7	19.1	100	(20.1)
カル（Kall）	317	276	72	81	187	108	145	593	611
	53.5	46.5	12.1	13.7	**31.5**	18.2	**24.5**	100	**(23.1)**
モーシル（Morsil）	525	528	200	150	345	131	227	1,053	1093
	49.9	50.1	19	14.2	32.8	12.4	21.6	100	(20.7)
マットマル（Mattmar）	299	277	102	80	186	101	107	576	568
	51.9	48.1	17.7	13.9	32.3	17.5	18.6	100	(17.6)
オーレ（Åre）	1730	1632	585	751	1,354	314	358	3,362	3044
	51.5	48.5	17.45	22.3	**40.3**	9.3	**10.6**	100	**(12.2)**
コミューン計	5090	4876	1,723	1,804	3,532	1,217	1,690	9,966	9692
	51.1	48.9	17.3	18.1	35.4	12.2	17	100	(17.8)

注：数字は2005年12月31日現在、2002年人口は2002年12月31日現在
資料：オーレ・コミューン提供資料より作成

の減少による学校統廃合に直面しているカル地区とはコミューン内の地区間格差拡大の典型事例をなしており、地区内にみる格差拡大の是正が地域再生問題とかかわり大きな行政課題になっている（表4-1のオーレ地区とカル地区の対比参照）。

2-2　カル地区委員会と集落の自治組織

フーソー集落の考察に先立ち、ここではフーソー集落が属しているカル地区の住民自治組織について述べておく。まず、カル地区で特筆しておかなければならないのはカル地区委員会である。

カル地区委員会は、2002年コミューン議会で永続的組織として承認された行政の各種委員会の1つである。前述したようにオーレ・コミューンには教区を単位にした7行政地区がある。7行政地区のなかでコミューンの各

```
行政組織 ─── オーレ・コミューン議会 ─ オーレ・コミューンの最高決議機関
              （議員41名のうち男22人、女19人）
         ─── オーレ・コミューン委員会 ─ 議会への重要案件の準備と各種委員会の
                                    監督（13名の委員で構成）
         ─── カル    地区委員会 ─ コミューンの決定事項を住民に伝達広報。カル
                                地区の要望を委員会へ上申（議会指名の3名と
                                カル地区選出議員3名の計6名で構成）
住民の自治組織 ─ カル地区連合自治会 ─ 政党政治色抜きの住民自治組織。集落内の各種
                                  協同組合組織を包括。（5名の委員で委員会を
                                  構成。重要案件を討議しコミューン等へ上申）

├ カルレール＋ヴァースノス集落自治会
├ カル集落自治会
├ 西カル集落自治会
├ 南カル集落自治会
├ フーソー集落自治会
└ コーノス集落自治会

（注：太枠の集落が調査対象）
```

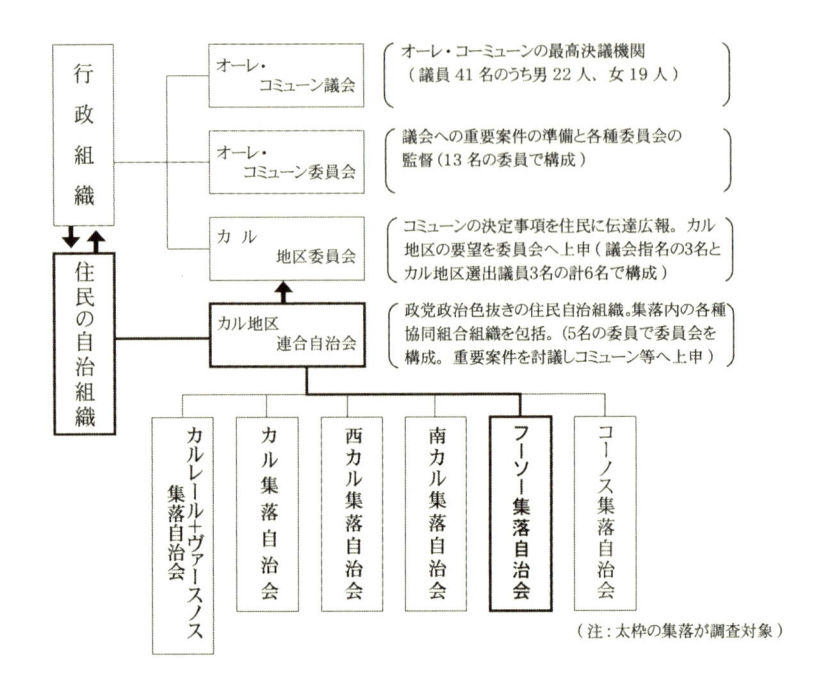

図4-1　オーレ・コミューンの行政組織とカル地区の住民自治組織

種委員会として承認されているのはカルの地区委員会だけである。

　カル地区委員会は、議会指名の3名とカル地区選出の議員3名の計6名で構成されている。その役割はコミューンの決定事項を住民に伝達広報するとともに、カル地区の要望をオーレ・コミューン委員会へ上申することである。しかし、何よりもこのカル地区委員会は、小学校教育に関する許認可権と老人福祉施設の許認可権の両方をコミューンから移譲され、その裁量権を持っているところに大きな特徴がある。スウェーデンでもカル地区委員会のように地区委員会レベルで小学校の許認可権と老人福祉施設の許認可権をもって地区運営をしているところは他に例がないと言われている。

　ところで、カル地区には14の集落がある。このなかには20人以下の小集落が5つ含まれており、これらの集落がカル湖の周辺に点在している。こ

れら14集落は**図4-1**に示されるように6つの集落自治会のいずれかに所属している。集落自治会は、行政組織とはちがう住民の自治組織で、政党政治色抜きの住民組織である。この自治会は、集落内の各種協同組合を統括するとともに、集落での重要案件を討議し、カル地区委員会やコミューン委員会等へ上申する役割をもっている。

また、6つの集落自治会を統括するのは、カル地区連合自治会である。連合自治会の委員会は5名の委員で構成されている。それを運営するカル地区委員会は議長1名、副議長3名と集落自治会から3名選出された計6名の委員によって構成され、各集落自治会からの問題を議論し、カル地区委員会やコミューン委員会などに上申している。

以上にみるように、カル地区の住民は集落自治会を通してカル地区委員会やコミューン委員会に自分たちの意向を反映している。こうした住民の自治組織と行政組織とが有機的に連携している地区の組織体制は住民自治を醸成していく上できわめて重要なものである。

第3節　フーソー集落の現状と住民の生活実態

3-1　フーソー集落の歩み

フーソー集落（以下集落を省略）は、ノルウェーとスウェーデンを横断する幹線道路14E線を市役所のあるヤルペン地域から逸れ、未舗装の狭い道をカル湖沿いに26キロメートル入ったところにある人口希薄地域である。県都エステルスンド市までは80キロメートル程の位置にあり、森と湖の美しい景観が拡がるその先にオーレスクターン山が雄々しい姿をみせている。フーソーは自然愛好家の憧れの地となっている。

この自然景観が素晴らしいフーソーはもともと銅鉱山開発によって拓かれた歴史をもっている地である。フーソーの歩みについては第3章でも考察しているが、ここで、再度概観しておく。鉱山開発で隆盛をきわめた1740

年から1881年までは、県都エステルスンド市を凌ぐ賑わいであったと言われている。鉱山が盛んな時代には、鉱山労働者とその家族を含め600人が居住していたが、鉱山閉山後人口が流出し100人を割るまでに激減した。鉱山経営者は1834年豪華な館を建設し、閉山後しばらく住んでいたが1920年以降無住の館となり子供の遊び場になっていたという。また、現在居住している住民の宅地、農地、林地を含めた土地は、鉱山閉山後すべて鉱山会社から有償で払い下げられている。

鉱山の町として歩んできたフーソーの地域再生運動が始まったのは1970年代末である。それは、歴史的建造物である館を維持・管理し、鉱山労働者の歴史を物語にした演劇を自分たちで上演するというものであった。1979年彼らは、鉱山労働者の立場から鉱山の歴史を描いた劇を、自分たちで造った鉱山跡地の野外劇場で上演した。オーレ出身の劇作家バッテサリンの協力もあり、観客は夏の10日間で1万人を超した。フーソー集落の多くが上演者として参加したこの劇は、住民の草の根からの再生運動ゆえ大成功を収めた。

その後、この劇は毎年上演されフーソーの夏のビッグイベントとして遠くストックホルムにまで知られるようになった。こうした演劇の上演が契機となり、フーソーでは住民が種々の協同組合をつくって活動を始めた。それは、史跡保存の鉱山跡地整備、スキーリフトの経営、山小屋の経営等の組合活動である。しかし、ここ数年周辺の地域でも各種イベントが行われるようになり、演劇の観客が減少した。加えてフーソー演劇を支えていた中心メンバーが他地域へ移転、流出などして現在演劇は中止されたままになっている。フーソーはいま、残された人々の高齢化も手伝い地域再生運動の低迷期にある。

以上、フーソーの歩みを概観したが、フーソー地域再生運動の展開は、フーソーの人口推移にも示されている（**表4-2**を参照）。再生運動が始まった1980年当初は、69人だったフーソーの人口が年々増加し、1996年には100人を超すようになったが2002年以降横這い状態から減少に転じ2009年には再び69人となっている。

表 4-2 フーソー集落における人口の推移

年	1980	1985	1990	1993	1994	1995	1996	1997	1998	2003	2008	2009
人口	69	74	77	81	84	89	104	107	102	85	72	69

資料：1998 年までは「Planeringsundelag Åre Kommun December 1998」 2003 年以降は「Population by parish and villages in Åre kommun 2003 and 2008, 2009」（Statistics Sweden:Åre kommun 提供）

　近年の人口の低迷状況にあるフーソーでは、2002 年秋、フーソー小学校がカル集落にあるカル小学校に統合され、幼稚園も閉園になり、その上、2003 年 11 月にフーソー集落唯一の食料雑貨店（ICA）が閉店となっている。それゆえ、今後集落をどう再生してゆくのかが当面するフーソーの大きな課題となっている。

3-2　フーソー集落の世帯構成と職業

　現在フーソー集落に居住している世帯は 54 戸である。この 54 戸はコミューンに税金を納めている世帯で、これ以外に別荘を持っていて休日フーソーを訪れる者やキャンピングカーで長期に滞在している者などの"ツーリスト"が 10 数名いる。

　われわれは、2003 年 9 月 1 日から 13 日までフーソーに滞在し、54 世帯の世帯構成と生活実態をさぐるため全戸対象の直接面接によるアンケートの悉皆調査を実施した。調査の回収結果は、回答を得た世帯 34 戸（63.0%）、調査拒否世帯 13 戸（24.1%）、バカンス等の不在による調査不能世帯 7 戸（13.0%）であった。

　回答を得た 34 戸の世帯員総数は 74 人である。これを年齢別にみれば、40 歳代が 23 人（31.1%）で最も多く、次いで 60 歳以上が 17 人（23.0%）となっている。20 歳代と 30 歳代は合わせて 11 人（14.9%）で、10 歳未満の子供は 3 人のみである。世帯類型別でみれば、34 世帯中夫婦のみの一世代世帯が最も多く、13 戸となっている。これは、成長した子供のほとんどが進学や就労のため他出するからである。次いで多いのが一世代独居世帯で 9 戸となっている。このうち 6 世帯が 70 歳以上の独居老人世帯である。夫婦と子供という二世代世帯は 8 戸に留まっている。調査を拒否した世帯の

多くが独居老人世帯である点を考え合わせると、フーソーは夫婦＋子供の二世代世帯が少なく、老人夫婦と独居老人の一世代世帯が圧倒的に多い少子高齢化の典型的な集落になってきている。尚、日本の山村でもまだ若干みられる三世代世帯はフーソーでは1戸だけであった。

集落住民の職業をみれば、男女とも何らかの仕事に就いており、恒常的勤務者が半数以上を占め最も多く、ヤルペンやエステルスンド市の会社に勤務している者、オーレの観光会社に勤務している者、カル集落にある老人ホームや教師として小学校に通っている者、郵便配達人等多様である。また、家族労働力を中心にした自営業では農業経営者5戸、パン製造とレストラン経営者各1戸となっている。なお、これらの詳細については、補論を参照されたい。

3-3 独居老人の日常生活

フーソーでは、親子、兄弟姉妹等の親族関係にある世帯が多く、結婚した子供が集落に残り、親と同居はしていないが日常的にコーヒーを飲んだり食事を一緒にするケースがよくみられる。

9戸ある独居老人世帯のうち集落内に親子、兄弟姉妹等の親族が全くいないと確認できた世帯は、39番の1戸のみである。フーソーに唯一あった食料雑貨店が閉店し、独居老人にとって日常的な買い物は大変であるが、ほとんどの老人が子供の車で用事を足している。フーソーのような条件不利地域においては、独居老人の生活を支えている親族関係の存在は今後一層重要性を増すものと思われる。

ところで、フーソーの高齢者の日常生活をみれば、それぞれ趣味を持っており、男性はムースハンティングとサーモン釣り、女性は編みもの、花の手入れ、ジャムづくり、気の合った仲間との旅行など生活を楽しんでいる。生活は年金生活で、年金は決して多くないが暮らしに困ることはないようだ。

そこで2003年9月の調査時に聞き取りした高齢者の日常生活の事例を2つ紹介しよう。

［事例1］

　7年前に妻を失くしてから1人暮らしを続けているKさん（84歳）は現在も乳牛の世話をし、毎日畑に出て4〜5時間働いている。起床は6時で、7時から8時の間搾乳。搾乳はフーソー内に住んでいる52歳の息子（乳牛経営者）が手伝っている。朝食は9時30分にすませ、その後はトラクターで牧草刈りをする。昼食は時間が決まっておらず12時から午後3時の間に取る。夕食は6時頃で、就寝は夏は11時から12時、冬は9時頃。掃除、洗濯、料理はすべて一人でやっている。趣味はムースハンティングと釣りで、去年はチーム全体でムース9頭を獲っている。釣りは6月から7月にかけマスやイワナをねらい、冬は湖上で仲間と網を使う漁法で取っている。現在年金で生活しており、年金給付額は11万5,000krで、日本円で（ここでの円換算はすべて1kr＝15円である）172万円程である。生活していく上で困ることはなく、買い物はヤルペンのスーパーまで行くが、息子が車で連れていってくれる。具合が悪くなったらコミューンが人を派遣してくれるので、生活上心配はなく不安は感じていない。

　フーソーの将来については、老人ばかりが残され、人が集まる機会がなくなったので、それがさみしいという。

　　追記：2003年9月の聞き取り調査の後、2005年、2007年と2度K氏の家を訪ねた。いつも仲間といくムースハンティングの話を長々聞かせてくれた。調査の最後の日に世話になったフーソーの人たちを「スシ」パーティーに招待しているが、自動車の免許を持たないK氏は大型トラクターを乗りつけあみだくじを引くまで帰らず、知人との会話を楽しんでいた。2009年9月にフーソーを訪れた時は、90歳の高齢で認知症になり施設に入所しているとのことであった。どうしているのだろうか。

［事例2］

　4年前に夫に先立たれて以来一人暮らしをしているIさん（70歳）は、20年前フーソーの自然景観に魅せられ夫と二人でノルウェーからフーソーに移ってきた。土地を買い家を建て楽しい生活を送っていたが、火事で家が焼け、現在は借家暮らし。家賃は月3,000kr、日本円で4万5,000円である。

起床は遅く8時から9時の間で、この間に朝食をとる。朝食はコーヒーにパン、ヨーグルト、卵。朝食後猫の世話をし、テレビでニュースを見る。11時30分になると花の世話をし、その後散歩に出る。出会う人と立ち話を楽しみフーソー内のあちこちから情報を得て3時には家に戻る。昼食はとらず、5時に夕食をとる。夕食はパンケーキ、ミートボール、チキン、魚などで、豚肉はカツレツにしポテトを必ず添える。夕食後はテレビを見たり、クロスワードをしたり、本を読んだりして過ごし、夜は遅くまで起きており11時前に寝ることはない。就寝は12時30分頃である。趣味はクロスワードの他編みものである。現在年金生活をしており、年金は9万6,000kr、日本円で144万円程である。買い物は隣りに住んでいる娘（48歳）が車でヤルペンのスーパーに連れていってくれる。フーソー唯一の食料雑貨店が無くなったのは非常に残念だ。この店はフーソーの社交場になっていたので良く出かけていたと言っている。

現在、フーソーで生活していくのに不都合は感じていない。ただ、フーソーの将来については大変悲観的で希望を持つためのアイディアが全く浮かばないという。

3-4　自営業者の経営―農業・ベーカリー・レストランの経営者―

フーソーには7人の自営業者がいる。ここでは、農業を軸にフーソーの美しい自然環境を生かし多角的経営を行っている農業経営者、手づくりパンのブランド化を図り全国展開を目指す若手ベーカリー、フーソーの自然に魅せられ県都エステルステンド市から転入してきたレストラン経営者の3人の経営内容を紹介する。

尚、ここに紹介する経営事例は2003年9月に実施した調査時に聞き取りしたものであることを断っておく。なお、調査番号は補論の**表補-6**の世帯番号を表している。

［事例1］

調査番号⑥　L氏の農業経営

家族構成　世帯主（39歳）農業経営
　　　　　妻（50歳）中学校教師
農地面積　44ha（うち借地14ha）、牧草地及び放牧地
山林面積　60ha
家　　畜　乳牛21頭（成牛12頭、子牛9頭）牛乳生産量年7万キロリットル
　　　　　馬　8頭（ホーストレッキングビジネス）
EU農業補助金　15万kr（日本円で225万円）（農業所得の30％に当る）
コテージ　5棟（夏休み、スキーシーズンは常時満室）

　フーソーには5戸の農家がある。農地の大半は牧草地と放牧地で、1戸の山羊農家を除き他は乳牛が主体である。調査番号⑥のL氏（39歳）は、ヤルペンの中学校教師をしている妻と2人で暮らしており、農業はL氏が1人でやっている。20歳の娘は既に他出しており、ラップランドのレストランで働いている。L氏の農地面積は5戸の農家のなかで最も大きく44ha（うち借地14ha）である。これはすべて牧草地と放牧地である。乳牛は成牛12頭、子牛9頭で、年間の搾乳量は7kℓである。乳価は現在1kℓ当り2.8krであるが、これにEUから補助金として1kℓ当り1krがプラスされ3.8krになっている。また、L氏は条件不利地域農業に対するEU助成として生態的助成—ecological subsidy—（化学肥料を使わずクローバーなどで地力を維持するもの）と文化的景観助成—subsidy for cultural landscape—（牛が畜舎外で草を食べている風景などに対するもの）の両者合わせて年間15万kr（日本円で225万円）を受け取っている。ちなみに調査番号⑧のC氏（牧草地と放牧地37ha、乳牛26頭）のEU助成をみれば、20万kr（日本円で300万円）となっている。このEU助成の金額は、L氏の場合農業所得の30％、C氏の場合50％を占めている。
　ところでL氏は、乳牛の他に馬8頭を飼って、これをホーストレッキングビジネスに活かしている。L氏によれば、フーソーの自然は素晴らしく、この景観がホーストレッキングビジネスを伸ばす大きな要因になっているという。また、彼はコテージ（山小屋）を2棟所有し、夏休みやスキーシーズ

ンには50〜60人の客で満室状態だという。この他スウェーデン看護師協会所有の保養施設9棟の管理も引き受けており多忙であるという。
　このように、L氏は乳牛飼育の農業を中心にフーソーの自然条件を活かしたサイドビジネスによる多角的な経営によって高所得を実現している。

［事例2］
　　家族構成　　調査番号㊸　M氏の「フーソーパン屋」の経営
　　　　　　　　世帯主（37歳）建築技師養成職業学校卒、経営者、パン職人
　　　　　　　　妻　（26歳）学歴不明、パン職人
　　農地面積　　3ha（借地）
　　家　　畜　　山羊3頭、ロバ3頭

　「フーソーパン屋」はM氏（37歳）とその姉Y（39歳）さんの共同経営の会社である。このパン屋はもともとYさんが1997年に始めたものである。2002年8月、Yさんの所有していた3万krのパン焼機とM氏の資本金3万krとで設立されたものである。この共同経営ではパンの生産をM氏が、広告、宣伝、販売をYさんがそれぞれ担当するようになっている。パンをつくる建物は月6,000krで借りている。家賃は必要経費で落とせるので節税になり建物を買うより経済的だとM氏は言う。
　M氏は現在妻のSさん（26歳）と二人でフーソーに住んでいる。Sさんはパン屋の経営者でパン職人でもある夫のM氏と一緒にパン工場で週4日（1日6時間）パン職人として働いている。パン工場ではSさんの他にノルウェー人の女性Nさんが週2日（1日6時間）働いている。現在の年収は、M氏が12万kr（日本円で180万円）、妻のSさんは7万kr（日本円で105万円）となっている。
　「フーソーパン屋」でつくっているパンは手づくりにこだわり、非常に薄く直径30cm程に丸く延ばされたもので、生地の味をそのまま引き出すよう工夫されている。手づくりでなくては出せない素朴な味が評判を呼び、スウェーデン各地で販売されている。販売先をみれば、ストックホルムが一番

多く全体の30〜35%、次いでイェムトランドが約30%、スコーネが20%程となっており、地元の「フーソーパン屋」で販売されているのは10%にすぎない。現在、ノルウェーにも店が一つあるが、ここでの販売量はまだ1%にすぎない。今後M氏はスウェーデンと同様ノルウェーでも全国展開を目指す計画を立てている。

3年前まで、M氏は自分のヨットで地中海をセーリングし、スペイン、イタリア、ギリシャ、キプロスなどを旅していたが、今は販路拡大計画でヨットに乗る暇が無いと言う。若くて意欲的なこの経営者に今フーソー住民の熱い目が注がれている。

［事例3］
調査番号⑱　E氏夫妻のレストラン経営
　エステルスンド市で葬儀屋を営んでいたE氏（49歳）とUさん（49歳）の夫妻は長い間自然に囲まれた生活に憧れていた。5年前から魚釣り、ハンティング、乗馬などでフーソーを訪れ、森と湖に囲まれたフーソーの自然に彼らは魅せられてしまった。4人の子供が皆独立して働き出したのを機に思い切ってフーソーに移り、2002年12月にレストランを開業したのである。店は、鉱山経営者ゆかりの「フーソー館」である。この館は現在、フーソー集落自治会の所有になっているので、E氏夫妻はこの館を月1,750kr（日本円で2万6,250円）でフーソー自治会から借りている。

　スウェーデンには、新規事業を始める者に対しては、それを支援する制度がある。これは雇用されていた人が新規に事業を始めるとき所得の100%を、また既に事業をやっていた者が別の事業を始めるとき所得の80%を半年間支援するものである。E氏夫妻は、レストランの開業にあたりこの制度を活用し、所得の80%にあたる支援金、税込みで1万5,000kr（日本円で22万5千円）を6ヵ月間国から支援してもらっている。

　料理づくりは主としてUさんが、接客はE氏が担当しているが状況に応じて2人が協力してやっている。営業は週末と土曜、日曜が中心で、客はエステルスンド市やヤルペンなどからグループでやってくるものが多い。

時々コンサートなどイベントを兼ねたディナーショーなども行われている。しかし、ウイークデーは客が来ないのでE氏は趣味を生かしたハンティングガイドを、Uさんは前述した調査⑥のL氏のホーストレッキングのインストラクターをして働いている。

パーティーやイベントで外部から来る人がゆっくり食事をしながら夜のひと時を楽しむためには宿泊施設が必要である。E氏夫妻は、そのため集落自治会所有の現在閉館している鉱物博物館を借り、それを15～20ベットのホテルに改造することを考えている。その資金50万krをイェムトランド県委員会に補助申請している。

レストラン経営のこの2人は、「フーソーで自慢できるもの、誇りに思うものは何ですか」というアンケートの問に、「美しく本物の山村。信じられない程自然が豊かで、この自然は人間が健康な暮らしをする上での大切な資源だ。」と答え、オーレのようなマス・ツーリズムではなく、自然を生かしたエコ・ツーリズム振興にフーソーの将来をみようとしている。

以上、フーソーの地で経営展開を図ろうとしている3人の自営業者の経営をみてきたが、その経営内容について思うところを述べておく。

事例1の農業経営者L氏の経営で注目すべき点は、条件不利地域農業に対するEU助成である。L氏は生態的助成と文化的景観助成の両者を合わせ年間15万kr（225万円）をEU助成として受け取っている。その金額は農業所得の30%を占めている。C氏の場合は20万kr（300万円）を受け取り、それが農業所得の50%になっている。このEU助成はあくまで経営者個人への助成である。日本の条件不利地域における農業の直接支払制度は集団を前提としている助成であり、集落の共同活動に半分使い、残った半分を個人に配分するものである。個人への配分金額はおおむね年間5万円から10万円程である。個人と集団、助成金の多と少、この対比は考えさせられる問題である。また、農業の枠を越えフーソーの自然環境を生かした多角的サイドビジネスを展開している点も注目すべきである。

事例2の「フーソーベーカリー」のM氏は手づくりパンのブランド化を

図り首都ストックホルム、県都エステルスンドなどで販売を展開している。ストックホルムやエステルスンドなどのホテルで朝食によく「フーソーパン」を食べていたので"全国展開"を実感している。M氏はノルウェーにある店を足がかりにノルウェーへの進出も計画している。

　この「フーソーベーカリー」が拠点にしているフーソーは、現在学童数の減少に伴う小学校の廃校や食料雑貨店の閉店などに直面しており、そのなかで多くの老人夫婦や独居老人が暮らしの営みを続けている。こうしたフーソーの状況は、日本の山村などにみる限界集落が直面している問題そのものである。私は長年限界集落を訪ね歩いてきたが、限界集落を拠点に全国展開している日本の経営事例に出会ったことがない。「フーソーベーカリー」が"限界集落"を拠点に全国展開し得ているのは、フーソーを取り巻く社会的風土によるものなのか、あるいはM氏個人の資質に帰せられる問題なのかどうか。これは大きな問題である。

　事例3のE夫妻は、フーソーの自然に魅せられたエステルスンドからの転職者である。彼らはスウェーデンの転職支援制度を活用し、月1万5,000kr（22万5千円）を6カ月間国から支援してもらい葬儀屋からレストラン経営に転職し、フーソーへ移ってきた。フーソーのような美しい自然に囲まれ生活できるのも転職制度のお陰だという。彼らはフーソーについて「信じられない程自然が豊かで、この自然は人間が健康な暮らしをする上で大切な資源だ」と言い、「フーソーは、国際的観光地化したオーレ地区のようなマス・ツーリズムに向うのではなく、自然を生かしたエコ・ツーリズムを振興する道を考えていくことが大切だ」と付け加えている。この転入者の指摘は、フーソーの将来を考える上できわめて示唆に富んだものである。この時以来、その具体化が筆者に取って大きな課題になっている。

　残念なことに、2005年にフーソーを訪れた時は、彼らがレストランを閉めエステルスンド市に戻り葬儀屋を再開していたことである。フーソーの住人によれば、ウイークデーに客が来ない日が続いての閉店だとのことである。人口希薄地域でのレストラン経営の難しさを知らされた思いである。

第4節　フーソー集落自治会の組織と活動

4-1　フーソーの集落自治会（ビアラーグ：byalag）とその仕組み

　フーソー集落には住民が任意に加入し、自主的に運営している協同組合が多数ある。これらは大きく3つに分けられる。その1つは経済中心型営利組合で、スキーリフト組合、ハウス組合、ドロットニング・ソフィア（蒸気船）組合等である。2つ目は生活密着型組合で、上水道組合、道路組合、住宅目的製材組合や保育（親）組合等である。3つ目は趣味中心型組合で、80年代フーソー住民の地域再生運動に大きな役割を果たした演劇組合を筆頭にスノーモービル組合、フィッシング組合、音楽組合、縫物組合等多数である。これら個々の組合の活動については第3章で詳細に述べられているのでここでは省略するが、フーソーではこうした多くの協同組合があり、組合員が重複加入しているため各個別組合の運営が錯綜している。このため、これらを統括する必要性から、その上位組織として1993年に集落自治会（ビアラーグ）が結成された。ビアラーグについては第6章で詳しくみるところであるが、これは「地域生活全般に関わる包括的な機能を果たす住民の自治組織」である。集落の住民が生活上当面している問題を具体的に解決する必要性から結成された地域密着型機能集団である。この点からして日本の町内会・自治会によく似た組織であるが、どの集落にも存在するものではない。住民が必要と判断した地域に結成されている。それゆえ、結成の動機や歴史的背景等はきわめて様々である。ここでは、フーソーに結成された集落包括的な住民の自治組織ビアラーグを「フーソー集落自治会」と呼ぶ。

　そこでまず、フーソー集落自治会の仕組みを会規約を通して具体的にみることにする。表4-3 に示されている「フーソー集落自治会規約」は1993年の会結成時に作成されたものである。規約に明示されているように、フーソー集落自治会は、第1に「政党政治色を帯びない団体」であり、第2に「フーソーの利益を図ることを目的とし、フーソーのなかの他の組織の包括

組織として活動する」こと、第3に「会員はフーソー及びフーソーに関心を有する人々から募ることができる」ようになっている。会員は属地主義でなく、フーソー集落の住民に限らず周辺の地域住民やフーソーの発展に協力するものすべてを会員に迎え入れる外に開かれた組織になっている点が日本の町内会・自治会と決定的に違う点である。

　自治会運営は会規約にのっとり運営され、5人の委員で構成される委員会を中心に行われている。自治会の定例会議は毎月開かれ、前回の議事録が承認された後、会議に入り議題に上っている案件が話し合われる。年次総会では、年間活動報告が行われ重要案件が議論され、次年度の委員と他の会計監査などの役員が選出される。定例会議、年次総会で討議された重要事項は、その内容に応じカル地区委員会、オーレ・コミューン委員会、イェムトランド県委員会などに上申され、自治会の委員会は集落の要求を実現するためそれぞれの委員会と交渉を重ねている。

4-2　集落自治会の活動状況

　では、フーソー集落自治会はどのような活動をしているのであろうか。ここでは、2002年から2008年までの自治会の定例会議事録からその活動状況をみることにする。自治会の活動は多様であり、道路、船着場、橋など住民の日常生活に直結する問題への取り組み、フーソー小学校の廃校利用問題、自治体所有になっているフーソー館や山小屋などの賃貸問題、EUプロジェクトがらみの鉱山博物館建設、委員の固定化と定例会議への出席者低迷問題など活動は多岐にわたっている。

4-2（1）　フーソー道路問題

　道路等住民生活に直結する問題をみれば、2002年11月5日、「1キロメートルのフーソー道路の補修についての補助金10万kr（150万円）」と「冬期オーレ地区を訪れる観光客にフーソーへ足を運んでもらうために必要な市場の設置費用1万5,000kr（22万5,000円）」をコミューン委員会に申請。2003年7月8日の定例会では船着場の補修を取り上げ、「一方の基礎が傾

表4-3 フーソー集落自治会規約

第1条 フーソー集落自治会は、フーソーおよび周辺地域の住民、さらにフーソーの存続と発展に関心を有する他の人々が集まった政党政治色を帯びない団体である。
第2条 本集落自治会はフーソーの利益を図ることを目的とし、フーソーにおける他の組織の包括組織として活動する。
第3条 集落自治会の会員はフーソー及びフーソーに関心を有する他の人々から募ることができる。
第4条 集落自治会から退会する者は、書面をもって委員会に申請するものとする。
　会員は、集落自治会の利益を満足すべき方法で図ることができなくなった場合に退会することができる。会員の退会は集落自治会の会合で決定するものとし、参加者のうち273名の過半数をもって可決する。
第5条 集落自治会は自己の資産についてのみ責任を負うものとする。従って、会員は集落自治会の資産以外に個人的な責任を負うものではない。
第6条 集落自治会の重要事項及び日常の運営は5名の委員で構成する委員会がこれを行なう。
　委員会の委員は、2年を任期として通常の年次総会で選出する。委員は、2年または3年に1度、順次交代する。初回はくじ引きで2名の委員が交代する。委員会の委員については2年を任期として2名の代理委員を指名する。
第7条 委員会は議長、書記、会計、副議長、副書記を指名するとともに集落自治会に付属する団体を代表する署名者を指名する。
　委員は年次総会で選出された後、直ちに委員会の委員となる。
　委員会は少なくとも3名の委員の出席をもって成立するものとし、全員一致をもって案件を可決する。委員会は適用される法律、本規則、集落自治会の合法的な決定に従って、集落自治会の重要事項を取り扱う。
　委員会は集落自治会を代表して、法廷またはその他において提訴、応答、説明を行うことができるものとする。
第8条 集落自治会の事業に関し、委員会は本暦年の終了時に会計を締め、翌年2月1日までに会計監査を終了する。
　集落自治会の会計及び経営の監査を目的として、通常年会において監査業務を実行する2名の監査役と1名の代表監査役を指名する。
　3月15日より前に、監査役は監査結果をまとめ、報告書を提出する。
第9条 集落自治会の年次総会は5月中に開催する。委員会はさらに、必要と判断される場合、臨時総会を招集することができる。
　臨時総会で審議を希望する個別の案件については、総会の少なくとも2週間前に書面で提出しなければならない。集落自治会の会合時間と場所は全て委員会が決定する。
　通常総会および臨時総会は、集落自治会の会員に少なくとも8日前に提示し召集する。
第10条 年次総会は以下の案件に関する決定を行なう。
　1．議長、書記、2名の調整役の選出。
　2．会合の開催回数に関する問題。
　3．前回の会合の議事録の朗読。
　4．委員会および監査役の報告。
　5．会計報告の承認。
　6．発生した損失または発生した利益の処分に関する問題。
　7．委員及び代理委員の選出。
　8．監査役および代理監査役の選出。
　9．委員会が先送りした案件。
　10．その他審議が必要とされる案件。

いている船着場をケーソン工法で新たに建設するための建設費用の申請」を話し合い、またフーソー道路の補修についてコミューンの道路局側の「ワールドカップに向けての諸々の建設事業があり、2007 年以前の補修は難しい」という返事に対し、フーソー館にカル地区委員会を招き、住民集会を開きコミューン当局に対し補修の緊急性をアピールしている。

　2005 年 4 月 18 日には、フーソー集落自治会名でオーレ・コミューン道路局の建設委員会宛に「現行の道路工事計画案にフーソー道路のパーマネント舗装を入れること」を文書で上申している。その理由は以下の 3 点である。

　①ボーネスハムンとフーソーを結ぶ劣悪な砂利道の交通は近年著しく交通量が増加している。スキー客が減少し冬期スノースクーターによる観光客が増加している。このため、重量の大きな車両の交通が増加し、四輪自動車が大型のスノースクーターワゴンを牽引するというケースが多くみられる。

　②学校が廃校になって児童をカル地区まで送る必要が生じた。商店の閉鎖で日用品の買出しに他の土地へ出かける必要性が生じている。

　③フーソー住民の大多数が経済的に自立していくには、年間を通じてフーソー道路が利用できるかどうかが最も重要である。現在の交通量に対してフーソー道路の水準は低すぎるものでる。

　私たちは、夏場の調査時に砂利道のアップダウンが多いフーソー道路でレンタカーのパンクを経験しており、また 12 月の日中陽が昇らない冬場にもフーソーを訪れているが、日照時間が短く積雪の多い冬期間のフーソー道路は想像以上に住民の日常生活の維持を困難化していた。こうした道路問題は、コミューン内における地域間格差の象徴である。フーソー道路問題は、その後もしばしば定例会議で取り上げられ道路局への上申が続けられ、現在は一部ではあれパーマネント舗装が実現されている。

4-2（2）　小学校の廃校活用問題

　フーソー集落自治会の定例会議で最も多く取り上げられ、議論されてきたのは、フーソー小学校の廃校後の活用対策である。

1999年、われわれが初めてフーソーを訪れた時は、フーソー小学校には1年生から6年生まで11名の生徒がいた。この11名を男の校長先生と女の先生の二人が複式学級方式で教えていた。午前中は9時から12時まで、昼は全員で給食。午後は1時から2時までの授業である。英語は1年生から学習カリキュラムに組まれている。調査中、われわれは1日だけ教室で折紙や日本の歌などを教え、子供たちと一緒に楽しいひと時を過ごした。2時過ぎると子供たちはわれわれの後についてきて、調査先の家々を案内してくれた。このフーソー小学校が、カル湖の対岸にあるフーソーから30キロメートル程離れたカル小学校に統合され、2002年廃校となった。このため、廃校となったフーソー小学校を集落の再生にどう活かしていくかが集落自治会の最大の課題となり、最初に取り組んだのが学校再開であった。

　2003年3月17日、集落自治会の委員会は、小学校開設の許認可権をもつカル地区委員会へフーソー小学校の再開許認可を申し出た。再開申し出理由の第1は、フーソーの教員経験者が中心になってヤルペンの住宅密集地の父母にフーソー小学校への意向調査を実施し、その結果、「フーソー小学校に移り緑豊かな自然に囲まれた環境の中で子供たちを学ばせたい」という10人の父母が学校再開に賛成し生徒が確保できたこと、第2はフーソーに現役も含め教員経験者が4人いることであった。しかし、カル地区委員会は「継続性に問題あり」として、フーソー集落自治会の申し出は許可されなかった。

　学校再開の道が閉ざされるなか、集落自治会はフーソー小学校をコミューンから譲渡してもらうべく何回も交渉を重ねた結果、コミューンはフーソー集落自治会へ「小学校の土地と建物を現状のまま売り渡す」ことを2004年7月7日に決定し、その日に売買契約し所有権移転の手続きが取られている。売買価格は1krで2004年度の年次総会では「フーソーは学校の土地と建物を安い価格で購入した」と報告されている。フーソー小学校が集落自治会所有になった後は、校舎を営業に活用する方向が議論され、シャワー室の設置、暖房費用が節減できる地熱設備の導入、障害者用トイレの設置など室内設備の充実が図られている。

2007年9月7日の定例会議では、墓石づくりの職人が校舎地下のボイラー室を、またベーカリーで働いているリトアニア人が校舎屋根裏部屋を借りたい旨の申し出があり、前者に月300kr（4,500円）で、後者に週400kr（6,000円）で貸すことが決定されている。2007年10月に入ると近隣の保育所から保育所拡張のため校舎利用の申し出があり、以降定例会議で毎回この課題が議論され、2008年2月21日に行われた2007年度の年次総会では「校舎の視察により特に大きな改築は必要なく保育所運営ができることになり仮契約を結んだ」ことが報告されている。また、2008年3月12日の定例会議では、保育所運営利用という「新事業がスタートしたため、自治会内に『学校責任者』という役名を設置する」ことが決定され、フーソー集落自治会は「校舎の営業的利用」志向を強めている。EUプロジェクトでフーソー館の南ウイングに建築完成され2007年7月8日にオープンした鉱山博物館の運営については入館料が13歳以上20kr（300円）に決まっているものの自治会ではまだ明確な方向を決めていない。

　以上、多岐にわたるフーソー集落自治会活動から、住民生活に直結するフーソー道路問題と廃校後のフーソー小学校の校舎利用の取り組み活動とをみてきたが、この活動について思うところを以下に述べておく。

　第1は、活動の核になっている定例会議の運営についてである。会議は月1度の定例会議と年間活動の総括を行う年次総会に別れている。定例会議は、前回の議事録が承認された上で会議に入り、議題にそって話し合いそれを議事録として必ず残す。話し合いで出てきた問題は、内容によって誰がどこへ上申していくのかを決め、次回までにその経過と結果が報告されている。これは住民自治の基本であり、道路問題の取り組みにこの点が良く示されている。こうした会議の運営は長年の協同組合活動から身につけてきたもののように思われる。

　第2は、フーソー小学校の校舎活用の活動についてである。自治会の取り組みは学校再開から始まっているが、再開の道が閉ざされて以降、活動はかつてのスキーリフト組合の延長線上を走るように定例会議では会計係から「校舎活用の営業収支」が報告され、経済中心型営利組合志向に特化してい

る。集落の利益を追求することは重要であるが、そこへ特化していくことにより「地域社会の発展」を志向する目が閉ざされ、育ってこないところに問題がある。

　第3は、集落自治会の担い手の高齢化にかかわる問題である。定例会議の参加者は長期に固定化された5名の委員を含め毎回6名～8名程で、年次総会でも10名～14名程である。年次総会の年間活動報告には「定例会議にはもっと多くの会員が参加することを望んでいる」、「集落の力は徐々に失われつつあります」などの言葉が散見されており、2008年には「会員数は近年減少してきており、会員の平均年齢は非常に高くなっている」ことが冒頭で報告され「状況は深刻です」と結んでいる。担い手の高齢化は人口希薄地域に共通する問題であるが、フーソーは「死ぬことを拒否する集落」を目指さなければならない。しかし、問題の根は深い。

第5節　人口希薄地域の集落再生とその課題

5-1　人口希薄地域が直面している問題状況

　フーソー集落の再生を考えるに先だち、改めて人口希薄地域、フーソーが直面している問題状況をみておく。フーソー集落自治会の運営委員会は、2004年度の年次総会で集落住民に次のような呼びかけをしている。

> 　1970年代末に始まったフーソーの野外劇を契機に80年代から90年代にかけフーソーは70人だった人口が100人を超えるに至りました。これは、スキーリフト組合とフーソー館組合が牽引力になり、多くの組合活動が活発化したからです。この時期は、フーソーの地域再生運動の高揚期といえるでしょう。しかし、今は集落の力が徐々に失われつつあり、何らかの対策が必要になっています。……だからフーソーに住んでいる住民が立ち上がらなければならないのです。さあ、この先どう進ん

でいくべきでしょうか。あなたの考えは……会議に参加し智恵を出し合いましょう。

　この呼びかけが行われた時期は、2000年幼稚園が閉園、2002年秋フーソー小学校のカル小学校への統合、2003年食料雑貨店（ICA）の閉店、2004年レストラン閉店と続き、フーソーの低迷期である。96年に107人と100名を越えたもののその後横這いから人口減少に転じ2009年には再び69人になり、住民の年齢だけが高くなっている。このためフーソーは老人夫婦世帯と独居老人世帯が大半を占める状態にある。この点は前述した世帯調査に明瞭に示されている。また、高齢化にかかわって言えば集落自治会を担う担い手の高齢化問題も深刻である。こうしたフーソーが抱える問題状況は、日本の山村にみる限界集落が直面している問題そのものであり、日本の限界集落は消滅集落への一里塚を刻みつつある。しかし、フーソーは「死を拒否する集落」の道を目指そうとしている。では、こうした問題状況にあるフーソーの集落をどう再生したらよいのだろうか。

5-2　2つの地域資源

　フーソーには、集落を再生していくために重要な地域資源が2つある。その1つは、言うまでもなく「自然の景観美」である。先に紹介したところであるが、フーソーの自然に魅せられエステルスンド市から転職してきたE氏（49歳）は「フーソーは信じられない程自然が豊かで、この自然は人間が健康な暮らしをする上で大切な資源である」と言っている。これは、〈人間と自然〉がともに豊かに暮らせるところ、それがフーソーだということをわれわれに教えている。そのためには、「オーレ地区にみるような外部からの観光資本を入れて賑わいのある観光地にしていくマス・ツーリズムの方向を取るのではなく、フーソーならではの自然を生かしたエコ・ツーリズムを振興していく道を考えることが大切だ」と、フーソーが進むべき方向性を示唆している。この指摘はフーソーに取ってきわめて重要である。フーソー集落自治会は外部資本の導入はフーソーの自然破壊につながるとしてこれまで一

貫して外部資本の進出を拒否してきた。その意味では、ここに示された方向性は集落自治会と軌を一にするものである。ただ自治会はエコ・ツーリズムの具体化が描けないまま今日に至っている。

2つ目は、鉱山の歴史にまつわる建造物である。フーソーには鉱山開発が隆盛をきわめた19世紀、家族を含め600人の鉱山労働者がいたと言われているが、当時の鉱山労働者の生活拠点になっていた小屋が遺されている。また、1834年に建設された鉱山経営者の豪華な館が、フーソーの象徴として維持・管理され現在も遺っている。これがフーソー集落自治会所有となり「フーソー館」としてレストラン経営者等に貸し出されてきた。このフーソー館の南ウイングには2007年鉱山博物館が建てられ、鉱山の歴史・文化遺産が展示されている。これらの建物のすぐ近くにフーソー住民が子供の頃通った小学校が建っている。廃校になったとはいえ、集落自治会所有になり、自治会活動の重要な拠点になっている。

以上にみる自然の景観美と歴史的文化的建造物は、フーソーに取って重要な地域資源である。問題は、これらの資源をどう活かすかである。

5-3　人と自然の「カントリーミュージアム」

歴史的建造物群と自然の景観美は「死を拒否する集落」に取って重要な地域資源である。フーソー館、鉱山博物館、小学校、少し離れた山へ向う途中に古色蒼然とした鉱山労働者の小屋がある。フーソーのエリアには、こうした建物群とこれらの建物を守り続けてきたフーソー住民の家々が点在している。どの家も鉱山から出るファーレンレッドと呼ばれる赤褐色の土で壁が塗られており、牛や山羊が草を喰んでいる牧草地のグリーンと家々が独特の景観美を醸し出している。

オーレスクターン山の斜面から麓にかけて拡がる針葉樹の森とフーソー川の両側に拡がっている牧草地。その下にカル湖を望むこの景観は実に素晴らしい。歴史的建造物と住民の家々が、森と湖に囲まれた大自然に溶け込みフーソーの地域全体が大きな天然のミュージアムになっている。ここでは、この地域全体を「フーソーカントリーミュージアム」と呼ぶ。学芸員はフー

ソー集落の住民であり、それを統括するのは集落自治会である。フーソーでは、観光地化されマス・ツーリズムを主流とするオーレ地区には出来ない本当の自然が好きな人たちを対象にした、フーソーならではの自然を生かしたエコ・ツーリズムをカントリーミュージアムを舞台に展開し、人と自然がともに豊かになることの大切さをビジターに学んでもらう。その意味で、カントリーミュージアムは〈人と自然〉学の重要な学習現場である。

　歴史的文化的建造物群とそれを包摂している大自然という舞台のなかで人間と自然の関係性、そのあるべき姿を学ぶことは、エコ・ツーリズムの本質である。この舞台づくりに着手すること、これがフーソーの新しい地域再生運動の第1歩である。その第1歩が急がれるところである。

5-4　人口希薄地域再生モデルの創造―結びにかえて―

　最後に、フーソーの集落再生に向けた「フーソーカントリーミュージアム」の内容を整理し、今後の課題を述べておく。

①　地域資源と2つのコース

　フーソーにおける集落再生の出発点は住民の地域資源に対する認識にある。日頃住民はフーソーの地域資源を素朴な漠然とした愛着でもって接している。そうした状況から地域資源を明確な目的意識をもった対象としてとらえる状態、an sich から für sich にまで認識を深化させる必要がある。このためには、レストラン経営者の指摘にみるように内なる眼だけでなく「外なる眼」の重要性を知ることが大切である。

・歴史的文化的建造物と史跡

　集落内に点在している既存の建物と史跡を点から線へと結び、鉱山の歴史から始まり野外劇場や現在閉店している食料雑貨店、廃校の小学校までをつなげ、フーソーの歩みをストーリーにする。これは「歴史・文化的社会」コースである。

・自然の景観美と自然生態系

　山と森と川、そこに拡がる採草地、放牧地、そして湖。こうしたそれぞれのビューポイントを結ぶコースを徒歩や馬でトレッキングし、フーソーの

「自然の景観美」全体を俯瞰するとともに、それぞれ山・森・川・湖が自然生態系としてどうつながっているのかを考える素材にする。これは「景観的エコシステム」コースである。

② 「フーソーカントリーミュージアム」とその社会的役割

山・森・川・湖の自然景観美のなかに歴史的建造物・史跡やファーレンレッドの家々が配されているところの地域全体が「フーソーカントリーミュージアム」を形づくっている。ミュージアムを舞台に2つのコースから帰ってきたビジターは、小学校の校庭に張られたテントの中でひと休みした後、教室で地元の学芸員とフーソーの2つのコースを題材に人と自然がともに安心して暮らしていけるところについて話し合う。そのなかで、〈人と自然〉がともに安心して暮らしていけるところとして、フーソーには何があって何が欠けているのかを話し合う。「フーソーカントリーミュージアム」は、〈人間と自然〉が共存していく具体的な地域社会の創造を学び合う学習館である。これが、現代的視点からみたこのミュージアムのもつ社会的役割である。

③ ミュージアムの運営

ミュージアムの運営は、フーソー集落自治会が受けもち、自治会のなかに広報・運営全体を統括する学芸担当の役職を設置し、ミュージアムの広報活動、ビジター募集、さらに旅行会社とのタイアップなどを検討する。宿泊は夏場であれば、校庭でテントを張り自炊あるいは学芸員の家に民泊し交流を深める。

④ 人口希薄地域再生モデルの創造

現代の地域開発、観光開発は利潤追求・経済優先の論理＝エコノミーと自然を守り持続的に保全していく自然生態系の論理＝エコロジーが鋭く対立しつつも前者が後者を駆逐し、自然破壊を欲しいままにしてきている。それゆえ、エコノミーとエコロジーの対立を超えていくことが、現代に生きるわれわれに課せられた大きな課題である。それゆえ、そこに問われる「開発」とは、自然を犠牲に経済的物質的豊かさを獲得することではなく、〈人間と自然〉がともに豊かになる地域を創造していくことであり、これが現代

に生きるわれわれにとっての真の「開発」である。

　「フーソーカントリーミュージアム」は、エコノミーとエコロジーの対立を超え、それを止揚し〈人間と自然〉がともに豊かになる地域創造の内的萌芽をもっている。それは、フーソーが次の2つの条件をもっているからである。第1は、フーソーがこれまで一貫して外部資本の進出を拒否し、美しい自然を守ってきている点である。第2は、地域再生運動の高揚期から低迷期に入り、課題山積している集落自治会ではあるが、フーソーは自分たちの地域を自分たちの手で再生していく自主的、主体的な地域再生運動を展開してきており、外部資本に頼らない内発的発展の道を歩み続けている点である。この2つの条件を持っているからこそフーソーは「フーソーカントリーミュージアム」を舞台に、エコノミーとエコロジーの対立を超えて〈人間と自然〉がともに安心して暮らせる豊かな地域を創り出す新しい地域再生運動の第一歩が踏み出せるのである。

　この「フーソーカントリーミュージアム」が具体化すれば、フーソーはスウェーデンにおける人口希薄地域再生のニューモデルとなり、地域間格差に悩む人口希薄地域の人々に希望の光を灯すことができる。フーソーの長期にわたる調査研究に携わってきた者として、その実現を1日も早く見届けたいものである。

第5章 「社会的企業」による地域づくり活動と住民自治
―クロコム・コミューンのトロングスヴィーケン地区を事例として―

小内　純子

第1節　はじめに

1-1　本章の課題

　スウェーデンの中西部に位置するイェムトランド県は、国内有数の人口希薄地域であり、1980年代から地域再生運動に積極的に取り組んできた地域として知られる（第2章参照）。しかし、イェムトランド県では1990年代後半から、再び人口が減少に転じ、新たな活性化策が求められる段階に至っている。このような地域にあって、現在、「希望の星」と形容される地域再生活動を展開している地域がある。それがトロングスヴィーケン地区である。例えば、トロングスヴィーケン地区の活動は、2005年に欧州委員会によって、地方の雇用の創出に成功した事例として、EU内の10のすぐれた実践例の1つに選ばれている（IDELE, 2005）[1]。

　この地域の活動が注目を集める理由の1つは、地域づくりの母体がトロングスヴィーク社（Trångsviksbolaget AB）という株式会社である点にある。株式会社を「社会的企業」に含めるかどうかは論争があるところではあるが（東京・大阪・熊本実行委員会、2006: 28）、後に詳しくみるように、（株）トロングスヴィーク社は、その結成に至る過程からみても、そのミッションからみても社会的企業とみなすことは妥当であると考えられる。スウェーデンに

おいて、(株)トロングスヴィーク社のように株式会社形態をとる社会的企業が、地域づくりの母体となるケースは多くはなく、むしろ希有な存在である。スウェーデンにおいてサードセクターといえば、やはり協同組合がその代表である。

それゆえ、本章の課題は、トロングスヴィーケン地区が、どのような過程を経てEU内部で注目されるような活動を展開するようになったのか、そのなかで(株)トロングスヴィーク社はいかなる理由で結成されるに至ったのか、また活動の現状と今後の課題はどのような点にあるのか、といった点を明らかにすることにある。

1-2　スウェーデンにおける社会的企業

ここで簡単にスウェーデンにおける社会的企業についてみておきたい。

社会的企業に関しては、いまだ定まった定義はないと言われている（塚本・山岸、2008: ⅲ）。社会的企業という用語は、ヨーロッパにおいて1990年代半ばから用いられるようになった。それまで、サードセクターの多様な側面については、主に非営利セクターや社会的経済という概念で捉えられてきた。しかし、これらの概念は、一般的・包括的であり、かつ静態的であるという限界を有しており、サードセクターがもっている「根底的な活力の把握にとってあまり有効ではない」と考えられるようになる（Borzaga and Defourny, 2001=2004: 16-17）。そこで、こうした限界を超え、現在の活力ある取り組みを、動的に把握するために社会的企業という概念が導入されてきた。

塚本らによると、現在、社会的企業に関する研究には2つの流れがあるという。すなわち、ヨーロッパの研究者は、組織のハイブリッド的側面や社会連帯的側面に焦点をあてるのに対して、アメリカの研究者は、企業家的な側面、特に個人としての企業家精神に焦点をあてる傾向がある。組織のハイブリッド的側面の研究とは、組織の活動における「営利」的側面と「非営利」的側面の組み合わせに関する研究であり、社会連帯的側面とは、社会的排除問題の解消やソーシャル・キャピタルの形成に果たす役割に関する研究を意味している（塚本・山岸、2008: 24-26）。

ヨーロッパに位置するスウェーデンにおいても、この指摘は非常によく当てはまる。特に、スウェーデンでは、社会的企業に対して、社会連帯的側面への貢献を期待する傾向が強いように思われる。例えば、地域開発にかかわる国の機関であるスウェーデン産業・技術開発庁（NUTEK）関連のHPでは、「社会的企業―労働市場への道」という項目において、2005年のスウェーデンの統計を用いて、「35万人の60歳以下の人が早めに年金を得ている。13万人が、社会保障費や国の補助金で生活している。10万人が、1年以上病人のリストに載っている。3万6千人が、2年以上失業している。2万6千人が、服役、ホームレス、または中毒状況に置かれている」という事実を指摘し、彼/彼女らを再び労働市場に包摂することを社会的企業の役割として説明している。この場合、社会的企業として想定されているのは社会的協同組合である（Borzaga and Defourny, 2001=2004: 295-316; ストルイヤン、2003）。このようにスウェーデンにおいて社会連帯的側面が重視される理由は、社会的排除への対策が、経済政策や社会政策上の重大で、緊急の課題になっているためであると考えられる。

　ところで以上の定義に従うと、スウェーデンにおいて、(株)トロングスヴィーク社は社会的企業とはみなされていないことになる[(2)]。社会的連帯の推進を最大のミッションに掲げているわけではなく、かつ株式会社形態をとるからである。しかし、各国の定義を検討してみると、より広い視点から定義されていることがわかる。例えば、イギリスの貿易産業省（DTI）では、社会的企業を、「社会的目的を優先するビジネスであり、株主や所有者のための利潤最大化というニーズに動機づけられるのではなく、むしろその剰余は主としてビジネスやコミュニティの目的のために再投資される」という特徴を有する組織（塚本・山岸、2008: 42-43）と定義されている。本章では、社会的企業の可能性を狭く限定しない方がいいという立場から、DTIの定義に従うことにする。この定義によれば、(株)トロングスヴィーク社は、最大のミッションを、「地域社会の発展」「村の利益の追求」においており、間違いなく社会的企業とみなすことができる。さらに、イギリスでは、社会的企業のなかでも、社会的目的をコミュニティに限定した範囲で行う組織をコ

ミュニティ企業と呼ぶことがあるが（西山・西山、2008: 56）、(株)トロングスヴィーク社は、まさにイギリスで言うところのコミュニティ企業の1つと言える。

1-3　本章の構成

それでは、以下、課題へのアプローチを行っていくが、その際、時期区分に即し、3期に分けて考察を進める。トロングスヴィーケン地区は、1998年から2005年の間、EUの構造基金[3]を受けて、プロジェクト活動を展開しており、その成功によって国内はもとより、EU内において広く知られるところとなった。しかし、EUプロジェクトの成功は、プロジェクトが始まる以前から蓄積されてきた社会関係資本やコミュニティセンター建設の活動があってこそもたらされたものである。従って、第1期はEUプロジェクトが開始される1998年以前の段階について考察する（第2節）。第2期は、EUプロジェクトが展開される1998年から2005年までである。この8年間の活動を総括し、その成功要因についての分析を試みる（第3節）。2006年からのEUプロジェクト以後が第3期である（第4節）。このポストEUプロジェクト段階の活動は、現在EUでも大きな課題となっている。先のIDELEレポートでは、10の事例を検討したうえで、1つの課題として、EUプロジェクト後の財政問題をあげている。つまり、多くのプロジェクトはEU資金によって支えられてきた面が大きく、プロジェクト終了後の活動の継続にとって財政面に不安があることが指摘されている（IDELE、2005: 35）。プロジェクト終了から数年しか経過していないが、ポストEUプロジェクト段階に、トロングスヴィーケン地区の活動が、どのような方向を目指しているのかという点に注目してみる。

第2節　第1期:「歴史的社会資本」の蓄積とコミュニティセンターの建設

2-1　トロングスヴィーケン地区の概況

2-1（1）地区の概況

　イェムトランド県は8つのコミューンから構成されており、トロングスヴィーケン地区は、その1つであるクロコム・コミューンの南部に位置している（図5-1）。イェムトラド県の県庁所在地エステルスンドからクロコムを経てヤルペン、オーレ、そしてノルウェー国境まで至る横断道路E14号線沿いにあり、エステルスンド市まで約40km、オーレ・エステルスンド空港からも車で約30分と、中西部の人口希薄地域にあって相対的に交通の便に恵まれている地域である。当地区は、モー/トロングスヴィーケン、エーデ/ロンニングスベリ、オーセ/トロングという3つの集落自治会（ビアラーグ：byalag）からなり、行政単位ではないため統計的に正確な数は公表されていないが、各種資料によれば、地区内の世帯数は約300、人口は700人と言われる。

　現在、当地区は、中小企業が集積する地域として知られている。わずか人口700人というこの地域に、2007年現在86もの企業が集積している。企業の多くは規模が小さい零細企業であるが、なかには世界的に有名な中堅企業も数社含まれており、現在も新しい企業の転入や開業が続いている。また、当地では小学校の段階から企業家養成のための教育に力を入れており、小学校は「起業学校」とも呼ばれている。このように当地域は現在活気に満ちており、転入を希望する人や企業も多い。そのため企業に対しては2軒目となるインダストリーハウス（工場が数社入居する建物）の建設が行われ、また一般住宅の建設計画も進められている。このようにスウェーデン中西部の人口希薄地域にあって、トロングスヴィーケン地区は、例外的に活況に満ちた状況にあり、これは以下でみていくこれまでの地域づくり活動の成果に

図5-1　イェムトランド県クロコム・コミューンとトロングスヴィーケン地区の位置

負うところが大きい。

2-1（2）主な中小企業

　ここでトロングスヴィーケン地区の代表的な中小企業について簡単にみておく。現在、当地区を代表する企業は、トランギアとミニチューブの2社である。ともに従業員約20人を抱え、この地域では規模の大きな企業である。このうちトランギアは、携帯用調理器具の製造と販売で世界的に知られる企業である。創業は1925年と古く、今日まで同族企業として推移してきた。現在3代目が経営にあたっている。創業当初は、鍋やアルミ製牛乳缶などを製造していたが、1951年に携帯用調理器具の製造を開始して成功を収めている。一方、1971年に創業したミニチューブも世界的な知名度をもつ。体温計用の減菌使い捨てパッケージ、コインチューブ、紙幣の帯封、CDの紙ケースなどを製造し、製品をヨーロッパ、米国、オーストラリア、極東に輸出している。創業時マネージャーだった現社長が1977年に会社を

買い取り現在に至っている。当地に集積する企業のなかでも革新的な企業として知られる。

さらに、イェムトランド県内を中心にスウェーデン中北部に販路を確立し、地元の住民に親しまれている食品メーカーとしてトロングスヴィーケン製パン（従業員10人）とトロングスヴィーケン精肉（ソーセージ製造販売）がある。創業は前者が1924年、後者が1932年とともに古いが、いずれも何回か経営者が変わっており、現在の経営者の成功によって事業を拡張している。トロングスヴィーケン製パン(株)はスウェーデン中北部では4番目に大きいベーカリーであり、トロングスヴィーケン精肉(株)は1988年に現経営者が事業拡張して以降、2年間で売り上げを倍増させた実績がある。

その他に、近年急成長している企業が、ニコフリー社とトロングスヴィーケンクリーニング(株) である。ニコフリー社は、ニコチン抜きの嗅ぎタバコ"チョイス"を製造する会社である。最近進出してきた企業であるが、わずか1年間で従業員が15人に増え、急成長を遂げている。また、後者は業務用のクリーニングの会社で、近隣のスキー場のホテル等を顧客として成長しており、従業員は10人程度であるが、繁忙期には20人ぐらい雇い入れている。さらに、近年の建設需要の増大で建設会社が成長しており、1980年代初めに2人で始めた（株）トロングスヴィーケンビッグは、いまや40人の従業員を抱える企業に成長している。

2-2 新しいコミュニティセンターの建設

それでは第Ⅰ期のEUプロジェクトが開始される1998年以前の段階についてみていこう。トロングスヴィーケン地区の地域づくり活動の出発点は、1992年に公式オープンしたコミュニティセンター（写真5-1）建設に向けての運動の開始に求めることができる。このコミュニティセンター新設の話しが持ち上がったのは1980年代初めであり、直接的には、ここから現在に連なる地域づくり活動がスタートする。

トロングスヴィーケン地区は、第二次世界大戦後、よりよい生活を求めて人々が他地域へ流出し、人口の減少を経験した。特に1960年代には人口の

写真5-1　現在のコミュニティセンター（吉澤撮影）

大幅な減少が進行する。そのため1970代年にはコミューンが工業用建物や住宅建設に力を入れるようになり、それによりこの時期に一旦、人口流出に歯止めがかかった。しかし、1980年前後には、図書館、幼稚園、コミュニティセンターといった諸施設の老朽化が進み、ICA（スーパーマーケット）[4]が閉店する話も進行していた。多くの住宅が取り壊される予定となっており、小学校の存続も危ぶまれ、企業、郵便局、銀行などの撤退も取りざたされていた。スウェーデンの人口希薄地域では、とりわけICAと小学校の閉鎖は、地域社会の存続にとって致命的と言われており、それだけに当時の地域住民の危機意識は、相当大きなものであった。

　こうした状況において現状打開に向けて具体的な活動に乗り出したのが、古いコミュニティセンターを管理していたコミュニティセンター組合（bygdegårds förening=Community Centre Association）であった。ただし、当初はこの計画に賛同するものは少なく、ようやく計画が動き出したのは、コミュー

ンと教区が計画に賛同した 1985 年のことである。後に、新しいコミュニティセンター組合の理事長に就任する N.B. は、この年を「雪解けの年」と回顧している。1987 年頃には、この活動を後押しする組織として企業家組合（företagareförening=trade association）が結成され、1989 年にようやく建築省の建設開始の許可がおりる。ここまでたどり着くのに約 10 年を要したことになる。工事は 1991 年 3 月 1 日に開始され、1992 年 2 月 29 日に竣工、新しいコミュニティセンターが公式にオープンした。

　この新しいコミュニティセンターは極めて先進的な内実を備えていた。まず、多様な機関を一箇所に集めた点で画期的であった。2,100 ㎡のスペースに、現在、保育所、学童保育、郵便局、銀行[5]、レストラン、老人施設、集会所（体育館）、図書館、青少年余暇センター、デイケアセンター、教会の礼拝堂、音楽室、IT 施設など、全部で 14 種類の機能が収められている。小学校は隣接の別の建物にあるが、音楽室、体育館、食堂はコミュニティセンターの施設を利用しており、校舎の一部の役割も果たしている。当時これだけの諸機関を一箇所に集めたコミュニティセンターは全国にも見あたらず、国のテストプロジェクトに位置づけられていた。

　建設のための費用は総額 2,530 万 kr で、建築省（910 万 kr、36.0%）、クロコム・コミューン（620 万 kr、24.5%）、地域の住民（180 万 kr、7.1%）で分担し、残り 820 万 kr（32.4%）、はコミュニティセンター組合のローンで対応した。

　ただし、ここで注目する必要があるのは、この他に、現金に換算すれば 200 万 kr になると言われるほど大きな労働提供が住民よってなされたことである。例えば、古いコミュニティセンターの解体作業は、請負企業を自営する地域住民が無償で行った。1990 年の秋には、個人及び企業が約 3,000 平方メートルにおよぶ地盤の粉砕作業を請け負った。そのうちの一人は道路局で働いている岩盤爆破作業士であったが、彼は、週 2 回の有給を犠牲にして粉砕作業に従事した。集落自治会の協力も大きい。各集落自治会から 100 人程度集まり、建築、内装、庭造り、草刈りなどを担当した。また、地域の農民たちは霜から地面を保護するために 25 トンの藁を寄付している、

等々である。この住民による労働提供に関しては、現在も「自分たちの誇り」として語られることが多い。まさに地元の企業や住民によるコミュニティセンターづくりが行われたのである[6]。

2-3　コミュニティセンターの運営とコミュニティセンター組合

　1992年に完成したコミュニティセンターは、新しいコミュニティセンター組合が所有者となり、運営全体の責任を持つことになる。郵便局員が、図書館員を兼任し、さらに教会、スポーツ組合、企業家組合の業務の一部を引き受けた。レストランの経営と建物の清掃・管理は、メンバーでもある一企業に委託された。コミュニティセンターには有給の従業員をおかず、運営・管理はすべて住民によるボランティアで行う体制がとられた。

　運営費はコミュニティセンターの賃貸料によって賄われた。床面積の約8割は貸し出されており、その最大の借り手はコミューンであった。コミューンは、小学校の諸施設や保育所、学童保育、老人施設などに対し賃貸料を支払った。他にも郵便局、教会、レストランなどから賃貸料が入ってきた。賃貸料以外では、約40社からなる企業家組合から毎年10万krの寄付を受けた。

　トロングスヴィーケン地区に居住登録している住民は、自動的にコミュニティセンター組合のメンバーとなる。住民は、コミュニティセンターの株を1株100krで購入することができた。また、株の購入の有無や労働提供の有無に関係なく、地域住民による部屋の使用料は無料とされた。同様に、毎年寄付をする企業も無料でコミュニティセンターを利用することができた。このように住民や企業の協力により建設されたコミュニティセンターは、その運営・管理においても住民がボランティアとして中心的に関わると同時に、利用に際しては地域住民や企業の利便が最大限に尊重されるかたちで運営されていた。

　その結果、コミュニティセンターは多くの住人や企業によって利用されるようになる。利用者は、最初の年が1万人、翌年が1.5万人と確実に増加した。とりわけ、レストランは小学校の食堂や地域で働く人の食堂も兼ねており、毎日多くの人が訪れ、インフォーマルな情報交換や交流の場として重要

な役割を担った。また、住民だけではなく企業同志を結びつける場としても機能した。

　このような特徴をもつトロングスヴィーケン地区のコミュニティセンターは、多目的センターの成功例として全国的に注目されるようになり、多数の見学者が訪れた。人口希薄地域に適合した様々な工夫がなされており、本物の「過疎スタイル」を手に入れたと評価された（Ronnby, 1995a）。

　以上のように、新しいコミュニティセンターの建設は、多くの機関を一カ所に集めることで、地域住民の活動拠点、交流の「場」を作りだしたという点で大きな意味をもっている。と同時に、10年間かけて住民自身によって作り上げてきた経験や、完成後に住民自身で運営してきたという実績が、大きな自信を生み出し、その後の活動の土台を築いたことも見逃せない。この経験があったからこそ、1998年から始まるEUプロジェクトによってさらなる飛躍をとげることができたのである。

2-4 「歴史的社会資本」の蓄積過程

　以上のようにトロングスヴィーケン地区のコミュニティセンターは、地域住民と地元の企業が力を結集して建設し、運営されてきたことがわかる。それでは、なぜこのような活動が、1980年代に可能になったのであろうか。ここでは、一旦歴史を遡り、地域再生運動が生まれてきた土壌を、「歴史的社会資本」の蓄積という視点からみておくことにする。トロングスヴィーケン地区の現在の地域づくり活動の出発点は、コミュニティセンター建設に向けての運動がスタートする1980年代初頭とみることができるが、実はそれ以前からの社会関係資本の蓄積の上に展開されたものなのである。

　社会関係資本とは、パットナムによれば、「人々の協調行動を活発にすることによって社会の効率性をたかめることのできる、『信頼』『規範』『ネットワーク』といった社会組織の特徴」とされる（Putnam, 1993=2001）。この社会関係資本は地域づくりにとっては必要不可欠な条件を構成する（小内、2007: 111）。ウェストルンドとフレーベルは、地域づくりの様々な段階において社会関係資本の異なる側面を区別することの必要性を指摘している

(Westlund and Fröbel, 2007)。「歴史的社会資本」もその1つで、活動が生じる前にすでに当該地域に蓄積されていた社会関係資本をさし、とりわけ地域開発過程の初期の段階にきわめて重要な役割を果たすとしている。トロングスヴィーケン地区の地域開発活動においても、この「歴史的社会資本」が果たした役割は大きい。その点を企業サイドと住民サイドの2つの面からみてみる。

2-4（1）企業の集積過程と社会関係資本の形成

トロングスヴィーケン地区に中小企業が集積してくる経緯は以下の通りである。

当地には、16世紀の中頃に、農業、狩猟、漁業を営む家族が居住していたとされるが[7]、大きく開発が進むのは19世紀の中頃に木材需要が増大して以降のことである。イギリスの産業革命によって工場や住宅用の木材需要が増し、スウェーデン中北部に広がる森林が注目されるようになったためであった。

1880年代前半には、イギリスから転入してきたルイス・ミラーによってミラー製材所がトロングスヴィーケンに設立されている。最盛期には約300人の従業員を抱える県最大の企業であった。この製材所の進出に先立ち、1881年には木材の運搬手段として鉄道が敷設される。これによって、木材が、ストール湖周辺から船で製材所に集められ、鉄道でノルウェーに運ばれ、そこからイギリスへ輸送されるというルートが確立される。ストール湖に隣接するトロングスヴィーケンには、木材の運搬に有利な港が存在し、近くに鉄道の駅もあったため、製材所の建設の適地とされた。つまり交通の要地に位置したために、製材所が作られ、すでにこの時代に、スウェーデン中北部で最も工業化の進んだ地域の1つに成長していく。

1900年にはマットマル製材株式会社が駅の東側に製材所を建設する。さらに、1903年にヤルペンの会社に最新の木材の牽引装置が設置され、これを契機に取引範囲を西イェムトランド全域に拡大し、木材産業は最盛期を迎える。この繁栄は1940年代後半まで続いた。

第 5 章　「社会的企業」による地域づくり活動と住民自治　149

　このように交通の要地というメリットを生かし、この時期に木材関係の企業の集積が進み、それに伴って労働者も集積してくる。ミラー製材所の周辺には労働者のために多くの住宅が建設された。こうした人口の集積は、他業種の企業の集積を促していく。現存する企業をみても、トロングスヴィーケン製パン(株)の初代経営者の開業は 1924 年、トランギア(株)を現経営者の祖父が開業したのが 1925 年、トロングスヴィーケン精肉(株)の初代経営者の開業が 1932 年となっている。

　木材景気は 1940 年代には陰をひそめ、ミラー製材所も撤収されるが[8]、それまでの企業の集積はその後も維持されていく。1951 年にトランギアが携帯用調理器具の生産に進出、1971 年にはミニチューブが創業され、地域再生活動が動き出す 1980 年代には、これに(株)マットマル製材を買収した(株)E.S. オーチャーロニー製材所[9]を加えた 3 社がこの地域の三大工場としてフル稼働していた。企業家組合が結成された 1987 年頃には、周辺集落を含まないトロングスヴィーケン集落に 35 の企業が存在し、「県内でもユニークな存在」として知られるようになっていた。

　以上のようにトロングスヴィーケン地区の地域づくりを支える企業家集団は、交通の要地という地理的条件を背景に、19 世紀中頃から当地に企業が集積してくるなかで形成されてきたものであることがわかる[10]。

2-4 (2) 住民組織の形成と社会関係資本の蓄積

　一方、コミュニティセンターの創設に関しては、住民組織も大きな役割を果たした。当地域の「歴史的社会資本」の蓄積に関しては、この住民組織の蓄積も見逃すわけにいかない。

　文書上にトロングスヴィーケンという名前が登場するのは 1878 年のことである（Nilsson, 1990）。木材産業が成長し、人々がこの地域に転入してきた時期と符合する。製材所の周りには労働者が集住、周辺には農家も増加し、次第に集落が形成されてくる。

　①住民運動と協同組合活動の歴史

　そうしたなかで初期の住民組織として活発に活動を開始するのが、若者を

中心とした禁酒運動の団体である[11]。1883年には禁酒団体の「ローゲン(Logen)」が設立されたのを皮切りに各地に禁酒団体が結成されてくる。1885年にはクラブハウスも建設され、1888年にはその一角に小学校も開設される。さらにクラブハウスは1906年に大ホールを増築し、当時この地方で最も大きい建造物となった[12]。この時代は「ローゲン」の会員も多く、活動も活発で、クラブハウスでは音楽の夕べなどの様々な催しが行われていた。1950年代には人口の減少により会員が減少し活動は衰退してしまうが、禁酒団体が初期の住民運動を牽引した。

生産者団体としては、乳製品組合が、1895年に各集落の農場経営者によって結成されている。乳製品製造所が設けられ、従業員と各農家が交代で毎日ミルクを製造所へ運搬していた。この乳製品製造所は、1940年代後半に県の乳製品組合に合併されるまで営業を続ける。

1906年には、酪農家たちが牛乳の値上げを要求したことで、消費者側から抗議がおこり、牛乳論争に発展する。これを契機に生産者と消費者の直接の話し合いが行われ、1908年には商業協同組合が設立されている。同組合は、1915年には生活協同組合(現在のKF)と提携し、以後年々事業は拡大していく。その後、コンスム・イェムトランドに合併されコンスム(Konsum=co-op)となるが、戦後には事業が低迷し、1970年代に閉店、ICAに引き取られ現在に至っている。

また、1920年には、農家によってトロングスヴィーケン農業銀行が、トロングスヴィーケンとその周辺地域のために設立されている。当時としては、スウェーデン中北部で初めての農業銀行であった。企業と個人が銀行に貯金をし、必要な人に資金を貸し付けるというもので、「地域の貯金を地域の発展に」をモットーにしていた。この銀行は1970年代に「協同組合銀行(Föreningsbanken)」と名前を変えたが、1991年まで独立して営業しており、その後現在のSwedBankに吸収されている。

スポーツ組合の結成も早い。1920年に結成されたスポーツ組合は、後にイェムトランド県の大きなスポーツアソシエーション(idrotts föreningen)の1つとなるトロングスヴィーケンIF(Trångsviken idrotts föreningen)に成長

する。当初はスキー競技が大半であったが、その後陸上競技にも力をいれ、スウェーデン陸上競技会でメダルを獲得する優秀な選手を多数輩出し、スウェーデンのスポーツ界でもよく知られた存在となる[13]。

　以上のほかにも、トロングスヴィーケンには、文化的な組合や政治的な組合が複数存在していると言われる。ペストフによれば、スウェーデンにおける最初の協同組合は1850年代の初めに結成され、1910年までに全国で5,000を超える協同組合が存在したとされる（Pestoff, 1991=1996）。トロングスヴィーケンでもこうした全国的動きと連動して、地域形成の早い段階から協同組合活動が展開されてきたことがわかる[14]。

②集落自治会（ビアラーグ）の結成と活動

　さらに、コミュニティセンターの設立に大きな役割を果たした組織として集落自治会（ビアラーグ）をあげなければならない[15]。トロングスヴィーケンとその周辺には、モー/トロングスヴィーケン、エーデ/ロンニングスベリ、オーセ/トロングという3つの集落自治会が存在している。われわれの聞き取り調査によれば、1880年代前半に製材所が進出する際、道路を作るための共同作業が行われ、それを契機に集落自治会の原型ができたとされる。その後、1950～60年頃に街灯をつくる運動がおこりそれをきっかけとしてアソシエーションが結成され[16]、その延長線上で集落自治会が組織化されていく。例えば、エーデとロンニングスベリは1950～60年代に組合を作って街灯をつける運動を行い、その後2つの集落で1つの集落自治会を結成している。街灯ができた後は、毎週土曜日に、その週を担当する集落自治会の集会所に集まって、街灯の電気代や修理代などの資金を集めるためのくじ引きが実施されたという。

　このようにトロングスヴィーケン地区には、地域形成の早い段階から協同組合や集落自治会といった住民組織が結成され、地域の様々な課題に協力して対応してきた歴史が存在することがわかる。中小企業の集積に加え、こうした住民間の社会的ネットワークの蓄積が、コミュニティセンターの建設という新たな課題に直面した際に、大きな力を発揮したのはある意味当然のことであった。以上のような「歴史的社会資本」の蓄積が、新しいコミュニ

ティセンター建設の際の原動力として作用していた。そして、コミュニティセンター建設の活動を通じて、次へのステップに向かう土台が作られたのである。

第3節　第2期：EUプロジェクトの実施期間

3-1　EUプロジェクトの開始

さて、非営利（ideell）協同組合であるコミュニティセンター組合を中心に企業家組合のサポートを受けて行われていた活動は、1998年にスタートするEUプロジェクトの実施過程で大きく変貌していくことになる。後述するように、(株)トロングスヴィーク社の設立もEUプロジェクトの開始に伴うものであった。

EUプロジェクトの期間は1998年から2005年の7年間で、その間に**表5-1**にあるような6つのプロジェクトが展開されている。1998年から1999年までが目的6、2000年から2005年までが目的1によるプロジェクトである。これは2000年にEUの構造基金に関する制度が改正されたことに伴う変更である。目的6とは、北欧の人口密度が極端に低い地域の発展及び構造調整を図るためのもので、目的1とは、構造基金の3つの優先目的分野のなかの1つで、後進地域の開発と構造調整を促進することを目的としている。いずれにせよ人口希薄地域や後進地域の開発のための基金である[17]。

トロングスヴィーケン地区が得た補助金総額は約1,477万kr、日本円で2億円前後のお金がこの7年間に開発資金として投入されている。全体の約43％がEUからの基金、22.7％が県、11.8％がコミューンからとなっており、残り約2割は地元の企業や個人の拠出金で占められている。

プロジェクトごとの補助金配分からみると、目的6の3つのプロジェクトに全体の約1割の142万krが、目的1の3つのプロジェクトに残り約9

表5-1　EUプロジェクトの概要

プロジェクト名	種類	実施年	補助金額	総額に占める比率
初期（予備）プロジェクト	目的6	1998年	390,000kr	2.6%
マーケティングプロジェクト	目的6	1998年	118,000 kr	0.8%
ITプロジェクト	目的6	1998-1999年	913,000 kr	6.2%
生活環境　第1段階	目的1	2000-2002年	6,001,000 kr	40.6%
ブロードバンド	目的1	2003年	4,500,000 kr	30.5%
生活環境　第2段階	目的1	2003-2005年	2,849,000 kr	19.3%
計			14,771,000Skr	100.0%

資料：(株)トロングスヴィーク社提供資料

割に当たる1,335万krが用いられている。補助金額からみて、1998年から1999年は導入期間であり、2000年以降に本格的なプロジェクトが進行していくことがわかる。

3-2　EUプロジェクトの導入期

3-2（1）目的6プロジェクト

　導入期の1998年から1999年にかけては、以下の3つのプロジェクトが実施された。

　1つめの初期（予備）プロジェクトでは、住民参加による地域開発が推進された。例えば、住民全体の話し合いのなかからモンスターを使った観光開発が提案された。これは、スコットランドのネッシーにあやかって自分たちで**写真5-2**のようなモンスターを作り、夏はストール湖に浮かべるというもので、モンスターに関する展覧会なども開催し、一時はマスコミにもとりあげられ注目を集めた。また、女性のための特別セミナーが開催され、女性の起業が勧められた。2つめはマーケティング・プロジェクトで、市場開拓のために、トロングスヴィーケン地区を中心にイェムトランド県全体を扱った宣伝用フィルムづくりに取り組んだ。3つめのITプロジェクトでは、住民向けのコンピュータ教育が行われ、100人以上の人がコンピュータの資格を取得している。

写真 5-2　ICA の屋根の上のモンスター（小内撮影）

3-2 (2) プロジェクト・リーダーの採用

　一方、EU プロジェクトの開始に伴い組織上の改編も行われ、プロジェクト・リーダーが採用された。従業員を雇わずボランティアで運営するというそれまでの体制では、プロジェクトに対応することが難しくなったからである。

　最初のプロジェクト・リーダーは C.A.（当時 38 歳）である。彼女は、イェムトランド県の県都エステルスンドにある中央スウェーデン大学の大学院生の時、トロングスヴィーケン地区の開発をテーマとした調査を行っている（Asplund and Carlsson, 1997）。（株）トロングスヴィーク社の初代社長の父親（当時スウェーデン産業省の大臣）に、この地域の将来の可能性に関する調査を依頼されたことがきっかけであった。それが縁で 1997 年にプロジェクト・リーダーに採用されている。

3-3　EU プロジェクトの大規模化と㈱トロングスヴィーク社の設立

　以上の導入期を経て、2000 年から大規模なプロジェクトが開始される。目的 1 プロジェクトは 3 つのプロジェクトによって構成されるが（表 5-1）、その中心的活動は、「生活環境第 1 段階」と「生活環境第 2 段階」を通じて取り組まれた (1) 各集落自治会（ビアラーグ）単位の住民参加による地域づくり活動と (2) 職場の維持・創出と雇用の確保の試み、及び (3) ブロードバンド敷設による情報環境の整備が行われた「ブロードバンド」プロジェクトである。3 つのプロジェクトの具体的な活動は以下の通りである。

　まず第 1 は、集落自治会単位の地域づくり活動である。トロングスヴィーケン地区には、オーセ/トロング、モー/トロングスヴィーケン、エーデ/ロンニングスベリという 3 つの集落自治会があるが、それぞれの集落では単独、あるいは共同して、以下のような活動に取り組んだ。

　①ヨー農場の改修と石灰博物館の建設

　オーセ/トロング集落自治会によって、ヨー農場の改修と石灰博物館の建設が行われた。オーセ/トロングはトロングスヴィーケン地区で最も早く開かれた地域で、ヨー農場は 1600 年代から続くこの地域の草分け的農家である。この農家の醸造用建物の 2 階部分を改修し、内部の設備を整え、建物の周囲も整備した。また、石灰博物館を建設し、展示物を整え、集落にとって石灰が如何に大切であったかを学習できるようにした。農場の周辺に散策コースをつくり、石灰博物館をはじめ観光スポットを示す標識を設置している。

　②カフェテリア・レストランの開設

　モー/トロングスヴィーケン集落自治会によって、鉄道の古い倉庫を整備し、内部にバーカウンター、テーブル、椅子を設置し、夏の間はカフェテリア・レストラン（サマー・カフェ）「マガジン（magasin：倉庫の意味）」として利用できるようにした。「マガジン」の周辺を整備し、蒸気船の船着き場へ向かって街灯を設置した。

　③水浴場の整備

　モー/トロングスヴィーケン集落自治会とエーデ/ロンニングスベリ集落

自治会によって水浴場が整備された。モーストランド湖畔のルルボーという自然キャンプ場・水浴場にテーブルやベンチを購入し、バーベキュー設備を整える。エーデチャーン湖の小さな水浴場に、ボートの接岸設備、バーベキュー設備などを設置し、湖畔に至る道を整備し、駐車場の拡張を行っている。

このように集落自治会単位に、地域に存在する資源を見直し、地元の人の余暇や観光に役立つような整備がすすめられた。日本の各地でみられるまちづくり活動と共通する点も多い。

第2は、職場の維持・創出と雇用を確保するための活動である。雇用の場の確保は、人口希薄地域が生き残るための最重要課題であり、今回のEUプロジェクトで最も力を入れた活動である。2006年に出された最終報告書によれば、プロジェクト期間中に以下のような成果をあげている。

①新たな雇用の創出

新たな企業の誕生や転入によって、新たに34.5人分（男20.5、女14）の雇用が創出されている。当初の目標4人分（男1、女3）を大きく上回る結果となった。コミュニティセンターにサービスオフィスが設置されたことによる雇用のほか、空き家になっていた事務所専用ハウスへのMELINK社（2002年11月）やノシュケ・スゴーグ社（2002年12月）の入居などが実現している。

②職場の存続と雇用の保持

撤退が予定されていた職場を存続させることによって、24.5人分（男16、女8.5）の雇用が保持された。例えば、以前の経営者が事業からの撤退を計画していたトロングスヴィーケン製パンを従業員の1人が引き継ぐことで10人の雇用が維持された。同様に撤退が予定されていたICAの経営も新たな後継者によって引き継がれ、3人の雇用が確保された。また、郵便局と銀行もプロジェクト担当者の交渉と努力により業務が継続され、職場として存続した。

③新たに設立された事業所

プロジェクト期間中に設立された新しい事業所は23にのぼる。男性経営

者によるものが15事業所、女性経営者によるものが8事業所となっている。

　このようにEUプロジェクト期間中に多くの雇用が維持・確保されたことが分かる。この活動において（株）トロングスヴィーク社が果たしてきた役割は大きい。銀行が融資を躊躇する場合でも、（株）トロングスヴィーク社は相応のリスクを負って支援をしたり、事業所の閉鎖や譲渡の話があれば仲介に乗り出すかたちで積極的に関わってきた。とりわけクロコム・コミューンが、1997年から1998年にかけて財政危機に陥り政府の直接の指導下に入ったこともあり、それ以降、当地域に関しては銀行がお金を貸し渋るという状況が続いており、その意味でも同社の融資活動は、地元企業の存続と雇用先の確保に大きな役割を果たした。

　第3に、情報環境の整備にも力が入れられ、ブロードバンド関連の設備に全補助金の約3割が投資されている。1,700時間余りのボランティア作業によってトロングスヴィーケン地区とその近くにある約90の建物が直接オンラインでつながることになった。このシステムは300の建物をファイバー接続することができるだけの機能を備えている。人口希薄地域にとって、地理的条件の不利を緩和するためにも、情報環境の整備は必要不可欠なインフラ整備の1つである。トロングスヴィーケン地区では、それをEUプロジェクトによって一気に整備したのである。

　以上のように、2000年以降、目的1プロジェクトが推進される過程で、集落単位の地域づくり、雇用の維持・確保、地域の情報化などの面で確実な成果が生み出されていく。その結果、トロングスヴィーケン地区は人口希薄地域における地域活性化の数少ない成功例として、国内外の注目を集める存在になったのである[18]。

3-4　（株）トロングスヴィーク社の設立と運営体制

3-4（1）株式会社の設立と運営主体の変化

　ところで2000年からの本格的なEUプロジェクトの開始に伴い、運営主体が大きく変わることになる。株式会社が設立されるのである。

1992年、コミュニティセンターが完成した当時、企業家組合には約60社が組織されていた。しかし、EUプロジェクトを推進していくには、より強固な組織が必要とされた。そこで、2000年に企業家組合を解散し、（株）トロングスヴィーク社が設立されるのである。資本金は当初は150万krで、2003年に120万krの増資が行われている。このように株式会社化することで、銀行や自治体に対してより強い交渉力をもつことができ、プロジェクト・リーダーへの給料の支払いも円滑に行うことができるようになった[19]。

　株主は、コミュニティの発展のために投資した企業、組合、および個人で構成されている。総出資額は271万6,000krで、表5-2は2004年現在の株主構成を示したものである。村内個人43、村内会社・組合16、村外個人24、村外会社・組合6となっており、全株主89のうち71（79.8％）は5,000kr（約8万円）以下の少額株主で占められている。筆頭株主は69万kr（全体の25.4％）の株を所有するコミュニティセンター組合である。この組合の組合員がこの地区の全住民であることを考え合わせれば、株主構成からみても、（株）トロングスヴィーク社が地域のための株式会社であることが理解できる。

　この（株）トロングスヴィーク社はEUプロジェクトの統括責任者である。図5-2は（株）トロングスヴィーク社とコミュニティセンター組合の関係を示したものである。株式会社側は、EUプロジェクトの推進、2つのインダストリーハウスやICAなどの不動産を管理するほか、企業誘致や会社創設の援助などが重要な業務となっている。

　一方、コミュニティセンター組合の役割は以前に比べて相対的に低下する。コミュニティセンター組合は非営利アソシエーションとして、住民から選ばれた幹部会のもとに事業責任者をおき、これまで通りコミュニティセンターの管理のほか、イベントやレストランの運営を担っていくことになる。コミュニティセンター内のレストランの運営は、当初他の企業に委託していたが、2003年にはコミュニティセンター組合が担当するようになる。より住民の意向を反映したレストランにするための変更といわれる。しかし、全体の活動量からみると、コミュニティセンター組合が果たす役割は大きく後退

表 5-2 ㈱トロングスヴィーク社の株式所有の現況（2004 年）

投資額	トロングスヴィーケン地区内			トロングスヴィーケン地区外		
	個人	会社・組合	計	個人	会社・組合	計
100kr	0	0	0	1	0	1
500	2	0	2	4	0	4
1,000	24	2	26	7	1	8
1,500	0	0	0	1	0	1
2,000	4	2	6	6	0	6
3,000	3	1	4	0	0	0
5,000	6	2	8	3	2	5
10,000	1	0	1	0	1	1
11,000	0	1	1	0	0	0
20,000	0	1	1	1	0	1
25,000	0	1	1	1	0	1
35,000	0	1	1	0	0	0
50,000	1	1	2	0	0	0
100,000	0	0	0	0	1	1
105,000	0	0	0	0	1	1
125,000	1	0	1	0	0	0
200,000	1	0	1	0	0	0
350,000	0	1	1	0	0	0
375,000	0	2	2	0	0	0
690,000	0	1	1	0	0	0
合　計	43	16	59	24	6	30

資料：㈱トロングスヴィーク社提供資料

したと言わざるを得ない。

　従って、トロングスヴィーケン地区の活動は、EU プロジェクトの開始に伴い、当初の住民ボランティアを中心とするコミュニティセンター組合による運営から、株式会社中心の運営に大きく転換することになる。「社会的企業」としての活動のスタートでもある。

3-4（2）プロジェクトの運営体制

　㈱トロングスヴィーク社が設立されると、P.A.（当時 43 歳）が社長に、プロジェクト・リーダーだった C.A. が副社長にそれぞれ就任している。C.A. はプロジェクト・コーディネーターを兼任し、新たにプロジェクト・

トロングスヴィーケン・コミュニティセンター組合　　　　トロングスヴィークス株式会社
　　　　　　（ideell förening）　　　　　　　　　　　　　（aktiebolag）

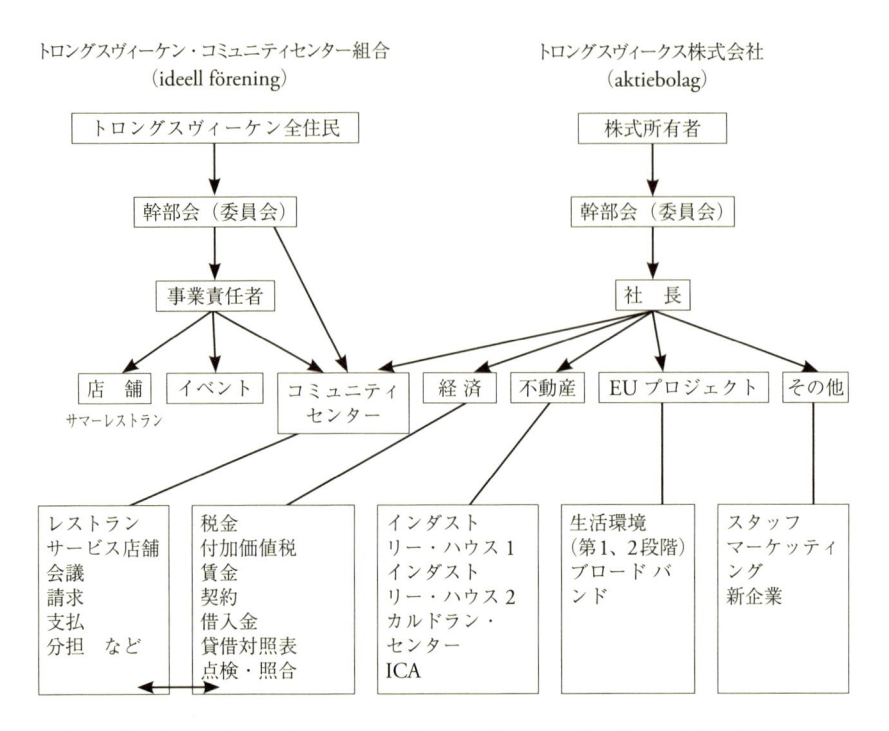

図 5-2　第 2 期のコミュニティセンター組合と（株）トロングスヴィーク社の関係図
注：矢印は指揮命令系統を表している。
資料：（株）トロングスヴィーク社提供資料（翻訳は筆者ら）

リーダーが採用され、2004 年 6 月には現在のプロジェクト・リーダーの R.U.(当時 30 歳) に引き継がれる。R.U. は、デンマークの大学で、プロジェクト・リーダーシップなどについて実践的に学んできており、専門的な知識を有した人材である。

　（株）トロングスヴィーク社の最高意思決定機関は年に 1 回開催される総会であり、経営管理は 12 人の理事で構成される理事会が担う。実際の活動は、社長、副社長、およびプロジェクト・リーダーを中心に運営される。プロジェクト・コーディネーターとプロジェクト・リーダーは、セミナーの開催、マーケティング、情報提供、および諸機関との連絡調整などを行う。財務については会社の会計が担当した。

また、3つの集落自治会から選ばれた3人が管理グループを結成し、管理グループとプロジェクト・リーダーの間で、月に1度、会合がもたれた。さらに、プロジェクト・リーダーが事務局を担当し、月に1度住民全体会議を開催している。参加者は自由に議論し、プロジェクト・リーダーがそれを集約し、決まったら手上げ方式でボランティアを募集、実行するというかたちで進められる。月に1度のこの会合は「水曜例会」と呼ばれ、平均20人程度の住民が参加するという。参加者は決して多くはないが、常に集落全体の意向を吸い上げるシステムを保持している意味は大きい。このように株式会社設立後も、集落自治会や地域住民との連携を密に取りながら活動を進める体制が取られた。

　一方、トロングスヴィーケン地区の活動は、外部機関から様々な支援を受けて進められた。先に指摘したように、EUプロジェクトの補助金の22.7%をイェムトランド県が、11.8%をクロコム・コミューンが負担している。また、クロコム・コミューンは、トロングスヴィーケン地区に所有していた建物を無償譲渡している。クロコム・コミューンとトロングスヴィーケンの間には長い期間をかけて良好な関係が築かれており、この他にもコミューンから有形無形の援助を受けている。このことがトロングスヴィーケン地区のプロジェクトの成功を後押ししてきた。

　また、当時県都エステルスンド市にあった労働生活研究所（ALI、2007年閉鎖）や中央スウェーデン大学との関係も深く、理論面での支援を受けてきた点も大きい。同大学の数名の教授はこの地域で研究を行っており、そこでの成果がプロジェクトの実践面にも影響を与えている。

　このようにトロングスヴィーケン地区の活動は、①地元住民の積極的参加、②プロジェクト・リーダーのリーダーシップと外部機関との仲介機能、③コミューンや大学など外部機関のサポートが、それぞれうまく絡み合って展開されてきたことがわかる。

3-5　EUプロジェクトの成功要因

　それでは、ここで本章の主な課題であるトロングスヴィーケン地区におい

てEUプロジェクトが成功した要因についてまとめておく。以上の分析を通して指摘できる主な成功要因は以下の諸点である。

第1は、「歴史的社会資本」の蓄積を生かした点である。前節でみたようにトロングスヴィーケン地区には、企業間の社会関係資本と住民間の社会関係資本が、地域形成の早い段階から蓄積されてきていた。それらがコミュニティセンターの設立運動からEUプロジェクトの実施過程を通じて、活動を支える大きな役割を果たしてきた。また、EUプロジェクトの事業そのものが、こうした「歴史的社会資本」を生かすかたちで展開された点も大きい。職場の維持・創出と雇用の確保や集落自治会単位の地域づくり活動は、まさにこうした「歴史的社会資本」を生かし、さらに強化する方向で作用している。また、株式会社設立後の運営も、常に住民全体の意向を汲み上げつつ進められてきている。

第2に、コミュニティセンターづくり活動の成果が、EUプロジェクトの成功の土台を築いたという面も大きい。1つには、この活動を通じて地域の力が結集され、さらにその成功で地域住民が自信を取り戻し、次のステップにも積極的に関わっていった点である。2つには、活動の拠点が形成されたという意味も大きい。人口密度が低い地域の場合、地域の人々が日常的に顔を合わせる場所が確保されていることは重要である。コミュニティセンターには14もの機能が集積し、利用する住民によっていつも賑わっている。特にレストランは、小学校の食堂と住民のレストランの両機能を備えており、地域住民や企業間の交流の場として大きな役割を果たしてきた。

第3に、状況に合わせて運営主体を整備していった点も重要である。とくに2000年に企業家組合を解散して（株）トロングスヴィーク社を設立した意義は大きい。それまでの非営利協同組合による運営を脱却して、株式会社形態を選択したのである。株式会社による地域づくりというあり方はスウェーデンでは一般的ではない。しかし、その後の活動内容、とりわけ企業の誘致や職場を維持・確保に力を入れていくためには、コミューンや銀行との交渉力を持つことは必要不可欠な条件であった。従って、株式会社化という選択は十分に適切なものであったとみることができる。

第４に、職場の維持・創出と雇用の確保にとりわけ力を注いだ点があげられる。単に新しい企業を誘致するだけではなく、現に存在する企業の事業継続の支援に力を注いだ点は特筆に値する。銀行が貸し渋る地域だけに、(株)トロングスヴィーク社の積極的な財政支援が果たしてきた役割は大きい。人口希薄地域にとって雇用の確保は最重要課題の１つであり、その成功が現在の活性化につながっていることは間違いない。とりわけ、ICA の撤収を阻止した意味は大きい。これは単に職場の維持というだけにとどまらない。地元にスーパーがなくなることが地域社会に与える影響は大きく、スーパーの閉鎖は、小学校の閉鎖と並んで地域衰退のバロメーターとも言われる。そうした施設の存続に力を注ぐ組織が存在することは、地域にとって心強いものである。

　第５に、有能なプロジェクト・リーダーを確保しえた点があげられる。前プロジェクト・リーダーの C.A. にしろ、R.U. にしろ、専門的な知識をもったリーダーを外部から迎えることに成功している。専門知識をもち、外部からの視点でプロジェクトの活動を客観視することができる人材の存在は、プロジェクトの成功に大きな力を発揮する。特に、C.A. はプロジェクトの最初から現在まで関わり続けており、活動の継続的発展という点でも大きな役割を果たしてきた。

　第６に、地域と自治体と大学の間に良好な協力関係が築かれたことがあげられる。労働生活研究所や中央スウェーデン大学との交流も頻繁で、専門的なアドバイスを受けられる環境にあった。また、クロコム・コミューンとの関係も密で、金銭面のみならず、様々な支援を受けることができた。

　最後に、これらの活動を支える財政的支援が EU や県などから得られた点がある。総額約 1,477 万 kr の補助金があってこそ、これらの成果をあげることができたことは言うまでもない。それだけに、ポスト EU プロジェクトの段階で、どのような活動を展開し得るかが大きな課題となることはあきらかである。

第4節　第3期：EUプロジェクト以降の現段階

さて、「はじめに」で指摘したように、トロングスヴィーケン地区のこれまでの活動は、IDELEプロジェクトにおいて、地方の雇用の発展に成功したEU内の10のすぐれた実践例の1つに選ばれるなど、国内外において注目されるようになり、見学者が後を絶たない状況も生まれている。だがその活動も、EUプロジェクトの終了によって、新たな段階に入っている。本節では、ポストEUプロジェクトの状況について検討していく。とはいえ、EUプロジェクトが終了してまだ数年しか経ていないため、離陸時点の評価に留まらざるを得ないことを先にお断りしておく。

4-1　活動のミッション─どう自己規定しているのか─

EUプロジェクトが終了した翌年の2006年に、(株)トロングスヴィーク社は、広報用の新聞を発行している。その広報紙には、(株)トロングスヴィーク社の活動目的が書かれており、そこから同社の活動のミッションを読み取ることができる。まずその点を確認することから始めよう。

以下は、広報紙において自らの活動について表現したものである。「(株)トロングスヴィーク社は、社会のコーディネーター及び原動力を与える触媒として機能している。(株)トロングスヴィーク社は村のコミュニティセンター組合を心臓とし、株式会社の財政を筋力にもつ企業である」、「(株)トロングスヴィーク社は地域社会の発展に尽力している企業である。顧問の紹介、アドバイスの提供及び経済的問題の解決に対する援助という3つの分野で働くことにより、町の企業発展に寄与している」、「(株)トロングスヴィーク社は、発展を手助けし、より多くの企業人・企業・企業活動を作り出してきた熱心な造園業者である」、「(株)トロングスヴィーク社は中小企業の温室として機能している」等々である。

すなわち、第1に、中小企業を育てるインキュベーター（培養器）としての役割を重視していることがわかる。もともとトロングスヴィーケン地区は

企業が集積する地域であったが、その蓄積を生かし、さらなる起業の支援に力をいれている。実際、(株)トロングスヴィーク社や地元企業がメンターシップ（助言者）の役割を果たし、必要に応じて、資金調達、人脈づくり、銀行や公共機関とのコンタクト、生産の拡大、マーケティングなどに関して助言したり、銀行の保証人になったりしてきた。今後も活動の中心は中小企業のインキュベーターとしての役割に置かれている。

第2に、こうした活動をあくまでも地域のために遂行していくというスタンスにたって実行している点である。広報紙のなかの、「社会のコーディネーター及び原動力を与える触媒」、「地域社会の発展に尽力している」といった表現からそれは読み取れる。また、会社の経営陣に対するインタビューにおいても、「村全体のことを考えてやっている企業である」、「村の利益を追求する企業である」という点を明確に述べている。

従って、(株)トロングスヴィーク社は、自らを「社会的企業」「社会的経済の担い手」と自覚しており、なによりも地域社会の発展を重視し、その方法として中小企業をインキュベートする活動に力を入れ、地域の雇用を確保することを重視する企業なのである。

4-2　ポストEUプロジェクトの体制づくりと新たな活動

4-2（1）運営体制の再編

ところで、EUプロジェクトの終了を目前にした2005年12月に、(株)トロングスヴィーク社では、再度、運営体制の再編が行われている。明らかにポストEUプロジェクトをにらんでの対応である。この再編を通じ、(株)トロングスヴィーク社に権限が集中する体制が決定的となった。

すなわち、それまではコミュニティセンター組合がコミュニティセンターの所有者であり、レストランやサービス店舗の他、「マガジン」と呼ばれるサマーカフェの運営にも責任をもっていたが、これらすべてがこの段階で(株)トロングスヴィーク社に移ることになる。その結果、図5-3にみるようにコミュニティセンター組合は、主に文化的なイベントを担当する組織と

```
      コミュニティセンター組合                    トロングスヴィーク株式会社
         (ideell förening)                         (aktiebolag)

      ┌──────────────────┐                    ┌──────────────┐
      │トロングスヴィーケン全住民│                    │  株式所有者   │
      └────────┬─────────┘                    └──────┬───────┘
               ↓                                      ↓
        ┌──────────────┐                        ┌──────────────┐
        │ 幹部会（委員会）│                        │ 幹部会（委員会）│
        └──────┬───────┘                        └──────┬───────┘
               ↓                                      ↓
        ┌──────────────┐                         ┌──────────┐
        │  事業責任者   │                         │  社　長  │
        └──────┬───────┘                         └──────────┘
```

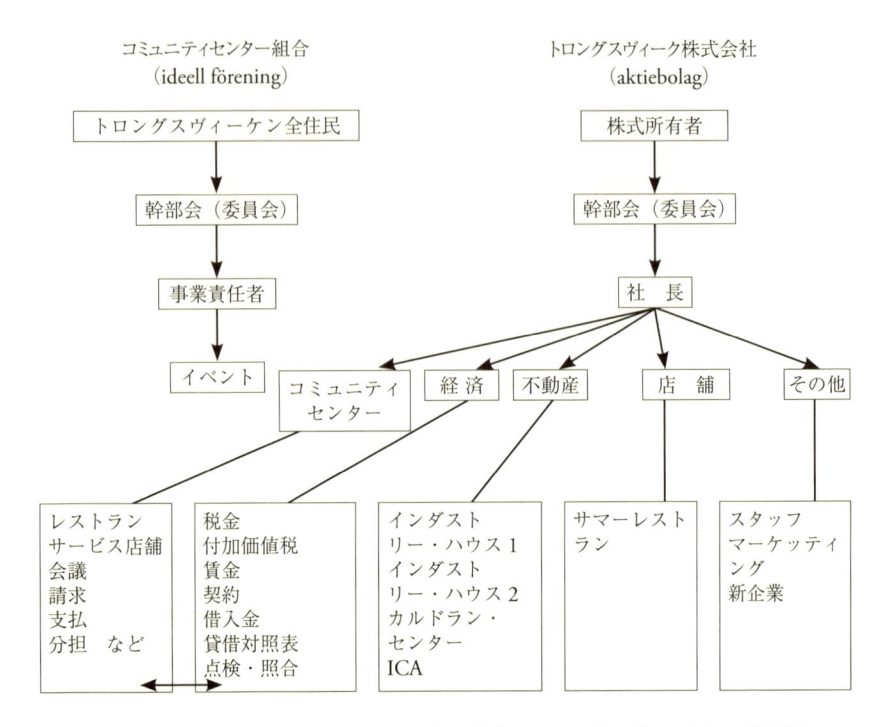

図 5-3　第 3 期のコミュニティセンター組合と（株）トロングスヴィーク社の関係図
注：矢印は指揮命令系統を表している。
資料：トロングスヴィーク株式会社内部資料（翻訳は筆者ら）

なり、その役割はさらに大きく後退する。

　再編話が持ち上がった当初、自分たちの力で作り上げてきたコミュニティセンターを株式会社に委ねることに対する住民の抵抗感は大きかったという。そのため、まずコミュニティセンター株式会社を作って、そこで約 1 年間（2004/12/7 ～ 2005/12/31）運営し、2006 年 1 月 1 日より、（株）トロングスヴィーク社へ権限を移行するという経過的措置がとられた。こうしてかつて非営利協同組合中心に行われていたトロングスヴィーケン地区の活動は、株式会社主体の活動に完全に移行する。（株）トロングスヴィーク社の経営陣は、その理由を、非営利協同組合が、建物を所有したり従業員を雇用したりすることに伴うリスクの大きさに配慮したものであると説明する。

表 5-3　コミュニティセンター（株）バランスシート（貸借対照表）

資産の部	kr	%	負債・資本の部	kr	%
固定資産	3,787,301	68.7	長期負債	3,779,750	68.6
流動資産	1,724,342	31.3	短期負債	1,431,609	26.0
			負債合計	5,211,359	94.6
			資本合計	300,284	5.4
資産合計	5,511,643	100.0	負債・資本合計	5,511,643	100.0

資料：クロコム・コミューン提供資料

表 5-4　コミュニティセンター（株）の経営状況

純売上高	3,876,761 kr
金融項目差し引き後の残高	236,702 kr
年間収入	102,184 kr
バランスシートの資産状況総額	5,511,643 kr
支払い能力	4.9 %
株主資本利益率	86.8 %
資本利益率	7.5 %

資料：クロコム・コミューン提供資料

　コミュニティセンター組合が大きなリスクを負っていたことは事実である。**表 5-3** と**表 5-4** は、コミュニティセンター株式会社時代の経営状態を示したものである。この段階で職員は 5 人（うち女性 4 人）。税金などを差し引いた年間収入は約 10 万 kr と黒字を計上しているが、バランスシートをみると負債・資本の部では、負債が約 95% を占め、支払い能力も低く、リスクの大きい経営となっている。経営陣の言い分を裏付ける結果を示している。

　こうして 2006 年 1 月に再編を終えた（株）トロングスヴィーク社の活動がスタートし、C.A. が社長に、R.U. が副社長にそれぞれ就任した。従業員構成は、社長、副社長のほか、会計、調理、掃除、用務員、郵便局 / 図書館（兼任）をそれぞれ担当する計 5 名を加え 7 人体制となり、これに数名のパートを雇用して運営することになる。

4-2 (2) 新たな事業の模索

①子会社の設立

（株）トロングスヴィーク社は、EUプロジェクトの終了と前後して、いくつかの新しい事業に乗り出している。その1つが子会社の設立である。

ここ1、2年の間にボラーグススミーディアン社とアントレプレナールスコッロ社という2つの子会社が組織されている。ボラーグススミーディアン社は、いいアイディアを持ちながらも、すぐに事業を興すことができない人たちを雇用する会社である。つまり会社がそのアイディアを評価した場合、この会社が彼/彼女を雇う。彼/彼女らは、地元の企業経営者などから助言を得ながら、自分のアイディアを事業化し、収入が得られれば利益の12%を会社に拠出し、残りを自分の給料として得るというシステムである。収入が得られなければ自分の給料もないが、失業保険へ加入することができるため、失敗した時のリスクが小さい。まずは雇われている立場で起業を開始し、軌道に乗った段階で独り立ちすることを目的としており、まさにインキュベーターとしての活動である。2007年9月時点で従業員は2人だが、もっとPRをして大きくしたいと考えている。

もう1つのアントレプレナールスコッロ社は、「企業家活動」「企業家精神」を学ぶイベントなどを行う会社である。2005年には「企業家活動」「企業家精神」を教えたり体験したりできる子ども向けのサマーキャンプを開始している。この年は、県内外から13歳から15歳までの子どもが25名参加し、2週間にわたって楽しみながら「企業家活動」「企業家精神」を学ぶサマーキャンプがトロングスヴィーケン地区で実施された。2006年には、2カ所、2007年には4カ所で開催されている。この活動は、トロングスヴィーケン地区以外の地方の子どもたちが「企業家活動」「企業家精神」を学ぶことができないのは不公平であるという意見を受けて行われるようになったという（Johansson, 2007: 63）。

また、2006年には、（株）トロングスヴィーク社の企画で「若い企業家たち」という大きなイベントがオーレで開催されている。2日間のイベントには全国から延べ2,500人の子どもたちが参加し、セミナーやワークショップ

を経験した。「企業家の育成」が（株）トロングスヴィーク社の1つのセールスポイントとなっていることがわかる。

いずれもトロングスヴィーケン地区のこれまでの地域活動の蓄積の上に組織された子会社であり、EUプロジェクト後の新しい収入源を目的としたものである。

②新たな事業の受託

一方で、（株）トロングスヴィーク社は、委託事業も開始している。例えば、イェムトランド県の行政機関から委託されて、イェムトランドのクレジット保証組合（KGF）の設立にも中心的に関わった[20]。これは地方で銀行からの融資を得にくい状況を改善するための組織である。イェムトランドクレジット保証組合は2006年4月に、約1億krを資金として設立され、200人以下の従業員を持つ中小企業を対象とした事業を開始している。組合への出資金は一口5,000krで、組合員は申請が認められると必要とする融資額の60%（最高金額90万kr）までの保証を受けることができる（Johansson, 2007）[21]。このように（株）トロングスヴィーク社は、これまでの活動を通じて信用を築いてきており、行政などから事業を委託されるようになっている。

③住宅不足の解消へむけた取り組み

先の2006年発行の広報紙1面は、「残念ながら、トロングスヴィーケン地区は住宅地も企業用地も今は一杯である。」という記事で始まっている。これ以上の住民や企業を受け入れるためには条件整備が必要になっている。とりわけ住宅建設は、長い間の懸案事項であった。一般的に人口希薄地域に住宅を建てる場合、銀行は100%の担保を要求するため、建設後に価格低下が予想される地域での住宅建設は、資金確保の点で極めて難しい状況にある。しかし、ようやく最近になってクロコム・コミューンの支援を受けながら住宅建設の計画が具体化してきている。

現在2ヵ所で住宅建設の計画が進行中である。1つは、湖の畔のかつて製材所があったところに20戸の賃貸住宅の建設が予定されている。「55歳プラス」、つまり子育て期が終わり、ちょっと質のいい住居を求めている年齢層をターゲットとした住宅である。もう1カ所は、コミュニティセンター

の近くで、11戸分の土地の分譲が予定されている。こちらはコミューン所有の土地の提供を受けている。

　こうした住宅建設は、(株)トロングスヴィーク社と住宅建設会社とコミューンの3者の協力で進められているが、(株)トロングスヴィーク社にもたらされる直接の経済効果はほとんどないという。人口が増えるということが地域に与えるプラスの効果のために、(株)トロングスヴィーク社はマーケティングや3者のコーディネートを担っているのである。(株)トロングスヴィーク社が、「村全体のことを考えてやっている企業」、つまり社会的経済を標榜する企業ゆえに重視している活動とみることができる。

4-2 (3) 経営状況

　ところで、EUプロジェクト後にとって、やはりもっとも大きな問題は財政問題である。EUプロジェクトの下で拠出されていた補助金が終わり、補助金なしでの経営が求められるからである。

　(株)トロングスヴィーク社のEUプロジェクト後の主な収入源は不動産収入である。コミュニティセンターの一部（保育所、学童保育、ケアワークなどの場所としてコミューンに貸与、礼拝堂として教会に貸与など）、それぞれに数社が入居する2軒のインダストリーハウス、事務所として4、5社に貸し出している事務所専用ハウス、スーパーマーケットICAの建物など全部で6つの不動産から収入を得ている。これらはある程度確実に毎月の収入が見込める部分である。しかも、(株)トロングスヴィーク社の中心事業である中小企業の育成や支援がうまくいけばいくほど、賃貸料も確実に得られ、経営が安定するという関係になっていることがわかる。

　その他の収入源としては、地元企業からの援助金やいままで培ってきた経験やノウハウを提供することによって得られる講演料などがある。また、EUプロジェクト終了後には押し寄せる見学者から見学料（1,500～3,000kr程度）を徴収するようになっている。もちろん、先にあげた子会社の設立やサマーキャンプの実施も新たな収入源の確保を目指した試みではあるが、これらはまだ大きな収入を生むまでには至っていない。

表 5-5　(株)トロングスヴィーク社のバランスシート（貸借対照表）

	資　産	kr	%	負債・資本	kr	%
2005 年	固定資産	15,732,704	85.8	長期負債	12,676,667	69.2
	流動資産	2,594,804	14.2	短期負債	3,044,098	16.6
				負債合計	15,720,765	85.8
				資本合計	2,606,743	14.2
	資産合計	18,327,508	100.0	負債・資本合計	18,327,508	100.0
2006 年	固定資産	20,398,513	85.8	長期負債	16,358,463	68.8
	流動資産	3,383,595	14.2	短期負債	4,519,712	19.0
				負債合計	20,878,175	87.8
				資本合計	2,903,933	12.2
	資産合計	23,782,108	100.0	負債・資本合計	23,782,108	100.0

資料：クロコム・コミューン提供資料

表 5-6　(株)トロングスヴィーク社の経営状況

	2005 年	2006 年
純売上高	2,606,195	8,352,235 kr
金融項目差し引き後の残高	125,414	104,888 kr
年間収入	125,414	906 kr
バランスシートの資産状況総額	18,327,508	23,782,108 kr
支払い能力	14.2	12.0 %
株主資本利益率	4.7	3.9 %
資本利益率	4.8	4.1 %

資料：クロコム・コミューン提供資料

　表 5-5 と表 5-6 は、(株)トロングスヴィーク社の 2005 年と 2006 年の経営状態を示したものである。2005 年はコミュニティセンター株式会社の合併以前、2006 年は合併以後の状況である。合併に伴い資産を引き継いだことにより資産総額が約 550 万 kr ほど増加している。また、2006 年の年間純利益は 906kr で、かろうじて黒字を計上したものの、バランスシートをみると、負債額が負債・資本の部の 87.8% を占め、支払い能力率も低く、やはりリスクが大きい経営となっている。とはいえ、それは合併以前からみられた傾向であり、その意味で合併によって経営状態が大きく変化したということはない。従って、リスクを背負いながらもなんとか黒字経営を維持してのスタートをきったという状況とみてよいであろう。

4-3　今後の課題

　以上、ポスト EU プロジェクトの下での活動をみてきた。まだ短期間であるため新企画の成果がでるところまではいっていないが、(株)トロングスヴィーク社は、財政問題も含め、大きなトラブルもなく無難に離陸を果たしているように見受けられる。とはいえ、いくつかの課題も指摘できる。

4-3 (1) (株)トロングスヴィーク社と住民との距離の拡大

　現在抱えている大きな課題の1つは、株式会社と地域住民の間の距離が広がってきている点である。トロングスヴィーケン地区の活動は、これまで再三指摘してきたように、集落自治会を中心とする地域住民の自発的な活動に支えられてきた面が大きい。コミュニティセンターの建設過程やその後の運営、および EU プロジェクトの下での開発活動において、地域住民はつねに活動の担い手として関わってきていた。しかしながら、2005 年から 2006 年にかけての再編によって、地域住民の果たす役割は決定的に小さくなってしまった。プロジェクト・リーダーや住民活動のリーダーたちのなかにもそれを問題として明確に意識する人たちが出てきている。

　例えば、2006 年の関係者に対するインタビューのなかで、「会社ができる前は集落自治会が自分たちで頑張ってやっていこうという気持ちがあった。会社ができて大きくなるに従って、そういう熱意が消えてしまったのがいま問題である。」、「住民は、自分たちが直接参加をして決定しているという感じを受けることができなくなってきている。」、「村の人たちが、なんとか自分たちのことは自分たちでしようという意識が薄らいできている。」、「基本となる村の人たちが受け身になってきている。もともとの目標から遠くなってきている。」という意見を多く耳にした。ペストフは、福祉社会の発展にとって利用者が共同生産者（Co-producer）として活動に参加することの重要性を指摘しているが（Pestoff, 1998=2000）、そうした視点からみても以上のような傾向は大きな後退とみることができる。

　もちろん(株)トロングスヴィーク社の中心的な担い手たちもその問題性は認識しており一定の対策も講じられている。例えば、2006 年には、

「GREEN　FMA」というコンサルタント会社のサポートを受けて、住民自らが受け身になっている部分に気づき、「自分たちのことは自分たちでする」という意識を高めるための学習の場を設けている。この試みは単年度で終わったが、当時のプロジェクト・リーダーのR.U.は、将来的に、会社と住民の役割分担を明確にしていくことの重要性を指摘している。(株)トロングスヴィーク社はプロに徹し、自分たちの得意分野の技能を高めていく努力をしていく一方で、住民が担当する部分には(株)トロングスヴィーク社はタッチせず、住民に任すといった棲み分けをきちんとすることが必要という主張である。そうすることで住民の主体性を取り戻そうということである。

しかし、現状では、(株)トロングスヴィーク社が中小企業の育成に力を注げば注ぐほど、住民自身が参加できる活動領域は狭まっていくという状況にある。なぜならそれは専門的知識が必要とされる領域であり、多くの住民にとって容易にアクセスできる領域ではないからである。EUプロジェクトの下では、生活環境の整備として集落自治会単位の地域づくり事業が行われていたが、そうした取り組みは今はなく、住民生活との乖離が進んでいる。

これに対する対策は、いまのところ成功しているとは言い難く、今後とも大きな課題となっていくことは間違いない。(株)トロングスヴィーク社が、「社会的経済の担い手」「社会的企業」としての活動を持続的に展開していくためには、地域住民との距離をいかに近づけていくのかが重要なポイントとなりそうである。

4-3 (2) 経営基盤の強化

2つめに課題としてあげられるのは経営基盤の強化である。先に、経営状態をみたように、EUプロジェクト終了後、コミュニティセンター株式会社の合併を行った翌年も、なんとか黒字経営を維持していたが、負債部分が大きく、経営的には安定しているとはいえない。さまざまな新しい取り組みを行っているが、まだ結果が出る段階には至っていない。

そんななか、2007年9月、インダストリーハウスに入居していたイソドア (Isodoor) という1つの企業が倒産した。イソドアは、前経営者の会社が

3年前に倒産した際に、(株)トロングスヴィーク社が仲介役となり、現社長が経営を引き継ぐことで、雇用の維持が図られた事例である。(株)トロングスヴィーク社は、資金調達の面でサポートすると同時に、メンターとしてトランギア社の経営者を配置し、支援してきたが、経営状態は改善されず、再び倒産という事態になった。(株)トロングスヴィーク社が、雇用の維持のために力を入れてきた対象企業のなかでは、倒産するのは初めてのケースである。

(株)トロングスヴィーク社は、再び新しい経営者を捜し、イソドアの再生を目指すという。1つの企業の倒産は、経営者や従業員の生活を不安定にするだけではなく、(株)トロングスヴィーク社にとっても賃貸料が回収できなくなることで直接の打撃になってしまう。こうした打撃を最小限にくいとめることができるかどうかは、(株)トロングスヴィーク社の手腕が試されるところである。イソドアの社長は、彼が倒産した会社を引き継いだ際、以前の会社の従業員をそのまま継続して雇わざるを得ず、そのことから生じる人間関係の難しさが経営破綻の1つの要因となったと語ってくれた。地域住民の雇用を守ることと企業経営を刷新することの両立の難しさを物語る事例である。そうした側面まで含めての今後の対応が求められている。

第5節　おわりに

さて、以上トロングスヴィーケン地区の活動を追いかけることを通じて、EUプロジェクトが成功した要因と、ポストEUプロジェクトの現状と課題についてみてきた。EUプロジェクトの成功要因については、すでに第3節第5項で詳しく論じているので繰り返すことはしない。ここでは、本事例全体を通じて特に考えさせられた点を指摘し、本章のまとめにかえたい。

(1) トロングスヴィーケン地区のこれまでの活動を見渡して感じることは、「歴史的社会資本」の豊かな蓄積と、それを生かしながら地域住民全体が活動を支える構造を作りあげてきた点である。この蓄積をうまく生かしたから

こそ成功したということができる。イェムトランド県の他の活動と比較しても、活動を下支えする地域住民や地元企業の層の厚さは、この地域の大きな特徴であり、強さであるといえる。これまで何度も引用してきたロンビーは、かつての経験は一時的に絶えてしまったかにみえても、蓄積されたものは潜在化しているのであって、必要な状況になると再び蘇ってくることを指摘している（Ronnby, 1995b）。ひるがえって日本の農村についてみると、"ゆい""手間替え"をはじめ様々な互助組織を生産や生活のなかで生み出してきたことは、ここで改めて指摘するまでもない。従って、日本の地域再生にとっても、かつてのこうした「歴史的社会資本」を生かし、それを現代的にアレンジし直して活動の基盤に据えていくことが重要である。もちろん「もやい直し」（石田、2009）という視点は重要で、かつての社会関係に埋め込まれていた集団主義や排他性といったマイナス要因は払拭する必要があることはいうまでもない。日本版 new-old 運動の推進といってもよいであろう。

(2) EU プロジェクトにおけるプロジェクト・リーダーの存在は、活動において大きな役割を担っていた。ツーリズムの第一人者として世界的に活躍するバーナード・レインは、EU 加盟国の農村再生にとってプロジェクト方式の開発が大きな役割を果たしたこと、またその際地域で雇用した「プロジェクト開発オフィサー」のサポートがきわめて重要であったことを指摘している（バーナード、2006: 120-122）。トロングスヴィーケンで展開されたEU プロジェクトにおいてもプロジェクト・リーダーが重要な役割を担った点はすでに見たとおりである。例えば、プロジェクト・リーダーの1人 R.U. はデンマークの大学で、プロジェクト・リーダーシップなどについて実践的に学んできており、きわめた高い専門性を有している。日本では、こうした高等教育機関で地域づくりについて専門性を身に付けた者が、地域づくりのプロパーとして雇用され、活動をサポートしていく体制は確立されていない。多くは地元住民と自治体職員が手探りで活動に取り組んでいるのが実情である。これまでに各地で蓄積されてきた地域づくりの成果を生かすためにも、より効果的な手法を取り入れていくためにも、高度な触媒の役割（第2章参照）を担うプロジェクト・リーダーの導入は、日本でも必要とさ

れる段階にきている。

　(3)　(株)トロングスヴィーク社がEUプロジェクトにおいて、雇用の維持や創出を重視し、地元企業をサポートする活動に力を入れてきた点からも学ぶ点は多い。日本で人口希薄地域の雇用創出というと、ただちに企業誘致が思い出されるが、トロングスヴィーケン地区では、企業誘致や起業のサポートと並んで今ある企業を地域として守るという姿勢を明確に打ち出している。倒産しそうな企業が現れると新たな経営者を求め、見つかれば地元の企業経営者がメンターとなり、全面的に経営をサポートする体制をとる。先に指摘したイソドアに関しても、すでに新しい経営者探しが始まっていると聞く。こうした活動をコミューンが行うのは困難で、民間だからこそできる活動ともいえる。地元企業の閉鎖という現実を前に、地域の信頼を得ている第三者機関が介入できるシステムが存在する意味は大きい。

　(4)　こうした活動の中心にある(株)トロングスヴィーク社は、EUプロジェクト終了後も、経営の継続に成功している。同社に、確実な収入をもたらしているのは6つの不動産である。不動産から収入を得て経営の安定をはかっている点では、イギリスで注目されているアセットマネジメントの手法にも通じる面がある（西山・西山、2008）。6つの不動産のうち、2つのインダストリーハウスと1つの事務所専用ハウスには、それぞれ複数の工場や事務所が入居している。その多くは、(株)トロングスヴィーク社が起業や経営をサポートしているものである。つまり(株)トロングスヴィーク社の本業がうまくいけばいくほど、賃貸収入も増加し、収入源としての確実性も増す関係にある。しかし、一旦負のスパイラルに陥ると、大幅な収入減になるという危険性もはらんでいる。まだまだ別の安定した収入の道を確立するまでには至っていない現在、負のスパイラルへ向かう道を断ち切るような対応が求められている。

　(5)　その一方で、(株)トロングスヴィーク社の本業である中小企業のインキュベーターとしての業務が拡大すればするほど地域住民との距離が広がるというジレンマを抱えている点は、やはり見過ごすことができない問題である。コミュニティセンターの設立時には、地域住民が無償で労働を提供して

おり、EUプロジェクトのなかには集落単位の地域づくりの活動が位置づいていた。しかし、2回の組織再編によって株式会社の権限が拡大し、ポストEUプロジェクト以降、業務は中小企業のインキュベーター関連のものに収斂してきている。地域住民が参加できる領域はきわめて狭くなり、当然のことながら（株）トロングスヴィーク社と地域住民間の距離は広がっていくことになる。

　この傾向が強まれば、社会的企業としての存在意義が問われることになる。地域にとっての企業という性格を弱めることなく持続可能な経営を展開していくためには、新たな収入源の開拓と同時に、地域住民との距離を縮めていく努力が必要な段階にきている。改めて「住民参加」「住民の主体性」の持続と「組織の拡大」「ビジネスの成功」を両立することの難しさを考えさせられる結果となった。組織としてのイノベーションは常に継続して求められているということである。

注

(1) IDELEとは、"Identification, Dissemination and Exchange of good practice in Local Employment Development." の頭文字を取ったもので、地方の雇用の発展に関する良い実践やネットワーク化の事例から学びあうことを奨励したプロジェクトである。

(2) 実際、われわれの調査のなかでも、「トロングスヴィーク社の活動は、社会的経済の分野の活動ではあるが、社会的企業ではない」と評価する関係者に何度か出会った。このあたりの概念整理も必要と思われる。

(3) EU構造基金は1989年に大きく拡大され、2003年にはEU全予算の30.9％を占めるようになっている。全予算のなかで農業政策の次に大きな割合を占めている。これはEU内部の地域間格差が非常に大きく、しかも1980年中頃からその格差がほとんど縮小されていないという事態に対応しての措置である（アームストロング・原、2005）。構造基金に関しては、第1章参照のこと。

(4) ICAはスウェーデン最大のスーパーマーケットチェーン店のことである。

(5) 銀行はこの地域の支店を閉鎖する予定だったが、交渉の結果、週に2日だ

け銀行員がこのサービスオフィス内に駐在し、銀行業務を継続することになったという経緯がある。
(6) 以上のコミュニティセンター建設の経緯に関しては、関係者に対するインタビューのほか、Ronnby（1995a）、Asplund,C.,Carlsson,M.（1997）、及び関係機関から入手した資料に基づいている。
(7) トロングスヴィーケンのオーセには1600年代から続くヨー農場が存在する（Åsling, 2004）。EUプロジェクトの活動の1つとして、この農場の改修・整備が行われている。また、オースリング家は、1536年以来、オースで農業を続けてきている（Johansson, 2007: 35）。
(8) 最初にできたミラー製材所は、1917年にヤルペンの会社に売却されるが、結局1940年には撤収してしまう。これに対して、マットマル製材株式会社は、一旦売却された会社を、1925年頃にE.S.オーチャーロニー（株）が買い取り、現在もトロングスヴィーケン地区に存在している。同社は、現在、クロコム・コミューンで最も古い製材所となっている。
(9) （株）E.S.オーチャーロニー製材所に関しては、注（8）を参照のこと。
(10) 以上の企業の集積過程に関しては、関係者に対するインタビューのほか、Nilsson（1990）、Ronnby（1995a）、及び関係機関から入手した資料に基づいている。
(11) 1830年代に始まる禁酒運動は、その後の自由教会運動と並んで、スウェーデンの古典的な民衆運動の代表である（秋朝、2004: 64）。
(12) 「ローゲン」は1954年にクラブハウスをこの時に結成されたコミュニティセンター組合に寄贈している。これが建て直される前の古いコミュニティセンターで、建て替えが決まった時点で築100年が経過していた。
(13) 2006年に（株）トロングスヴィーク社が発行した広報誌の12面には、「大きな功績を背負った小さなスポーツ組合」という記事が掲載されている。それによると、こうした選手の活躍の背景には、ボランティアで貢献しているスポーツリーダーの存在があることが指摘されている。
(14) 以上の住民組織の形成過程に関しては、関係者に対するインタビューのほか、Nilsson（1990）、Johansson（2007）、及び関係機関から入手した資料に基づいている。
(15) ビアラーグに関して、詳しくは第6章を参照のこと。
(16) イェムトランドの小さな村々では、道路整備、水の供給、街灯の設置などの際、アソシエーションが組織され、住民自身によって作業が遂行されることは一般的であった（Ronnby, 1995b: 53）。

（17）EU の地域政策関連の助成金は構造基金を通じて配分される。EU 構造基金は 1989 年に大きく拡大され、その後、1989〜1993 年、1994〜1999 年、2000〜2006 年の 3 期にわたりプログラムが展開されている。目的 6 から目的 1 への変更は、2 期目から 3 期目へのプログラムの移行に伴うものである。詳しくは第 1 章第 2 節 2-1(4)(5) 参照のこと。

（18）以上の EU プロジェクトの成果については、『最終報告書　プロジェクト「生活環境」トロングスヴィーケン 2000〜2002 年』を参考にした。

（19）トロングスヴィーケン地区の活動において、株式会社形態が選択された点については、この地域の政治的風土も関係していたと考えられる。当地区は、中央党の国会議員を輩出するなど同党に対する支持率が高く、株式会社に対する親和性が相対的に強い地域である。中央党は、農民政党であり、リベラル政党を標榜している。

（20）スウェーデン最初のクレジット保証組合（KGF）は、1999 年スモーランド地方に設立されており、2005 年頃には全国に 8 つの地域別、分野別 KFG が存在する。上部機関のスウェーデンクレジット保証組合（SKGF）は財政監督庁から許可を受けているクレジット市場企業で、地域の KFG は SKGF に加盟することで、自分たちの組合員に SKGF のクレジット保証システムへのアクセスを提供することができる。

（21）（株）トロングスヴィーク社の社長 C.A. は、このクレジット保証組合が設立された当初、理事会のメンバーであった。C.A. は、われわれのインタビューのなかで、スウェーデン中北部地域を対象に農林業や環境に優しいグリーンセクター関係の企業や女性の起業への融資に特に力を入れたいと抱負を語っている。

参考文献

アームストロング・H、原勲編、2005、『互恵と自立の地域政策』文眞堂．

秋朝礼恵、2004、「スウェーデンにおける非営利活動」神野直彦・澤井安勇『ソーシャルガバナンス』東洋経済新報社、pp.58-78．

石田 雄、2009、「『もやい直し』で『世直し』を―人間中心の政治をめざして」宇都宮健児・湯浅 誠編『派遣村―何が問われているのか』岩波書店、pp.141-168．

小内純子、2007、「大規模酪農地帯・標茶町虹別における地域づくり運動の展開とその要因」光武 幸，小内純子，湯川郁子『釧路内陸部の地域形成と観光マーケティング』創風社、pp.107-211．

ストルイヤン、Y.（小関隆志訳）、2003、「スウェーデンの社会的協同組合」明治大学経営学部『経営論集』50巻、第2号、pp.211-224.
塚本一郎・山岸秀雄、2008、『ソーシャル・エンタープライズ』丸善株式会社.
東京・大阪・熊本実行委員会、2006、『勃興する社会的企業と社会的経済』同時代社.
西山康雄・西山八重子、2008、『イギリスのガバナンス型まちづくり』学芸出版社.
バーナード・レイン（小山善彦訳）、2006、「日本農村の再生：持続可能な農村ツーリズムのためのマニフェスト」青木辰司・小山善彦・バーナード・レイン『持続可能なグリーン・ツーリズム』丸善株式会社、pp.113-132.
Asplund, C., Carlsson,M.1997 "*Trångsviken–Ett samhälle där man tror på framtiden* [トロンヴスヴィーケン—将来に期待する社会]":Mitthögskolan i Östersund, Institutionen för mänskliga resurser, affärsutveckling och moljö,C-uppsats i sociologi.
Borzaga, C., Defourny,J. (ed.), 2001, *The Emergence of Social Enterprise*: Routledge=2004 内山哲朗ほか訳『社会的企業』日本経済評論社.
IDELE, 2005, *Connecting the Local:Linking Local Employment and Economic Development into National and Regional Govermance Systems* (The Sixth Thematic Report of the IDELE Project).
Johansson, Karin, 2007, *Trångsviken–ingenting är tur* [トロングスヴィーケン—幸運なんかじゃない、努力の成果だ]:Prinfo Malmo.
Nilsson, Jahne, 1990, *Trångsviken* [トロングスヴィーケン]: Alsens hembygdsförening, Östersund.
Putnam, Robert, 1993, *Making Democracy Work*, Princeton University Press=2001、河田潤一訳『哲学する民主主義』NTT出版.
Pestoff, Victor, 1991, Between Markets and Politics Co-operatives in Sweden: Westview Press=1996、藤田暁男ほか訳『市場と政治の間で—スウェーデン協同組合論—』晃洋書房.
Pestoff, Victor, 1998, *Beyond the Market and State*: Ashgate Publishing Limited=2000、藤田暁男ほか訳『福祉社会と市民民主主義』日本経済評論社.
Ronnby, Alf, 1995a, *Den lokala kraften* [地方のパワー]: Liber Utbildning.
Ronnby, Alf, 1995b, *Mobilizing Local Communities* : Avebury.
Westlund, H.,Forsberg, A., Höckertin, C., 2003, Social Capital and Local Development in Swedish Rural Districts, Version2 (Paper presented at 6th Nordic-

Scottish Conference on Rural Development, Östersund ,Sweden August 24th-27th 2002).

Westlund,H.,Fröbel,L., 2007, "Social capital as a driving force in local development and social economy entrepreneurship – a qualitative study based on Swedish examples" paper presented at the 4th Workshop on Social Capital and Development Trends in Japan and Sweden's Countryside（Aug.）, Kitami. Japan.

Åsling, Nils, 2004, *Jo-gården i Åse*［オーセのヨー農場］: Alsens hembygdsförening, Östersund.

参考 HP

（株)トロングスヴィーク社の HP（2010/2/11 最終閲覧）
　http://www.trangsviksbolaget.se/228-17-124.html

スウェーデン産業・技術開発庁（NUTEK）関連の HP（2008/1/7 最終閲覧）
　http://knatte.kontrollpanelen.se/socialaforetag.nu/

第6章　スウェーデンの集落自治会(ビアラーグ)活動と住民自治

小内　純子・吉澤　四郎

第1節　はじめに

　イェムトランド県の人口希薄地域の調査をする過程でビアラーグ（byalag:集落自治会）という組織と出会った。日本の「むら」の区会や町内会・自治会にも似たその組織は、農村社会学を志す我々にとって極めて魅力的な調査対象に思えた。また、例えば「スウェーデン人が国民性とでもいえるほど強く抱いているのは、『1人ひとりが自立して生きるべき』という徹底した個人主義の考え方だ。」(湯元・佐藤、2010: 156)というスウェーデン人に対する一般的な評価と、ビアラーグに集まる人々から受ける印象には距離があるように思われたことが、より一層我々の興味を引きつけた。

　それゆえ機会あるごとに関係者へのインタビューを繰り返したが、インタビューをするほどに、様々な事実が浮かび上がり、結局歴史的経緯も踏まえて全体像を明らかにするまでには至らなかった。日本の「むら」同様、簡単にその答えを出すことができない対象のようである。

　一方で、我々が得た情報をこのまま眠らすことはあまりにもおしいと考え、調査で得た資料と関係者へのインタビューを中心に、これまで把握し得た事実と知見をまとめておくことにした。このビアラーグがスウェーデン全体に存在するかどうかは定かではない。従って、以下はスウェーデン中西部、イェムトランド県に広く存在する集落自治組織についての記述である。

さて、ビアラーグを「スウェーデン語─英語」の辞書で調べてみると、①neighbourhood council（body, organization）、② neighbourhood improvement（protection）association、③ residential association、④ association of local residents（Gullberg, 1977）という解説がなされている。「近隣協議会」「地域住民のアソシエーション」といった意味である。また、イェムトランド県の6つの協同組合を分析したローレンダール（Lorendahl）は、その論文のなかでビアラーグについて、「ビアラーグは、歴史的に、地方の事柄に対応したり、決定したりする際の重要な組織形態─村落コミュニティ（village community）─となってきた。今日では、例えば、特定の目的をもった協同組合や自発的組織よりも、より全般的で、すべての包括的な目的や仕事を担う地方アソシエーション（local association）と定義することができる。」（Lorendahl, 1996: 148）と説明している。

このような解説をみると、日本の「むら」や町内会・自治会によく似た組織であることが理解できるであろう。ただし、ビアラーグはイェムトランド県のすべての地域に存在している訳ではない。後にみるように、その設立の経緯からみて、住民が必要と判断した地域で結成されているもので、ビアラーグが存在しない地域もあり、調査の過程でそうした事例にも遭遇した[1]。

一方、ビアラーグとよく似た組織として集落アソシエーション（hembygsförening）というものがある。イェムトランドの地域開発運動を理論的に支えていた研究者であるロンビーによれば、イェムトランドの小さな村々では、昔から、集落アソシエーションの他に、道路整備、水の供給、街灯の設置などの際に団体が組織され、住民自身によって作業が遂行されることが一般的であったという。都会では自治体に期待できることでも、地方では住民自身がしなければならず、そのために様々なアソシエーションがつくられたのである[2]。この地方には、多くの街灯組合があり、それらはほとんど村のクラブのようであった。それは村の人々を結びつける役割を果たしており、集会所を所有し、その運営にもあたっていたという（Ronnby, 1995: 53）。これらはビアラーグに似た性格をもつが、街灯管理や道路整備といった特定の目的のために結成されており、より機能的性格が明確な組織とみることができ

る。

　我々はこれまで、フーソー・ビアラーグ（フーソー集落自治会）とトロングスヴィーケン地区の3つのビアラーグについて、関連する章で適宜言及してきた。これら4つのビアラーグの他に、2010年には、オーレ・コミューンのマットマル地区にあるクビッツレ・ビアラーグについて調査をする機会を得た。そこで本章ではこれら5つのビアラーグを事例に、ビアラーグの結成の経緯と現在の活動の特徴を把握し、ビアラーグが地域社会で果たしている役割について検討していく。ただし、フーソー・ビアラーグについては、第4章で詳しく論じているので、詳細はそちらに譲ることにする。

第2節　エーデ/ロンニングスベリ・ビアラーグ

　エーデ/ロンニングスベリに関しては、規約、2004〜2006年の総会資料と理事会資料の他、1990年からの会議その他の資料が数点手元にある。また、2006年調査の際、ロンニングスベリの60代の夫婦に対して聴き取り調査を実施している。ここではこれらのデータにもとづき分析を進める。

2-1　設立の経緯

　エーデ/ロンニングスベリ・ビアラーグができたのは1960年頃とされる。街灯をつける運動を契機にアソシエーションが結成され、街灯の設置が実現した1960年頃に2つのアソシエーションが一緒になってエーデ/ロンニングスベリ・ビアラーグが誕生している。街灯設置のためにできたアソシエーションをそのままなくすのはおしいと考え、村の寄り合い的な組織として残し、村のみんなが楽しく暮らせるようにという活動を続けてきた。現在トロングスヴィーケン地区に存在する3つのビアラーグのなかでもっとも結成時期が早い。2006年現在、20戸（エーデが5戸、ロンニングスベリ15戸）で構成されている。

表6-1 エーデ/ロンニングスベリのビアラーグ規約

ビアラーグ規約

1. エーデ/ロンニングスベリ・ビアラーグは、エーデ集落とロンニングスベリ集落の共通の利益のために活動することを最大の目標とするものである。
2. エーデ/ロンニングスベリ・ビアラーグの構成員は、エーデ集落かロンニングスベリ集落の住人もしくはそこに不動産を所有する人々とする。
3. エーデ/ロンニングスベリ・ビアラーグは、政治政党的に中立を保ち、他の組織や組合とのつながりを持たないものとする。
4. 年次総会は、毎年4月30日までに開かれるものとする。
5. 年次総会への召集状は、総会の14日以上前には送付されるものとする。
6. 理事会選挙の際、どちらかの村に住居登録している、もしくはそこに不動産を所有している15歳以上の人は、1人1票の投票権を持つものとする。不動産所有者が投票権行使に際して代理人をたてる場合、委任状が必要となる。
7. 特別総会を開くには、構成員の3分の2以上が参加する必要がある。
8. 年次総会では、以下の事項が扱われるものとする。
   - 理事会メンバー5～7人の選任、任期2年
   - 理事会メンバーの中から、議長を選任する。議長は年に1度選ばれる。
   - 会計2人の選任
   - 理事会の責任免除
   - 年会費額の決定
   - 基金に署名する権利に関する決定
9. エーデ/ロンニングスベリ・ビアラーグの規約は、年次総会出席者の過半数が賛成した場合、変更することができる。その場合、規約変更の提案が年次総会の召集状と共に送付されることが前提条件である。
10. エーデ/ロンニングスベリ・ビアラーグは、3分の2以上の構成員が賛成した場合、解散するものとする。

資料：エーデ/ロンニングスベリのビアラーグ資料

2-2 規　約

　表6-1は、エーデ/ロンニングスベリのビアラーグ規約である。この規約の第1条には、この会の最大の目的として、「エーデとロンニングスベリの共通の利益のために活動すること」が掲げられている。第2条はビアラーグの構成員に関する規定で、エーデかロンニングスベリの住人もしくはそこに不動産を所有する人々を構成員とすることが明記されている。当地域に居住していることが絶対条件とはならないことがわかる。また、構成単位は世帯ではなく個人である。第6条には、「理事会選挙の際、どちらかの村に住居登録している、もしくはそこに不動産を所有している15歳以上の人は、1人1票の投票権を持つものとする」となっている。15歳という低年齢か

表 6-2　エーデ / ロンニングスベリ・ビアラーグの行事（2005 年）

* エーデ小湖でのバーベキュー　　4 月 9 日（日）11 〜 12 時ごろ
* 伝統に基づいて祝われる 5 月祭前夜の焚き火（ヴァールボリ祭）
* エーデ小湖の水浴場修理　　6 月 10 日（土）夜 7 時から
* アルセンのバックゴーデン　　サマーカフェでのボランティア　週 30 時間
* 発酵にしんパーティー　　8 月 19 日（土）
* ルシア祭―小さな子供のいる家庭が集まって計画する

資料：エーデ / ロンニングスベリのビアラーグ資料

ら投票権を持つこと、および 1 人 1 票制である点は、日本の「むら」の区会や町内会・自治会とはその性格を異にする。年次総会は年 1 回 4 月 30 日までに開催すること（第 5 条）、総会では、①理事会メンバーの選出、②議長の選出、③会計の選出、④年会費額の決定などが行われる（第 8 条）。最後の第 10 条に、「ビアラーグは、3 分の 2 以上の構成員が賛成した場合、解散するものとする」という解散条項がある点も、日本には見られない特徴である。

2-3　現在の運営

　実際のビアラーグの運営は、年次総会で選出された 5 〜 7 人の理事と、その中から選出された議長を中心に行われる。会計は 2 名選出される。年 1 回の総会のほかに、年に 4、5 回の理事会が開催されている。ちなみに、2006 年 9 月時点の議長は、他地域から転入してきた 20 代の女性が担っていた。自治会活動の活性化のために、若い層からの役員登用に積極的であり、適任者がいれば性別を問わず選出されるという。また、ビアラーグ内には道路班、街灯班、水浴場班の 3 つの班があり、それぞれの活動に責任をもっている。

2-4　活動内容

　表 6-2 は 2005 年のエーデ / ロンニングスベリ・ビアラーグの行事一覧を示したものである。ヴァールボリ祭（火を焚いて春が来たことを祝うお祭り）、

発酵にしんパーティー、ルシア祭などスウェーデンの伝統的な行事にビアラーグとして取り組んでいることがわかる。こうした行事を地域住民皆で楽しむことで、会員間の親睦がはかられている。この他に、年によっては遠足、研修旅行、散策などが企画されている。新しい住人を迎える場合は、村のイベントに対する特別招待状を送付しており、最近転入した人のなかに聾唖者がいたため、ビアラーグで手話コースを企画したという記録もある。

　また、(株)トロングスヴィーク社所有のサマーカフェ「マガジン」に、ビアラーグとして週30時間のボランティア労働を提供している。夏の間だけ開設されるカフェ兼バーを、3つのビアラーグが協力して運営しているものである。このサマーカフェの運営は、お金を儲けるというよりも、自分たちもそこに集まって楽しむという面も大きいという。この他に、共同作業として、水浴場班を中心にエーデ湖周辺の清掃や草刈りが行われている。この水浴場の整備は、EUプロジェクトの「生活環境第1段階」で主に取り組まれたものであるが、その後もこうしてビアラーグで管理されていることがわかる。なお、水浴場がある湖の入り江部分は、何人かの住民によって所有されているが、使用権はビアラーグに寄贈されたものだという。

　一方、地域が抱える様々な課題の解決に取り組むこともビアラーグの重要な活動である。道路班は、県やコミューンの担当者に対して国道のアスファルト舗装の要求活動を行っている。この舗装の問題は1997年には取り組まれているが、2006年現在も実現されておらず、今もなおこの地域での最重要課題となっている。街灯班は、街灯の修理や電球の取り替えなどを担当している。2006年の総会議事録には、「夏には街灯修理を行う必要がでてきたためボランティアを募る」という記録がある。水浴場班は、水浴場の修理や水浴場近くの道路脇の草刈りなどに責任をもっている。

　このようにエーデ/ロンニングスベリ・ビアラーグでは、活発な活動が行われている。とくにビアラーグの活動に貢献した人に対しては、総会の場で表彰するということも行われている。例えば、2006年2月の総会では、手話コースを開催した人、地域の道路の改善のために働いた人、街灯事業に従事した人、ブロードバンド事業に貢献した人、水浴場への道を掘った人に対

して、その貢献を称える賞が贈られている。

　以上からビアラーグの活動は、住民間の親睦や共同清掃の実施、および地域の課題解決に当たることにあることがわかる。なお、（株）トロングスヴィーク社が月に1回開催する「水曜例会」に関わる活動として、2005年1月26日の水曜例会で、エーデ/ロンニングスベリ・ビアラーグが進行役を務めるという活動報告がある。その際、ビアラーグの歴史と活動内容の紹介が行われている。ただし、2004〜2006年までの自治会資料において、これ以外に「水曜例会」と関わる活動は見あたらず、ビアラーグ活動と「水曜例会」の活動の直接的関連はそれほど強くはないようである。

2-5　会　計

　表6-3は、2004年のビアラーグの会計報告である。まず収入からみると、それは主に年会費とコミューンからの運営助成金で構成されている。2004年の年会費は、一世帯当たり100kr、高齢者世帯50krである[3]。構成単位は個人であるが、年会費は世帯単位で集められていることがわかる。ただし、この年の繰越金を除く全収入に占める会費の割合は21.9%にすぎず、全体の58.2%は運営助成金[4]（4回で計4,389kr）で占められている。繰越金を加えた予算規模は約15,500krでそれほど大きなものではない。

　一方、支出についてみると、その70.2%は街灯の電気代で占められている。また、街灯に関しては、「新しい街灯設置費をコミューンからの援助金だけでは賄えないので、1不動産につき500krずつ徴収する」という文書（2001年1月17日：理事会議事録）も存在する。支出面では街灯費が大きな割合を占めており、設置した街灯を維持するためになぜアソシエーションが必要とされたのかという点がよく理解できる。

第3節　オーセ/トロング・ビアラーグ

　オーセ/トロング・ビアラーグに関する資料として、1992〜2002年の

表 6-3　エーデ / ロンニングスベリ・ビアラーグの会計報告（2004 年）

2004 年会計報告

kr

項目	日付		収入	支出
	1 月 1 日	昨年度からの繰越金	7923	
1	1 月 20 日	銀行普通口座　手数料		200
2	1 月 29 日	請求書コミュニティセンター		385
3	2 月 12 日	運営助成金	1584	
4	3 月 23 日	電気代 2004		2613
5	3 月 23 日	運営助成金	1568	
6	6 月 28 日	電気代		1253
7	7 月 8 日	運営助成金	752	
8	7 月 25 日	野外トイレ		495
9	8 月 20 日	発酵にしん代	790	
10	8 月 20 日	年会費	1650	
11	9 月 1 日	柱売却	700	
12	10 月 2 日	電気代		808
13	10 月 13 日	運営助成金	485	
14	10 月 26 日	請求書コミュニティセンター		400
15	11 月 16 日	アッフェ氏への花		500
16	12 月 31 日	利子	7.47	
		計	7536.47	6654
		昨年度繰越金	7923	
		本年度繰越金		8805.47
			15459.47	15459.47

2004 年 12 月 30 日
積立預金　　7473.0
普通口座　　1331.57
基金　　　　　0

繰越金　　　8805.47

資料：エーデ / ロンニングスベリのビアラーグ資料

活動記録、1996 〜 2003 年と 2006 年の総会議事録を入手している。また、2004 年に 70 代の男性、2006 年には 50 代の男性、2007 年には 80 代の会計担当の女性にインタビューを行っている。以下ではこれらのデータにもとづいてオーセ/トロング・ビアラーグの活動についてみていく。

3-1　設立の経緯

　オーセ/トロングにビアラーグができたのは 1987 年のことである。街灯組合はそれ以前から存在していた。トロングの 50 代の男性によれば、自分が子どもの頃（1960 年前後）には、街灯の電気代や修理代の費用を集めるために、毎週土曜日に集会所に集まってパーティーをやったり、ちょっとしたものを売ったり、くじをやったりしていた。今週はこの組合、来週はこの組合というふうに担当が決まっており、子どもの頃の楽しみであったという。

　1987 年のビアラーグの結成は、この地域に残るヨー農場（Jo-gården）の保存と維持・管理のためであった。オーセは、現在のトロングスヴィーケン地区において、もっとも早く開けた地域であり、1500 年代には人が住んでいたと言われる。ヨー農場とは、オーセにある 1600 年代から続く農家で、この地域に現存するなかでは最古の農場である（Åsling, 2004）。そのオーナーが亡くなったため、その土地や建物を保存することを最大の目的としてビアラーグが結成された。ヨー農場の運営主体になるためにはなんらかの組織が必要とされたのである。

3-2　現在の運営

　このビアラーグには規約はなく、会員名簿もとくに存在しない。オーセが 26 世帯、トロングが 20 世帯で計 46 世帯、約 110 人が会員である。地区内にサマーハウスを持っている人もメンバーに入る。

　理事は 5 〜 7 人で、議長、書記、会計のほか数名から構成されている。役員の決め方は、総会の場で、話し合いを経て、正式には投票をして決める。役員の任期はとくにない。現在、会計担当は 84 歳と高齢であるが、他の理事の年齢は、30、40、50 歳代である。ビアラーグの仕事は大変なのでなり

写真 6-1　道路端にある地域住民各家々の郵便受け（小内撮影）

手がなかなかいない状況にあるという。

　ビアラーグの結成当初は、ビアラーグと街灯組合が併行して存在していたが、1999年の総会で、街灯組合をビアラーグに組み込むという提案が承認されている。その結果、ビアラーグ内に街灯委員会が設けられ、会計が街灯料金徴収を請け負うことになった。組織内には、街灯委員会の他、パーティー委員会が置かれている。なお、この地域にはこの他に道路組合があるが、これはビアラーグとは別組織で、道路沿いの家毎にグループを作って道路の維持管理を行っている。

　総会は毎年だいたい4月に行われている。総会の連絡は、道沿いにあるそれぞれの家のポストに文書を投函することで行う（**写真6-1**）。

3-3 活動内容

　ビアラーグの活動の中心はヨー農場の維持・管理である。その他に、近年は、4月にヴァールボリ祭り、7月にマラソン大会、夏至祭から8月10日までのサマーカフェの営業などに取り組んでいる。議事録をみると1992～1999年ごろまでは歴史学習サークルが地域の歴史を知るための活動を熱心に行っている。古い地図、写真の収集や地域探索などに取り組んでいたが、2000年以降は、歴史学習サークルの活動の記録はない。この他に水浴場の維持・管理もビアラーグの仕事である。

3-3（1）ヨー農場の保存と維持・管理

　ビアラーグ結成の直接の契機となったヨー農場の保存と維持・管理に関しては以下のような経緯をたどっている。ヨー農場は、オーナーの死後、当地域が所属するアルセン教区の所有となっていた。そのため、1995年2月8日、ビアラーグの理事会はアルセン村組合[5]に対して、ヨー農場とヨーロッパ道E14号西側にある土地をアルセン教区から買い取り、その利用権を長期契約でオーセ/トロング・ビアラーグに与えることを要望する文書を送っている。その結果、1997年12月にアルセン村組合が、アルセン教区から16万krでヨー農場を購入することが決定された。1998年1月1日付けで購入後、村組合は特別に「メッランシューグループ」を組織し、ヨー農場とメッランシュー地域（トロングスヴィーケン地区の昔からの呼称）の関係に責任を持つように取りはからった。オーセ/トロングからはビアラーグ代表として2名を「メッランシューグループ」に送っている。こうして「メッランシューグループ」の管理下で、オーセ/トロング・ビアラーグがヨー農場の維持・管理を行うことが認められた。

　これを受けてビアラーグでは、ヨー農場の建物2棟（1600年代と1700年代、**写真6-2**と**写真6-3**）の整備に取りかかるとともに、ヨー農場に石灰博物館（1999年から2002年に建設）の設置をすすめる。ヨー農場の建物内には、1921年にこの地域で初めて結成された農業銀行に関する資料室が置かれている。こうした歴史的建造物や資料を保存してまちづくりに生かす試みであ

写真 6-2 ヨー農場の母屋（小内撮影）

る。

　これらの活動は、いくつかの補助金を受けて行われた。(株)トロングスヴィーク社を中心に実施した EU プロジェクトの「生活環境第 1 段階」(2000〜2002 年) の補助金のほか、村組合は EU/LEADER II 助成金を得ている。また、銀行からは、農業銀行の資料室の整備のために 2 回、計 12 万 5,000kr の補助金を受けた。ビアラーグも、2000 年に石灰博物館へ 2 万 kr を寄付している。さらには、住民自ら無償労働奉仕を行っている。

　一通りの整備が終わると道路沿いに看板を配置し、入場料をとって見学者の受け入れを開始した。入場料は 1 人 40k で、バスで来た場合はバス 1 台で 800kr という料金設定である。結婚式や洗礼式に使用する場合も 1 日 300kr で貸し出している。所有者はアルセン村組合なので、ビアラーグは利用希望者と村組合を仲介する立場にある。見学者への案内は住民がボラン

写真 6-3　ヨー農場の納屋（小内撮影）

ティアで行っている。その他にヨー農場などの建物や庭の手入れは住民の共同作業で行われている。

3-3（2）サマーカフェの取り組み

　サマーカフェは 1994 年の夏からヨー農場で行われるようになっている。運営は 2 人の責任者と住民のボランティアが担当している。日が長いこの時期、こうしたカフェが各地に店開きし、地元の人や観光客で賑わう。ヨー農場のカフェの利用者は年々増加し、2001 年には約 700 人が利用したと記録されている。カフェの期間中には住民の手作りの手工芸品も販売しており、それを合わせるとシーズン中の収入は 2001 年で 1 万 8 千 kr（約 30 万円）となった。近年は、ボランティアで、石を削って、細工をし、アクセサリーを作り、売ることを始めた。そのため 2002 年には石研磨機を購入している。

カフェの収入は、村組合へのレンタル料にまわる。レンタル料金は特に決まってはいないが、利益が出たらそれを納めることになっている。

3-3 (3) その他の要求実現活動

その他の地域の課題解決の活動として、2000年に道路局に街灯管理の責任を引き継いでくれるよう申請書を提出している。この申請は却下されたため、2001年も要求している。また、同年、アルセン湖岸にボート波止場を作るためにEU援助金の申請を行うも却下されている。

3-4 会 計

会費はとくに集めていないが、街灯費として各戸から200krを徴収している。しかし、ビアラーグの会計残高は、1996年の16,597krから2006年の50,594.31krへと確実に増加している。これは、サマーカフェやビンゴ・くじなどの収益によるものと思われる。コミューンから街灯の維持管理に関して補助金がでている。

第4節　モー/トロングスヴィーケン・ビアラーグ

モー/トロングスヴィーケン・ビアラーグに関して手元にある資料は、規約、活動報告（2005年、2006年）、総会議事録（2005年）、理事会議事録5回分（2005年）である。また、2007年には代表の20代の女性、2008年には60代の前役員の男性にインタビューを行った。それらをもとに把握したモー/トロングスヴィーケン・ビアラーグの活動は以下のとおりである。

4-1 設立の経緯

モー/トロングスヴィーケン・ビアラーグが結成されたのは1990年前後である。トロングスヴィーケン地区の3つのビアラーグのなかではもっとも遅く設立された。きっかけは湖水浴場の整備のためで、正式な組織がない

と補助金が受けられないからというきわめて現実的な理由であった。

1990年頃までビアラーグが結成されなかった理由として、60代の男性は、「街灯や道路はコミューンが整備してくれていたため、特に住民組織は必要としなかった」と語っている。地区の中心部に位置するこのビアラーグは、相対的に恵まれた条件の下にあったためであることがわかる。

4-2　規　約

表6-4はビアラーグ規約である。規約が整備されたのは1992年4月である。規約の第2条に、会の目的として、「トロングスヴィーケン・ビアラーグは、上記の集落の共通利益のために活動すること、及びメッランシュー地域に存在し、ビアラーグと共通の利益及び目標のために活動しているその他の組合と協力することを最大の目標とするものである。」と明記されている。特定の目的ではなく、「村の共通の利益のため」という総合的な目的のための組織であり、他の共通する組合との協力を重視していることがわかる。構成員は、このビアラーグの境界線内に住む人々すべてとされており（第3条）、不動産のみを所有する者は含まれていない。

年1回の年次総会において、理事会メンバー、理事会議長、会計2人と補欠、選挙管理員が選出されるほか、年会費額が決定される。役員の任期は2年であるが、再任に関する規程はとくにない（第8条）。また、最後の第12条は解散条項で、「トロングスヴィーケン・ビアラーグは、年次総会において2年連続で可決された場合、解散されるものとする。」ことが明記されている。

4-3　現在の運営

2007年現在のビアラーグの代表は27歳の女性である。4年前にヤルペン（オーレ・コミューンの役場所在地）から転入し、2年前に代表に就任している。もっとも若い理事は23歳の男性で、若い人が理事会の構成メンバーになっていることがわかる。会計は55歳の女性が担当しており、この人が経験豊かなため頼れる存在となっている。

表 6-4 モー / トロングスヴィーケンのビアラーグ規約

規約

トロングスヴィーケン・ビアラーグ
1992 年 4 月 28 日　可決

第 1 条　トロングスヴィーケン・ビアラーグとは、トロングスヴィーケンとモー、フィンセーテルから構成される。
　　　　地理的描写：トロングより西、高架橋より東、ストール湖より北、そしてロンニングスベリより南
第 2 条　トロングスヴィーケン・ビアラーグは、上記の村々共通の利益のために活動すること、及びメッランシュー地域に存在し、ビアラーグと共通の利益及び目標のために活動しているその他の組合と協力することを最大の目標とするものである。
第 3 条　トロンスヴィーケン・ビアラーグの構成員は、上に定義された境界線内に住む人々すべてを含むものとする。
第 4 条　トロングスヴィーケン・ビアラーグは、政治政党的に中立を保ち、他の組織や組合とのつながりを持たないものとする。
第 5 条　年次総会は、毎年 4 月 30 日までに開かれるものとする。
第 6 条　年次総会への召集状は、総会の 14 日以上前には送付されるものとする。
第 7 条　特別総会は、構成員の約 50％ が要求した場合に開かれるものとする。
第 8 条　年次総会では、以下の事項が扱われるものとする。
- 理事会メンバー 7 人の選任、任期 2 年、メンバーは毎年 3 人ずつ新たに選ばれるものとする。
- 理事会議長の選任、議長は年に 1 度選ばれる
- 理事会メンバー補欠 2 人　選任
- 会計 2 人及びその補欠　選任
- 選挙管理委員会　選任
- 理事会の責任免除
- 年会費額の決定

第 9 条　代表者として必要書類にサインをする権限は、理事会議長及び会計係に与えられるものとする。
第 10 条　会計年は 1 月 1 日から 12 月 31 日までとする。
第 11 条　トロングスヴィーケン・ビアラーグの規約は、年次総会において 2 年連続で可決された場合、変更することができるものとする。
第 12 条　トロングスヴィーケン・ビアラーグは、年次総会において 2 年連続で可決された場合、解散されるものとする。

資料：モー / トロングスヴィーケンのビアラーグ資料

このように若い女性が代表に就任した背景には、役員のなり手不足という状況が存在している。彼女が選挙で選ばれた際、他に誰もやりたいという人がいなかったという。実際、60代の男性によれば、このビアラーグの活動は必ずしも活発ではなく、数年前にビアラーグをやめようという話が出たこともある。当初の目的であった湖水浴場の整備が終了し役割を終えたからというのがその理由であった。しかし、解散には至らず、若い世代を中心に再スタートをしたものと考えられる。

20代のしかも他地域から最近転入した女性が代表になるということは、日本ではあまり考えられないが、スウェーデンではめずらしいことではない。若い女性が代表になったとしても、高齢者も信頼を寄せてくれ、口を出すようなことはほとんどないということである。

2006年の活動報告によれば、理事会は年8回開催されている。ビアラーグのなかに目別の班や委員会というものは置かれていない。この地域には、別組織として道路組合があり、街灯の維持や道路の整備、除雪に関してはこの組合が担当している[6]。

4-4 活動内容

表6-5は、2006年の活動報告である。活動の柱は2つである。1つは、季節のイベントに合わせた地域住民の親睦のための会の開催である。もう1つは、共同清掃やサマーカフェなどへの無償労働の提供である。他のビアラーグにみられたような行政に対して行う要求実現活動は、少なくとも2005年、2006年には行われていない。

前者の親睦活動は、ヴァールボリ祭りや夏至祭への協力のほか、2月にはビアラーグ主催のパーティーが催されている。後者の無償労働の提供としては、5月に年1回の地域の大掃除が行われるほか、夏の間、水浴場が清潔に保たれるように住民の協力を得ている。大掃除の終了時には、サンドイッチとコーヒーで簡単な慰労会が行われ親睦の場ともなっている。さらに「マガジン」で行われるサマーカフェとバーの運営のためにボランティアが派遣されている。

表6-5 モー/トロングスヴィーケン・ビアラーグの活動報告

> モー/トロングスヴィーケン・ビアラーグ
> 2006年度　活動報告
>
> 理事会は年内に8回の会合を持ち、その内容は議事録に記録された。会合の合間には、電話でのコンタクトが取られた。
>
> 2月には村パーティーが開かれ、料理と余興が振る舞われた。
>
> 5月には、村の大掃除と蒸気船桟橋のワックスがけが行われた。波止場に新しいベンチが購入され、波止場周辺には花壇が作られた。
>
> ビアラーグは、ヴァールボリ祭の際の打ち上げ花火代を出した。
>
> 6月には、ルルボー(注)キャンピングについて話し合うために集会が開かれたが、関心が薄く村人4人しか集まらなかった。
>
> ビアラーグは、コミュニティセンターの図書館が子供用の本を購入することができるよう、1000クローナを寄付した。
>
> 8月にくじの販売を開始した。抽選は2007年4月4日を予定している。くじの売り上げはルルボーキャンピングの運営費用に当てられる予定である。
>
> 会計係によって会計報告が行われる。
>
> 村の大掃除と花の水遣りに貢献してくれた村の皆様に、理事会が代表してお礼を申し上げます。

注：ルルボーとは水浴場の名称
資料：モー/トロングスヴィーケンのビアラーグ資料

　　ここでは代表への聴き取り調査をもとに、サマーカフェの取り組みについてやや詳しくみてみる。この地域の人々の生活をよく表している取り組みである。
　　スウェーデンでは「フィーカ」といって、コーヒーとパンやクッキーでお茶を楽しむ習慣が定着している。とりわけ夏至祭以降、短い夏の間を楽しむために、各地にカフェやレストランが開店する。先にみたヨー農場でもサマーカフェが行われていた。スウェーデン鉄道の古い倉庫を改造して作った「マガジン」でも、サマーカフェとバーが4月末から9月最終週まで営業しており、3つのビアラーグからボランティアが出て運営に当たる。ボラン

ティアには、15人ぐらいが参加する。年齢は20歳～40歳くらいで、男女は半々という。バーは夜1時頃まで営業する。

　代表の27歳の女性もボランティアとして関わっているが、「商売をしているというよりも、そこを使って活動をしているという感じ」という。ボランティアが適当に集まって、来店したお客さんに軽食や飲み物を販売するが、売り上げはそのまま（株）トロングスヴィーク社の口座に振り込まれる。彼女たちボランティアの報酬は一切ないが、特に不満も聞かれない。彼女は、「エステルスンドの喫茶店でコーヒーを飲めば20krかかるけど、ここで飲めば5krですむ。それにみんなで集まることが楽しい。こういう場があることが幸せ。この地域にはカフェやバーはないからこういう場を持つことが大事。そこで稼いだお金は小さいし、損をしなければいいという感じでやっている。」と述べている。夏はいろんなところから人がやってきて、ライブバンドもあって賑やかである。このように、夏場の「マガジン」を活用した活動は、自分たちも楽しむためのであり、結果として新しい社会的つながりを生み出したり、強めたりすることにつながっている。

　このようにこの地域では住民がボランティアとして無償で労働を提供することがごく普通に行われていることがわかる。しかし、これはスウェーデン全体で見られる傾向かと言えばそうではないことは次の彼女の言葉からわかる。ヤルペン出身の彼女から見ても、トロングスヴィーケンにはボランティアが多いという。ここは「ボランティアをやりたい人」と言うと「ハイ、ハイ、ハイ」と手が上がる。スウェーデン全体でもボランティアの確保は難しくなっており、オーレやヤルペンでは多少でもお金を払わないと駄目だけど、ここでは無償でボランティアを引き受けてくれる。何年か前はもっとやってくれる人が多かったようだ。ここの活動は素晴らしく、家庭的で人間関係がいいと語ってくれた。

4-5　会　計

　表6-6は、2006年の会計報告である。まず、収入をみると、各世帯からの会費の徴収は行われていないことがわかる。主な収入は、ウィンターパー

表6-6 モー/トロングスヴィーケン・ビアラーグの会計報告

ビアラーグ会計報告		
収入		kr
ウィンターパーティー	10,111.00	
ヴァールボリ祭　売上	1,100.00	
花火	3,600.00	
くじ収入	500.00	
夏至祭　売上	395.00	
ハウスワゴン　レンタル料	6,500.00	
水浴場　助成金	1,766.00	
収入合計	23,972.00	23972.00
支出		
銀行手数料	-200.00	
若者の活動費	-4,290.00	
ウィンターパーティー	-4,981.50	
花火とソーセージ代	-6,227.00	
大掃除費用	-1,090.00	
桟橋ワックス代	-3,149.00	
夏至祭	-140.00	
オーセ庭園	-4,400.00	
保険料	-1,200.00	
リールダンス	-674.00	
事務用品購入費	-241.00	
支出合計	-26,593.00	-26,593.00
利子収入		173.78
本年度の負債金額（a）	-2,447.22	
基金や貯金など合計（b）	31,104.00	31,104.00
（b）－（a）（繰越金）		28,656.78

資料：モー/トロングスヴィーケンのビアラーグ資料

ティーやヴァールボリ祭りなどのイベントでの売り上げやビアラーグ所有のハウスワゴンのレンタル料などから得ている。また、クロコム・コミューンから水浴場管理に対する助成金が1,766kr支給されている。これはコミューンがこの水浴場の所有者だからである。

　一方、支出は各種イベントや共同作業の際の必要経費によって占められている。2006年度の決算は、支出が収入を上回り、2,447.22krの赤字となっている。不足分は繰越金（預金や基金）から支出されている。

第5節　クビッツレ・ビアラーグ

　クビッツレ・ビアラーグは、50世帯、150人ほどで構成されている。われわれは、2010年8月に代表の男性とその妻にインタビューを行い、規約及び2009年度の年次総会議事録の提供を受けた。また、クビッツレ・ビアラーグに住む日本人女性からも補足的な情報を得た。以上から明らかになった点は、以下のとおりである。

5-1　設立の経緯
　クビッツレ・ビアラーグが正式に成立したのは1997年のことである。ただしそれ以前から同じような働きをする組織は存在していた。例えば、古い物を保存する目的でつくられた集落アソシエーション[7]、共同洗濯小屋や共同織物小屋を運営するアソシエーションなどである。そうしたなかで敢えてビアラーグを結成することになったのは、水力発電に関する補償金を受けるためであったという。この地域の渓流が発電に使われることで魚が減ったり、水が減ったりという負の影響が出ており、それに対する補償金が電力会社からコミューンを通じて支給されている。その補償金を申請し、受け取るためには、地域住民の共通の利益のためといった包括的な目的を掲げた組織が必要とされたのである。クビッツレの住民は、「集落を守るために補償金を得ることが必要」と判断し、ビアラーグを結成するに至ったのである。

　また、組織的に活動しやすくするという副次的な目的もあった。様々な組織が併存していると、役員が一部の人に集中したり、いくつもの会議に出席しなければならないという状況が生じてしまう。様々な組織を束ねるような組織をつくることによって、こうした問題を解決し、円滑な運営が可能になるのである。現在の代表は、「みんなで助け合ってやっていくことが重要」と述べている。

5-2 規約

クビッツレ・ビアラーグの規約は1997年2月1日の総会で採択されている。表6-7は、規約の抜粋である。会の目的（第2条）は、「地域の連帯感及び協同感を深めること、及び地域の将来的発展を促進するような活動をすること」、および「地域とその住民にとって大切な建物や施設の手入れやメンテナンスを行うこと」となっている。包括的な目的のなかでも、建物や施設の維持管理に力を入れていることがわかる。会員資格（第4条）は、「本団体の活動及び目的に賛同する個人および団体である」とあり、居住や不動産の有無を問わないかたちになっている。この点は、フーソー・ビアラーグの会員規定に近い（第4章参照）。会費は総会で年会費が決定され（第5条）、会員名簿の作成も理事会の任務とされている（第7条）。ちなみに現在の年会費は、家族が200kr、個人が100krとなっている。

クビッツレ・ビアラーグは、総会、理事会、監査役の3つから構成されている（第8条）。総会は年1回、毎年3月1日までに開催されること、総会では、16歳以上の会員1人につき1票の投票権が認められており、委任状に基づく代理人投票は無効とされることなどが明記されている（第9条）。理事会は代表と最低6人の役員及び補欠から構成され、理事の任期は2年、代表は毎年選出されることが定められている（第13条）。

規約の改正および団体の解散についての条項も存在する（第20条）。規約の改正や団体の解散は、2回連続した総会で出席者の3分の2以上の賛同が得られた場合に認められるとされる。また、解散した際の財産の処分の方法についても明記されている（第21条）。

5-3 活動内容

年間の活動には、親睦活動、施設の維持管理に関する活動、ボランティア活動、要求実現活動などがある。道路組合はビアラーグとは別に道路毎に組織されており[8]、街灯に関してはコミューンの仕事でビアラーグとしてはタッチしていない。フーソー・ビアラーグにも街灯組合はなかったことから、オーレ・コミューンではコミューンが対応しているものと考えられる。

表 6-7　クビッツレのビアラーグ規約

クビッツレ・ビアラーグ　規約（抜粋）

第 1 条　団体名
団体名は、クビッツレ・ビアラーグとする。

第 2 条　目的
本団体は非営利団体であり、政治的および宗教的中立を保つものとする。その目的は、地域の連帯感及び協同感を深めること、及び地域の将来的発展を促進するよう活動することとする。また、地域とその住民にとって大切な建物や施設の手入れやメンテナンスを行うこととする。その上、同様の団体と協力体制をとり、スウェーデンコミュニティーセンター組合に参加するものとする。

第 3 条　所在地
本団体の理事会は、イェムトランド県のオーレ・コミューンに所在地を置くものとする。

第 4 条　入会
組合員となれるのは、本団体の活動及び目的に賛同する個人及び団体である。

第 5 条　組合費
組合員は、総会で決定された額の年会費を、規則に従って支払うものとする。

第 6 条　組合員の資格喪失（省略）

第 7 条　組合員名簿
理事会は、組合員名簿を作成する任務を負っている。名簿には、組合員の氏名と住所が記載されていなければならない。

第 8 条　組織
本団体は以下の組織から成り立っている。
　1. 総会、　2. 理事会、3. 監査役

第 9 条　総会
通常総会は、毎年 3 月 1 日までに開催されるものとする。（中略）
総会においては、16 歳以上の組合員 1 人につき 1 票の投票権が認められる。委任状に基づく代理人投票は無効とされる。（以下省略）

第 10 条
通常総会では、以下の事項が扱われるものとする。（以下省略）

第 11 条　なし

第 12 条　総会の招集状（省略）

第 13 条　理事会
本団体に係わる事項は、会長と最低 6 人の役員及び補欠から形成される理事会によって執行される。役員及びその補欠は、2 年に 1 度、総会で半数ずつ選任される。任期は 2 年とする。会長は毎年選任される。（以下省略）

第 14 条　（省略）
第 15 条　（省略）
第 16 条　（省略）
第 17 条　団体代表（省略）

第 18 条　会計年度
本団体の会計年度は、1 月 1 日に始まり、12 月 31 日に終わる。（以下省略）

第 19 条　監査役
本団体の会計と理事会の執行は、通常総会で選任された 2 人の監査役によって監査が行われる。（以下省略）

第 20 条　規約の変更および団体の解散
規約の変更もしくは団体の解散に関しては、2 回連続した総会（そのうち 1 つは通常総会でなければならない）で決定される。決定が認められるためには、総会出席者の 3 分の 2 以上の賛同を必要とする。

第 21 条　解散
本団体が解散した場合、その残余財産は、団体の目的促進に利用されるよう、オーレ・コミューンかその他の団体に引き継がれるものとする。
本規約は、1997 年 2 月 1 日クビッツレにおける総会で採決されたものである。

資料：クビッツレのビアラーグ資料

活動に関する特徴的な点は以下のとおりである。

5-3（1）親睦活動

　スウェーデンの伝統的な行事に取り組むほか、コミュニティセンターを使って様々な活動が行われている。われわれが訪問した直前の8月末には、新学期を迎える前の期間を利用して、小学2年生から中学3年生までの子供を対象とする2日間のお泊まり会が実施されていた。昼間は自転車で出掛けるなどいろいろな楽しい予定が組まれており、高校生以上の若者も戻ってきてリーダーとして参加するという。その他に、週1回、子どもを対象とした卓球教室や大人を対象としたインネバンデ（インドホッケーのようなスポーツ）サークルが開いている。また、ライブ演奏付きのダンスパーティーなども開催される。

5-3（2）施設の維持管理に関する活動

　規約で目的に掲げられていることからもわかるように、建物や施設の維持管理は活動の重要な柱の1つである。クビッツレ・ビアラーグは共有財産として、コミュニティセンター、共同洗濯小屋、共同織物小屋を所有しており、これらの維持管理が行われている。コミュニティセンターには管理人を置き、管理人には報酬のかわりに安い家賃（月1,500kr）でコミュニティセンターの1室を貸している。共同洗濯小屋とは、洗濯のために地域住民が利用できる施設である。昔から川の畔にあり、内部には大きめの洗濯機や乾燥機などが設置されている（**写真6-4**）。しかし、いまでは各戸で洗濯機を所有するようになり、利用者が減り、維持費の負担が大きくなったため2009年の総会で閉鎖が検討されている。また、共同織物小屋とは、女性たちが集まって織物をする建物である。女性たちの楽しみの1つであり、古くから行われてきた。この建物は現在も活発に利用されているが、暖房費が高いことがビアラーグの総会の議題の1つになっている。

写真 6-4　クビッツレの共同洗濯小屋（小内撮影）

5-3（3）ボランティア活動

　クビッツレ・ビアラーグでも様々なボランティア活動に取り組まれている。例えば、「狩りと釣りのお祭り」が近くの村で年に1回3日間にわたって開催される。これは、スウェーデン中から人やメーカーが参加する非常に大きなお祭りであり、クビッツレ・ビアラーグはこの間の清掃作業を請け負っている。住民はボランティアで清掃に参加し、その報酬はビアラーグの活動費に組み込まれる。コミュニティセンターで行われる子供たちのお泊まり会の費用にもこの収益の一部が充てられる。

5-3（4）要求実現活動

　要求実現活動には、補償金を得て取り組んでいる。現在はコミュニティセンターの改修を集中的に行っている。今は外壁のペンキ塗り替え作業が行わ

れており、このためにかかる費用の半分（20万kr）が補償金から支払われている。以前には、コミュニティセンターの水質改善に取り組んだ。この他にも、橋や道の修繕といった課題がたくさんあるが、コミュニティセンター改修後に、順次取り組んでいく予定である。

5-4 活動上の課題

インタビューで印象的であったのは、役員が無報酬であることを強調していたことである。お金に余裕があるところは交通費などを出すところもあるようだが、クビッツレ・ビアラーグでは基本的に無報酬でやっている。「ボランティアとしてみんなで力を出し合って、それぞれの自由時間を使ってやっているので、なかなかそこが難しいところでもある」とも言っている。クビッツレ・ビアラーグの運営は50歳以上層中心に行われているが、役員のなり手不足、一部の人への集中という問題はここでも存在しているようである。

それでも活動を続けている理由を、代表は、「戻ってくる子供たちのために住みやすい地域になるように自分たちは頑張っている」と述べている。実際、代表の子供3人のうち2人は家族を連れてUターンし、この集落で暮らし始めた。こうした次世代に対する思いがビアラーグ活動を支えているのである。

第6節　まとめ

以上、トロングスヴィーケン地区にある3つのビアラーグとオーレ・コミューンマッツマル地区のクビッツレ・ビアラーグについて、入手し得た資料とインタビュー調査結果をもとに、設立の経緯と活動状況についてみてきた。表6-8は、第4章でみたフーソーのビアラーグを含め5つのビアラーグの概要を示したものである。まず、5つのビアラーグの設立の経緯をみると、古くから存在した街灯組合や道路組合に代表されるアソシエーションの

表 6-8 各ビアラーグの概要

ビアラーグ名	設立年	設立の契機	規約	会員資格	年会費	内部のサブ組織	備考
エーデ/ロンニングスベリ	1960年頃	街灯設置の完了	有	居住者および不動産所有者	1世帯150kr、高齢者世帯75kr	道路班 街灯班 水浴場班	
オーセ/トロング	1987年	ヨー農場保存の受け皿の必要性	無	居住者（サマーハウス所有者も含む）	無	街灯委員会 パーティー委員会	道路組合はビアラーグとは別組織
モー/トロングスヴィーケン	1990年頃	湖水場整備のための補助金申請	有	居住者	無	なし	道路と街灯は道路組合が担当、ビアラーグとは別組織
フーソー	1992年	多種多様なアソシエーションを包括する組織の必要性	有	居住者及びフーソーに関心がある人	無	多くのアソシエーションを包摂する	街灯はコミューン
クビッツレ	1997年	補償金申請のため、地域活動をしやすくするため	有	クビッツレの活動に賛同する個人および団体	家族200kr、個人100kr	なし	道路組合はビアラーグとは別組織、街灯はコミューン

資料：各ビアラーグの規約およびインタビューより作成

活動を母体にもちつつ、比較的最近になって現実的な課題への対応から結成されていることがわかる。例えば、ヨー農場の保存の受け皿づくり（オーセ/トロング）、補助金申請のため（モー/トロングスヴィーケン、クビッツレ）、アソシエーション間の連絡・調整のため（フーソー）といった具合である。街灯組合などのアソシエーションとの関係は一様ではなく、主要なアソシエーションをビアラーグに統合しているもの（エーデ/ロンニングスベリ、フーソー）、一部を統合しているもの（オーセ/トロング）、アソシエーションとビアラーグは別組織のもの（モー/トロングスヴィーケン、クビッツレ）と様々である。

このように設立されてきたビアラーグは、住民の自治組織であり、会の目的や活動内容の点で、日本の「むら」の区会や町内会・自治会活動と共通す

る面をもっている。会の目的は、地域住民や各集落の共通の利益のために活動することにあり、その活動の柱は、親睦活動、施設・建物の維持管理、無償労働奉仕（共同作業）、要求実現活動におかれている。日本と同様に、地域生活全般に関わる包括的な機能を果たす組織であることがわかる。

　しかし、その一方で組織原理には大きな違いもみられる。第1に、構成単位は世帯ではなく個人である。投票する際は、1人1票を原則とする[9]。投票権は15歳以上（エーデ/ロンニングスベリ）、16歳以上（クビッツレ）と、未成年者も含まれることが規約に明記されているビアラーグもある。また、会員の条件は、ビアラーグの居住者とは限らず、ビアラーグ内に不動産を所有している人が含まれることも多い。フーソーの場合は「フーソーに関心がある人」、クビッツレの場合は「本団体の活動及び目的に賛同する個人及び団体」にまで対象が広がっており、日本にはみられないオープンな性格を備えている。

　第2に、行政下請的な特質はみられない。コミューンからは、運営助成金、街灯補助金、水浴場管理助成金などの名目で金銭的なサポートを受けているが、行政情報の伝達機能は備えていない。日本のように戦争を契機に行政の下部組織に組み込まれた経験を有していないことの影響が大きいと思われる。

　第3に、会費を集めないビアラーグもある。会費を世帯単位で集めているのはエーデ/ロンニングスベリ、クビッツレの2つで、オーセ/トロングやモー/トロングスヴィーケンでは、サマーカフェやパーティーなどの収益費を活動費に充てている。会費を集めている場合でも、クビッツレのように近隣のお祭りの清掃を受託し、その報酬をビアラーグの活動に充てているところもあり、益金を活動費にまわすという指向性が強いように思われる。

　第4に、規約に解散条項があることもめずらしくない。エーデ/ロンニングスベリでは「3分の2以上の構成員が賛成した場合」、モー/トロングスヴィーケンでは「2年連続で可決された場合」、クビッツレでは「2回連続で、3分の2以上の賛成を得た場合」に、それぞれビアラーグは解散する取り決めとなっている。現実的な課題へ対応して設立された以上、その課題が解決されれば解散もありうるということである。このことは1つに、この組織

が必ずしも継続することを前提としていないことを意味している。実際、水浴場の整備の助成金を得るために結成されたモー/トロングスヴィーケンでは、課題達成後に解散が話題となったこともある。同時に、「構成員の3分の2以上の賛成」や「2年連続で可決された場合」というように採決のハードルを高くしてある点は、解散に対して慎重に対応する姿勢を示しているとみることができる。

　第5に、役員のなり手不足という点は日本と共通するが、20代という極めて若い層が代表や理事になる点は日本とは異なる。トロングスヴィーケン地区の3つのビアラーグのうち2つは2007年現在、20代の女性、しかもいずれも他地域から転入した女性が代表を務めていた。役員のなり手不足といっても、日本では地付きの高齢男性が代表を長期間務める傾向が強く、こうした対応はみられない。

　このようにみてくると、ビアラーグは機能的目的で結成されており、日本に比べ、集落居住者以外にも入会がオープンで、「家父長制」的な、あるいは性別役割分業的な色合いは薄く、個人が尊重される組織原理が基本となっていることがわかる。

　最後に、ビアラーグの活動にとって労働奉仕やボランティア活動が重要な役割を担っている点について指摘しておきたい。日本でもかつての農村では、道普請のほか、屋根の葺き替え作業など、生産・生活の両面で住民の無償労働によって地域生活が維持されていたことは言うまでもない。スウェーデン中西部の人口希薄地域に位置するトロングスヴィーケン地区でも、多くを自治体に期待することができないため、多様なアソシエーションが組織され、住民自身の手で街灯の管理や道路の整備などが行われていたという歴史がある。そうした経験の蓄積が現在も活かされている点がこの地域の大きな特徴と言える。年1回の地域清掃活動のほか、サマーカフェの運営、ヨー農場や水浴場の維持・管理などが住民ボランティアによって担われている。「地域のことは地域で行う」ということが当然のこととして受け止められ、住民自身がそれを楽しんでいるようにもみえた。こうした社会的風土があったからこそ、トロングスヴィーケン地区にコミュニティセンターを建設する際、

200万krに相当する住民の無償労働が提供されたのである。以上からビアラーグの存在が、この地域の地域づくり活動にとって大きな意味をもつことを改めて確認することができた。

注

(1) トロングスヴィーケン地区に近いオフェネ（offne）集落の農家によると、この集落にはビアラーグが存在しないという。その代わりに牛を一緒に放す共有地をもっていて放牧組合があるという。また、オーレ・コミューンのマッツマル地区マッツマル集落でもビアラーグは結成されていない。「時間がなくて参加できない」という人もいて住民全員の合意が得られなかったという。ここでは集落アソシエーションがビアラーグに代わる役割を果たしている。このようにビアラーグのない地域には、それに代わる組織があることが一般的なようである。
(2) スウェーデンでは、コミューンが住民に上下水道の処理システムやゴミ収集、道路の清掃などを提供することになっている。
(3) 2006年には、1世帯につき150kr、高齢者1世帯につき75krに値上げされている。
(4) 他のビアラーグの事例を参照すると、この運営助成金とは、ビアラーグの運営に対する助成金ではなく、街灯の維持・管理に対する助成金と思われる。
(5) アルセン村組合とは、合併する以前の旧村を意味している。
(6) 道路組合の組合員は組合費を支払う。道路組合にはコミューンから助成金が入る。組合では1番安い会社に作業を依頼している。請求書を送ったりする事務作業は住民がボランティアで担当している。
(7) 古い物を守るアソシエーションはマッツマル地区全体を範囲として組織されている。50年くらい前にはあったといい、現在も地区のインフォメーションセンターの近くに小さなミュージアムを作り管理している。ミュージアムには1900年代初頭からの日常品が展示されている。マッツマル地区のマッツマル集落にはビアラーグはないが、この集落アソシエーションのマットマル支部が、ビアラーグの役割を果たしているという。
(8) 道路組合は道路毎に結成されている。インタビューをした人は、年会費600krを支払っているという。業者に委託し、除雪やアイスバーンになった

ところに砂を撒いたり、道に伸びてきた小さな木を切ったりしてもらう。町からも補助金が出ているが、アスファルトを敷き直すのにはお金がかかったりする場合は、町からのお金だけでは足りないため積み立てていたお金を使うこともあるという。
(9)「1戸1票制」と「1人1票制」の問題については、小田切（2011: 243）を参照のこと。

参考文献
小田切徳美編、2011、『農山村再生の実践』農文協.
湯元健司・佐藤吉宗、2010、『スウェーデン・パラドックス』日本経済新聞社.
Gullberg, E., 1977, *Svensk-Engelsk Fack Ordbok* :Norstedts.
Lorendahl,Bengt, 1996, "New Cooperatives and Local Developement: A Study of Six Cases in Jämtland,Sweden" *Journal of Rural Studies*, Vol.12,No2 ,143-150.
Ronnby, Alf, 1995, *Mobilizing Local Communities* : Avebury.
Åsling, Nils, 2004, *Jo-gården i Åse* ［オーセのヨー農場］: Alsens hembygdsförening, Östersund.

補論　家族と親族ネットワーク

中道　仁美

第1節　はじめに

　わが国の条件不利地域では人口・戸数が激減し、過疎化と高齢化が進行している。65歳以上の高齢者が人口の50％を超え、集落の共同作業を維持できなくなる限界集落も増加している。限界集落の増加が問題になるとき、地域環境保全といったマクロ的な課題とともに、高齢者世帯の生活保全というミクロ的な課題も重要な課題として浮かび上がる。多くの限界集落では、バスなどの公共交通手段がなくなり、日常の買い物を賄っていた商店が閉店し、医療や食料購入に不便をきたして、生活が脅かされている高齢者も少なくない。これら限界集落に住む高齢者を支えているのは、多くの場合、家族や近親者である。

　わが国でスウェーデンといえば福祉先進国というくらい、福祉に関する研究が少なくない。そのスウェーデンで、高齢者はいわゆる老人ホームに収容されることが少なくなり、サービスハウス、グループハウスといった施設がその代わりとなってきている。しかし、これら老人施設や療養施設でケアを受ける高齢者も少なくなってきており、在宅でのケアが一般的で、既に1990年に65歳以上の高齢者の92％が通常の住宅で生活を送っているというデータもある（善積、1996）。老親が週1回以上家族・親族と接触する率は、1950年代中葉の60％から80年代中葉には65％に増加しており、「家

族や親族の交流や助け合いは、形を変えて強くなっており、家族の資源が親族内で交換、交流しているという覆いかくせない事実がある」という（西村、1993）。

　近年の家族・親族介護について、援助の必要な高齢者で家族・親族介護を受けている割合を1988/89年と2002/03年で比較してみると、男女、年齢、同居、一人住まいのどれをとっても増加傾向にある。さらに興味深いのが、援助の必要な人で、ホームヘルプが減少し、家族・近親介護が増加していることである。これは男女、同居、一人住まいのどれをとっても同様である。特に、一人住まいの女性はホームヘルプを受けるよりも多く、家族・近親の介護を受けている。（藤岡、2009: 190-191）。

　スウェーデンでは介護はコミューンの重要な役割のひとつであり、われわれが調査したフーソー集落でも、コミューンが派遣した介護ケアにより一人暮らしを送っている高齢者がみられた。フーソー集落の65歳以上の高齢化率は4分の1を超えていたが、バスなどの公共交通手段もなく、商店も閉店していたため、高齢者には家族を中心にした支援がみられた。スウェーデンでは、「親子は相互に訪問可能な範囲に住み、かなり活発な交流が行われている」「老親と子どもは親密な関係にあり、家族が高齢者援助に大きな役割を果たしている」といわれるが（善積、1996: 279）、どのような親密な家族関係があるのだろうか。

　われわれは、調査地におけるインフォーマントへの聞き取りを重ねてきたが、その中で調査世帯の親族関係がみえてきた。高齢者が限界集落で暮らし続けるには、家族・近親者のサポートが欠かせないなら、スウェーデンの山村には、どのような親族ネットワークが存在するのか。本論では、スウェーデンの山間地の小さな集落の親族について、どのようなネットワークが築かれているのか、系譜がどのようになっているのか考察したい。

第 2 節　調査地域の人口の推移

　調査地であるフーソー集落は、序章や第 3 章でみたように、スウェーデン北部の人口希薄地域、ノルウェーと国境を接するイェムトランド県のオーレ・コミューンにあるカル湖ほとりの山村である。

　フーソー集落の人口は、前掲表 4-1 でみたように、1996 年から 98 年までは 100 人を超えていた。しかし、2000 年以降は 100 人を切り、2009 年には 69 人となっており、フーソーが危機的な状況といわれたころの人口に戻ってしまっている。しかし、フーソーは、最盛期には 600 人もの労働者を擁し、運送や保管といった関係者も入れると 3,000 人もの労働者が往来した。1881 年に鉱山が閉鎖されると、人口は大きく減少し、1907 年には全土地がフーソー住民に開放された（Almqvist, 1973）。フーソーでは、人口減少に対処すべく、様々な対策を講じてきた。第 3 章でも述べているので、ここでは割愛するが、協同組合の村と呼ばれ、テレビにも取り上げられるほどで、一時は人口が増加したものの、中心となった協同組合活動の衰退とともに人口も減少した。

　われわれは、2003 年 9 月に全世帯を対象に調査票による調査を実施した。調査票回収世帯は 34 戸（63.0%）、調査拒否世帯 13 戸（24.1%）、不在で調査不能世帯が 7 戸（13.0%）であった。これら調査ができなかった世帯についても、その後のインフォーマントへの聞き取りの中で明らかとなり、この山間の小さな集落における世帯間の親族関係が次第に見えてくるようになった。以下、調査からみえた世帯の様子と、親族ネットワークについてみてみよう。

第3節　調査世帯の概要

3-1　世帯員数別にみた調査世帯

　まず、調査世帯の概要を**表補-1**と**表補-3**より見てみよう。表補-1、表補-3は調査票を回収できた33戸で、世帯員総数は76人、60歳以上18人（65歳以上15人）、50歳代10人、30歳代6人、40歳代23人、20歳代5人、10歳代11人、10歳未満は3人のみである。世帯員数では、1人世帯（独居世帯）が7戸、2人世帯が16戸、3人世帯が6戸、4人世帯が2戸、5人世帯が2戸となっていた。このうち夫婦と子供のみの世帯は10戸、夫婦のみの世帯が12戸、独居世帯のうち6世帯は70歳以上の独居老人世帯であった。

　調査を拒否した世帯や耳が不自由などのために調査不能となった世帯については、その後のインフォーマントへの聞き取りにより、ほぼ全世帯の世帯員が判明した。その結果が**表補-2**と**表補-4**である。調査不能や調査拒否の多くが高齢者の独居世帯と思われたが、表補-1と表補-2を比較すると、表補-1では60歳以上は24.6%、65歳以上は20.7%であったが、表補-2では60歳以上で30.8%と3割を超え、65歳以上で25.5%と4分の1を超えており、高齢化率が高くなっていて、調査不能や調査拒否の多くが高齢者であったことが分かる。一方、9歳以下の子供は一人増えたものの4人と少なかった。このような児童の少なさが2005年の地元小学校の休止につながった。

3-2　同居状況からみた調査世帯

　さて、世帯別には、調査票回収世帯をみた表補-3と調査不能・回答拒否世帯を入れた表補-4を比較すると、表補-4では一人世帯が大幅に増えており、全世帯のほぼ半数に達している。このことから、調査を拒否した世帯の多くは独居世帯であったことが分かる。フーソー集落では、2人世帯と独居世帯の両者で8割を超えている。スウェーデンの家族は3世代が同居する

表 補-1　フーソー集落の年齢別人口（調査票回答世帯）

年齢	1-9	10-19	20-29	30-39	40-49	50-59	60-64	65-69	70-79	80歳以上	合計
実数(人)	3	11	5	6	23	10	3	3	7		5	76
割合(%)	3.9	14.5	6.6	7.9	30.3	13.2	3.9	3.9	9.2	6.6	100.0

注：調査票集計。

表 補-2　フーソー集落の年齢別人口（回答拒否、回答不能を含む）

年齢	1-9	10-19	20-29	30-39	40-49	50-59	60-64	65-69	70-79	80歳以上	合計
実数(人)	4	11	6	7	25	13	5	5	11	7	94
割合(%)	4.3	11.7	6.3	7.4	25.5	13.8	5.3	5.3	12.8	7.4	100

注：インフォーマントへの聴き取りを含む。

表 補-3　フーソー集落の世帯員数別世帯数（回答世帯のみ）

世帯員数	1人	2人	3人	4人	5人	合計
実数（戸）	7	16	6	2	2	33
割合（%）	21.2	54.5	18.1	6.1	6.1	100

注：調査票集計。

表 補-4　フーソー集落の世帯員数別世帯数（回答拒否、回答不能を含む）

世帯員数	1人	2人	3人	4人	5人	合計
実数（戸）	24	18	6	2	2	52
割合（%）	46.2	34.6	11.5	3.8	3.8	100.0

注：インフォーマントへの聴き取りを含む。

補 表5　フーソー集落の同居者別世帯数（回答拒否、回答不能を含む）

同居者	独居	夫婦のみ*	うち同棲	夫婦と子供	うち同棲	片親と子供	兄弟	叔父・甥
世帯数（戸）	24	12	4	11	3	2	2	1
割合（%）	46.2	23.1	7.7	21.2	5.8	3.8	3.8	1.9

注：*サンボ（同棲）世帯を含む。

慣習がなかったと言われているようだが、1954年にはスウェーデン全体で子供との同居率は26%あったらしく、それが1980年の調査では6.2%になっているという（善積、1996）。フーソー集落では、**表補-5**にみるように、2人世帯と独居世帯が圧倒的に多いが、3世代の同居世帯が1世帯みられた。この家族は、夫61歳、妻58歳、夫の親83歳、息子33歳という3世代で、妻の職業は看護師で、別の場所で仕事についている。

同居という視点から、フーソー集落の世帯をみると、夫婦と子供といった核家族世帯は 2 割程度である。2 人世帯は多様で、夫婦のみの世帯は約 4 分の 1 あるが、片親と子供、兄弟、叔父と甥といった同居形態が約 1 割ある。夫婦のありかたでは、1987 年に法律的に認められた同棲婚（サンボ）が夫婦の 3 割に達している。スウェーデンの山間地の小さな集落で半数近い独居以外の世帯が、このように多様であるのは、非常に興味深い。

3-3　住民の職業

さて、表補 -6 により、調査できた範囲で集落住民の職業をみると、大半はコミューン役場のあるヤルペンや山を越えたオーレの町に通っているが、県都のエステルスンドに通う者もみられる。また、ノルウェー国境に接しているため、一部には、スウェーデンよりも景気も良く、給料も高いノルウェーへの出稼ぎ者もみられる。高齢者の年金生活をのぞいて、農業従事者は 5 人、5 世帯、森林労働者・山岳労働者が 2 人、2 世帯、建築労働者 4 人、4 世帯、看護師 4 人、4 世帯、その他、保育園、幼稚園、小学校、中学校等の教育関連、助産師、ソーシャルワーカー、病院事務、消防士など、コミューンの公的職業が多い。また、大企業に勤務する者も若干みられる。公的職業と農林漁業、建設業という日本の過疎山村にも通観される職業的特徴が、当調査地でもみられる。

第 4 節　家族・親族ネットワークと集落における役割

フーソー集落は、歴史的にみれば、すでに第 3 章でみたように、銅鉱山の発見とともに森林開発が進み、鉱山が開発されるにつれて、鉱山労働者が多く雇用された鉱山のむらである。紆余曲折の後、鉱山は閉鎖されたが、労働者の一部は分配された土地を耕作したりしてそのままフーソー集落に残った。以下ではフーソー集落の家族・親族の関係をみてゆこう。

補論　家族と親族ネットワーク　221

表　補-6　フーソー集落調査世帯の家族構成（年齢は2003年当時）

世帯番号	世帯員記号	年齢	性別	最終学歴	続柄	同居有無	職業 職種（自営・雇用）	職業 就労場所
1	1a	72	女		本人	同居	家事	フーソー
	1b	76	男		夫	同居	農業	フーソー
	1c	33	男		息子	同居		フーソー
2	2a	48	男	高校	本人	同居	看護師	ヤルペン
	2b	50	男	高校	兄	同居	修理工	オーレ
3	3	不	女		本人	独居	（高齢者）	
4	4	不	女		本人	独居	（高齢者）	
5	5	83	男	小・中学校	本人	独居	農業	フーソー
6	6a	39	男	高校	本人	同居	農業	フーソー
	6b	50	女	大学	妻・同棲	同居	教師	ヤルペン
7	7	44	男		本人	独居		
8	8a	52	男	小・中学校	本人	同居	農業	フーソー
	8b	46	女	小・中学校	妻・同棲	同居	看護助手	カル
	8c	13	女	中学生	子ども	同居	学生	
9	9a	41	男	大学	本人	同居	システム開発	エステルスンド
	9b	13	男	中学生	子ども	同居	学生	
10	10	70	女		本人	独居		
11	11a	46	女	高校	本人	同居	商店経営	フーソー
	11b	47	男	小・中学校	夫・同棲	同居	鉱工業	ヤルペン
	11c	18	男	高校生	子ども	同居		エステルスンド
12	12a	50	女	大学	本人	同居	病院事務	
	12b	44	男	高校	夫	同居	建築労働者	ノルウェー
	12c	19	女	高校生	娘	同居	学生	エステルスンド
13	13	62	女		本人	独居		
14	14a	66	男		本人	同居		
	14b	39	男		甥	同居		
15	15a	54	男		本人	同居		
	15b	57	女		姉	同居		
	15c	8	女		姉の娘	同居		
16	16a	49	女	高校	本人	同居	幼稚園	オーレ
	16b	44	男	小・中学校	夫・同棲	同居		スウェーデン
17	17a	44	男	小・中学校	本人	同居	商店長	オーレ
	17b	45	女	大学	妻	同居	監査？	ドゥヴェドゥ
	17c	21	女	高校	娘	同居	季節労働	
	17d	18	男	高校生	息子	同居	学生	
	17e	13	男	小・中学校	息子	同居	学生	
18	18a	49	男	高校	本人	同居	パブ経営	フーソー
	18b	49	女	高校	妻	同居	パブ経営	フーソー

19	19	75	男		本人	独居		
20	20	80	女		本人	独居		
21	21a	52	男		本人	同居	山岳労働者	至るところ
	21b	48	女		妻	同居	看護	ヤルクロナン
22	22	81	男	小・中学校	本人	独居	森林労働者・年金	
23	23a	43	男	高校	本人	同居	指物師、建具職人	ヤルペン
	23b	17	男	高校	息子	同居		
24	24a	41	男	高校	本人	同居	ラジオ商	オーレ
	24b	41	女	小・中学校	妻	同居	ラジオ商	オーレ
	24c	16	女	高校	娘	別居	学生	
25	25	不			本人	独居		
26	26a	29	男	高校	本人	同居		
	26b	34	女	大学	妻	同居		
	26c	1	男		息子	同居		
27	27a	29	男	大学	本人	同居	溶接	ヤルペン
	27b	28	女	大学	妻	同居	教師	ドゥヴェドゥ
28	28a	55	男	小・中学校	本人	同居	建築労働者	ノルウェー
	28b	49	女	小・中学校	妻	同居	保育園	エステルスンド
	28c	19	女	高校	娘	同居	菓子・パン職人	アニアン
	28d	14	男	小・中学校	息子	同居	学生	
	28e	9	男	小・中学校	息子	同居	学生	
29	29a	49	男		本人	同居		
	29b	45	男	小・中学校	弟	同居	機械の運転士	オーレ
30	30	不	男	―	本人	独居		
31	31	64	女		本人	独居	商店経営	
32	32a	73	男	小・中学校	本人	同居	建築労働者	
	32b	73	女	小・中学校	妻	同居	農業	
33	33	56	男		本人	独居		
34	34a	41	男	小・中学校	本人	同居	力仕事	メルジル
	34b	39	女	高校	妻	同居	商店	メルジル
	34c	10	女	小・中学校	娘	同居	学生	カル
	34d	8	男	小・中学校	息子	同居	学生	カル
35	35a	58	女		本人	同居	看護師	ウルトペドルド
	35b	61	男		夫・同棲	同居	建築労働者	オーレ等
	35c	33	男		息子	同居	電気・失業救済作業	ヤルペン
	35d	83	男		義父	同居		
	35e	不	女		娘	別居		エステルスンド
36	36	不	男		本人	独居		
37	37	84	女		本人	独居		
38	38	70	女		本人	独居		
39	39	88	女	小・中学校	本人	独居		

40	40	78	女		本人	独居	
41	41	67	男		本人	独居	
40	42	78	女		本人	独居	
43	43a	37	男	高校	本人	同居	企業家、パン屋	フーソー
	43b	26	女	高校	妻	同居	パン職人	フーソー
44	44	70	女	小・中学校	本人	独居		
45	45a	48	女		本人	同居	戦死者？年金	
	45b	40	男		同棲	同居		
46	46	28	男		本人	独居		
47	47a	61	男	大学	本人	同居	雑・半分年金	フーソー
	47b	47	女	大学	妻	同居	助産師・地区看護師	ハッレン
48	48a	69	男	大学	本人	同居	退職	
	48b	67	女	小・中学校	妻	同居	退職	
49	49a	56	男	大学	本人	独居	教師	カル
	49b	50	女	高校	妻・同棲	別居	ソーシャルワーカー	エステルスンド
50	50	84	女	小・中学校	本人	独居	年金	
51	51a	61	男	高校	本人	同居	年金	
	51b	51	女	高校	妻	同居	パン職人	フーソー
52	52a	70	男		本人	同居		
	52b	69	女		妻	同居		
53	53	74	女	小・中学校	本人	独居		

注：年齢の欄の「不」は不明の意味。

4-1　鉱山労働者の系譜と親族ネットワーク

　フーソー集落住民の親族関係と集落における役割について、**図補-1**によりみていこう。現在の住民には集落開発の起源となった鉱山の労働者や農業者を祖先に持つものがいる。そのひとつが鉱山労働者を祖先に持つ、世帯番号1につながる親族である（以下、番号は表補-6の世帯番号を、アルファベットは表補-6の世帯員をあらわす）。この鉱山労働者の当時の家は、世帯番号1の家の前にあり、現在は集落の歴史的建造物として地域で保存されている。鉱山会社は一時アメリカの会社の所有となったことがあったが、世帯番号1の祖父は、妻子をフーソーに残したままアメリカに出稼ぎに行き、そのまま移住してしまう。その時むらに残された息子3人、娘1人のきょうだいにつながる家族が、フーソーの大きな親族関係を構成している。

　長男の娘が世帯番号1の妻（1a）で、次男の息子が世帯番号32の夫（32a）、

長女の娘は 32 の妻（32b）、長女の息子は世帯番号 41 である。次男の息子と長女の娘はいとこ同士で結婚している（32a と 32b）。

1a の夫（1b）の父と 32a の母親がきょうだいであるため、32a は、1a とは父方の、1b とは母方のいとこである。それゆえ、世帯番号 1 の世帯と世帯番号 32 の世帯は非常に近しい。世帯番号 1 の、フーソー集落に居住している子供の家族は 2 組おり、世帯番号 47 と世帯番号 12 である。世帯番号 1 の息子（12b）の娘（1 の孫娘）は世帯番号 45 の妻（45b）である。この娘を通して世帯番号 44 ともつながっている。一方、世帯番号 32 の、フーソー集落に居住している子供の家族も 2 組おり、世帯番号 34 と世帯番号 26 である。

この親族の男性はフーソーの自治会（Huså byalag）活動に深く関わっており、32a はしばしば自治会の議長を務めている。また、世帯番号 1 の婿である 47a は、自治会の会計を長年に亘り務めている。

この世帯番号 1 と同様に、鉱山労働者につながるのが世帯番号 2 である。この親族は世帯番号 1 よりも広い親族関係を持っている。世帯番号 2 は母親がノルウェー出身の 3 人姉妹で、この母方のいとこ世帯として世帯番号 6、世帯番号 7 の兄弟、世帯番号 30 や世帯番号 29 の世帯につながっている。一方、世帯番号 2 の兄弟の 1 人は、世帯番号 11 の家族を構成し、集落内に多くの親族を持つ妻（11a）がいる。妻の親族には、世帯番号 50 の親、世帯番号 31、世帯番号 36 のきょうだいのほか、世帯番号 9 のいとこ家族もいる。また、世帯番号 2 のまたいとこは世帯番号 16 の娘と結婚している。

この親族の家族もかなりフーソーの自治会活動に深く関わっており、11a は長年に亘り書記を務めてきた。また、フーソー集落のすぐそば、わずか 2 戸しか世帯のないところに居住する兄も、自治会をはじめ、集落の組織の役員を務めている。また、世帯番号 6 の妻（6b）は世帯番号 49 の夫（49a）と離婚したが、49a もまた、自治会の役員を長年に亘り務めている。11a は親の後を次いで長年に亘り、集落で商店を営んできた。

このように 53 世帯のうち 6 世帯を除いてすべて、何らかの形で親族を村の中に持っている。また、上記の 49a と 47a、48a、11a、11a の兄、28a な

補論　家族と親族ネットワーク　225

1, 12, 26, 32, 34, 47, 41 親族関係図

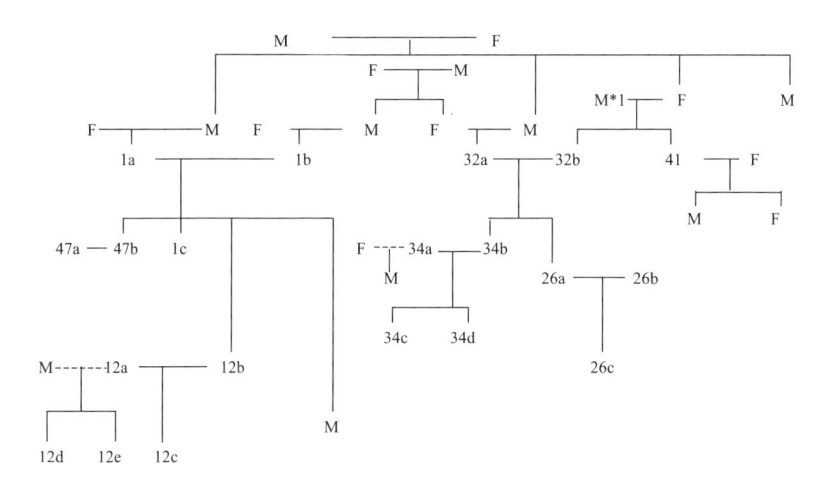

5、8、46 の親族関係図

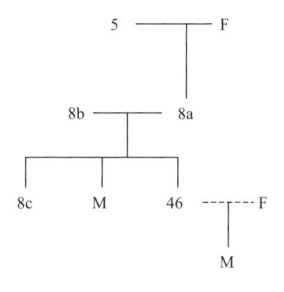

図　補-1　フーソー集落の親族関係図

――――は現在の関係　--------は離婚、死別等を表す
数字は世帯をアルファベットは世帯員を表す

2、6、7、11、16、29、30、31、36、42、49、50 親族関係図

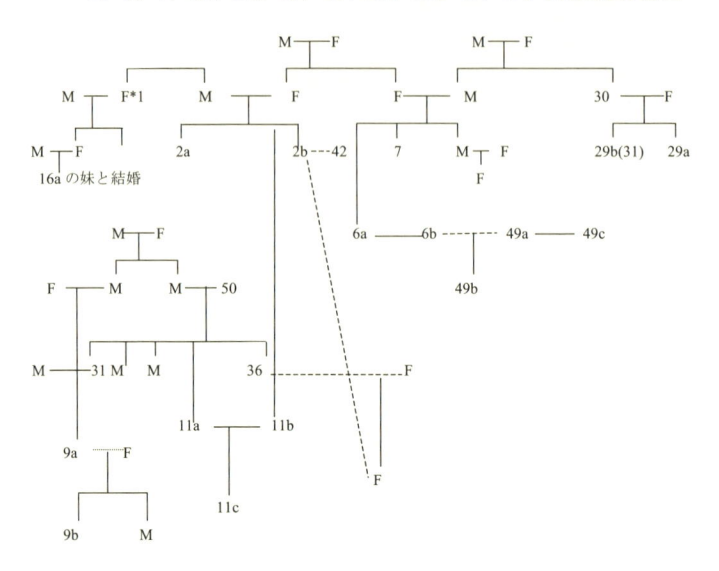

(16aの妹と結婚)

2、27、38、16、50、の親族関係図

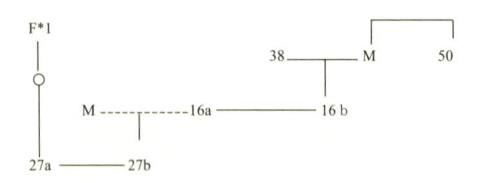

補論　家族と親族ネットワーク　227

21、22、23、40、52、53、12、41 との親族関係図

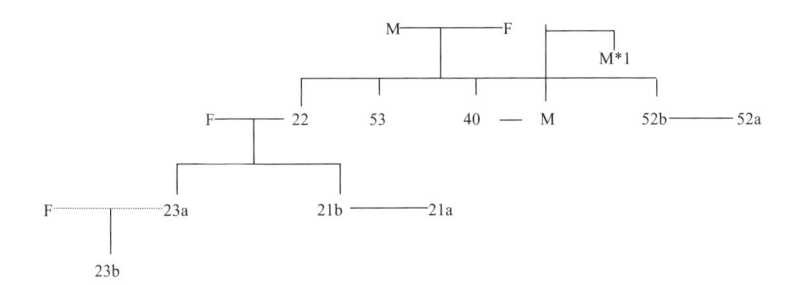

```
                    M ─┬─ F
                       │        ┌─ M*1
        ┌──────┬───────┼──────┬─┴─────┐
   F ─┬─ 22   53      40 ── M    52b ── 52a
      │
   ┌──┴──┐
F┄┄23a  21b ── 21a
   │
  23b
```

37、10 の親族関係図

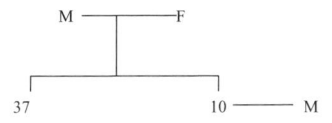

```
        M ─┬─ F
       ┌───┴───┐
       37     10 ── M
```

44、45、12 の親族関係図

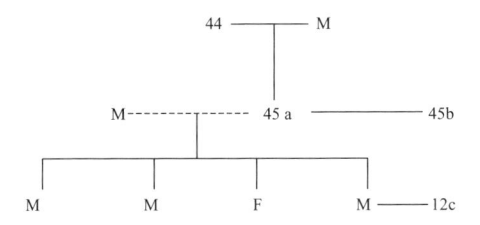

```
         44 ── M
             │
  M ┄┄┄┄┄ 45 a ── 45b
         │
   ┌───┬─┴─┬────┐
   M   M   F   M ── 12c
```

17 の親族関係図

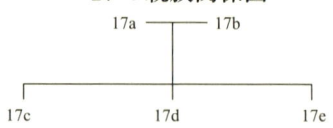

```
        17a ───┬─── 17b
     ┌─────────┼─────────┐
    17c       17d       17e
```

24 の親族関係図

```
    24a ───┬─── 24b
       ┌───┴───┐
      24b      F
```

28 の親族関係図

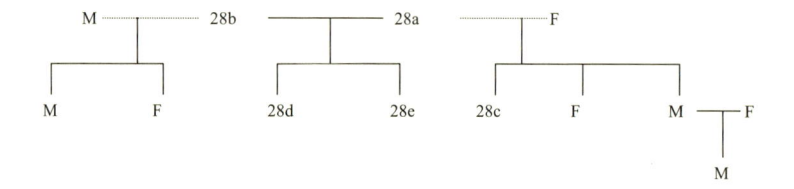

```
  M ······┬······ 28b       ┌─── 28a        ┌······ F
      ┌───┴───┐          ┌──┴──┐       ┌────┼────┐
      M       F         28d    28e    28c   F    M ─── F
                                                       │
                                                       M
```

35 の親族関係図

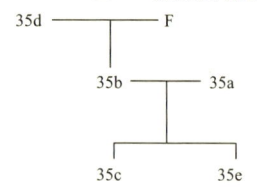

```
    35d ────────── F
      │
     35b ───┬─── 35a
         ┌──┴──┐
        35c   35e
```

14、19 の親族関係図

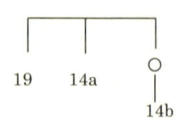

```
      ┌────┬────┐
     19   14a   ○
                14b
```

補論　家族と親族ネットワーク　229

43、48 の親族関係図

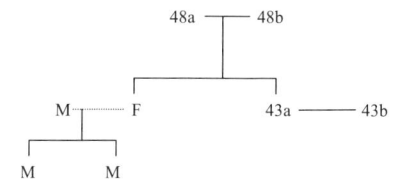

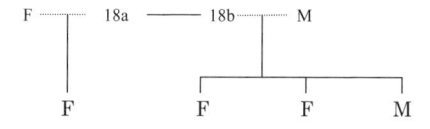

```
            48a ─┬─ 48b
      ┌──────────┼──────────┐
  M┈┬┈F        43a ─── 43b
  ┌─┴─┐
  M   M
```

13、15 の親族関係図

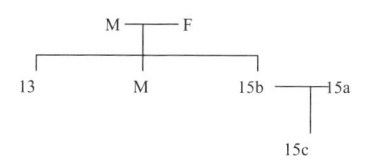

```
          M ─┬─ F
   ┌─────────┼─────────┐
   13        M        15b ─┬─ 15a
                           │
                          15c
```

3、4 の親族関係図

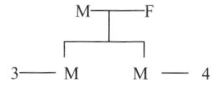

```
        M ─┬─ F
      ┌────┴────┐
  3 ── M      M ── 4
```

51 の親族関係図

51a ─── 51b

18 の親族関係図

```
  F ┈┈ 18a ─── 18b ┈┈ M
  │                ┌───┼───┐
  F                F   F   M
```

どが交代で自治会活動を支えてきた。

4-2　集落活性化活動と親族ネットワーク

　これら自治会活動を支えてきた人々を考察すると、49aは地元の現役の小学校教師、47aは元高校教師、48aは地元の元小学校教師と、すべて高学歴の教師である。また、49a、47a、48a、28aはすべて村外からフーソーの生活環境を求めてきた転入者である。このようにみてくると、フーソー集落の自治会活動を現在支えているのは、元教師や村外転入者と地元に親戚を多く持つ古い家系の人々であり、フーソーに特別な愛着を持つ人々だからこそフーソー集落の維持に熱心であるともいえる。

　一方、現在の自治会活動ではあまり中心的な役割を担っていない6aや5、8aの農業者は、現在の自治会関係者とともにフーソー劇やリフト組合の活動には深くかかわっており、当時は協同組合活動に熱心で、リフト組合では理事として投資を行い、負債を抱えた。しかし、リフト組合破たんによる金銭的な損害や、以前も現在も村の中心的役割を果たしている49aと6bの離婚・再婚による確執は、これらの人々を自治会活動から距離を置かせることとなっている。

第5節　高齢者と親族ネットワーク

　さて、人口が減少し、過疎化しているフーソー集落で高齢になれば何らかの手伝いが必要となる。高齢者の生活を支えうる家族・親族がどのような形で存在するのか、集落の65歳以上の高齢者について、どのような家族・親族が集落の中に居住しているのか、見てみよう。

5-1　高齢者家族と親族ネットワーク

　世帯番号35だけが3世代同居で、35d（83歳）だけが高齢者で家族と同居している。1a（72歳）、1b（76歳）は娘が集落の中に居住しているだけで

なく、多くの親族が集落にいる。5（83歳）は集落に住む息子夫婦や孫の家族・親族がいる。10（70歳）は妹が住んでおり、14（66歳）は弟が住んでいる。19（75歳）も弟や甥が住んでいる。22（81歳）は子供2人が集落に居住している。32a（73歳）、32b（73歳）は子供だけでなく様々な親戚が集落に住んでいる。37（84歳）は妹が集落に住んでいる。38（70歳）は娘が集落に居住している。40（78歳）はきょうだいをはじめ、多くの親戚が集落に居住している。41（67歳）は兄や甥が集落に住んでいる。44（70歳）は娘が集落に住んでいる。48a（69歳）、48b（67歳）は娘が集落に住んでいる。50（84歳）は子どもや孫が集落に住んでいる。52a（70歳）は何も親戚が無いが、妻の52b（69歳）はきょうだいが住んでいる。53（74歳）はきょうだいがまだ残っている。39（88歳）は身寄りがいないようである。20（80歳）については親族関係がわからなかった。

　このことから、65歳以上の高齢者23人のうち、21人は何らかの家族・親族を集落の中に持っている。このうち息子や娘など子供が集落に居住しているのは12人、子供は集落にいないがきょうだいがいるのは9人おり、過疎化が進んでいるとはいえ、当地の高齢者は自治体のよるフォーマルケアとともに、親族によるインフォーマルケアが充実していると言うことができよう。

5-2　事例にみる高齢者の日常と支える人々

　では、高齢者が実際にどのような生活をしているのか、どのような生活をしてきたのか、家族・親族はどのようなのか、具体的な事例を見てみよう。とりあげるのはいずれも80代の独居老人で、ともに同世代である。

　2004年の調査時、広い親族ネットワークを持つ50（84歳の女性）の一日は、7時起床、9時朝食で、ランチはとらず、16時か17時に夕食をとり、就寝は10時ごろで、冬は30分ぐらい早くなる。目が不自由で片眼がよく見えないが、織物をしている。その他に、テレビを見たり、ジャムを作ったり、花の世話をしている。子どもは7人で女子が5人、娘のうち2人はフーソーに、あと3人はエステルスンドに住んでいる。一番好きなことは小旅行で、

娘や親戚を訪ねることだという。旅行する時には、たいてい5人の娘の誰かと一緒で、1人で旅行することはない。娘の11aと50とはよく食事一緒にしている。集落の人とはだいたい電話でおしゃべりをするが、たまにお互いに尋ね合い話をする。友達は1a、3、39、10、40の5人である。また、37は兄の妻だという。50と5と37は同級生だという。50の年齢の世代では、ほとんどの同級生が村に残った。その時代の仕事は、道路建設や森林労働者だった。夫婦ともフーソー出身で、夫婦の両親もフーソー出身で、非常に大きい家族だった。50が結婚した時、すでに店を経営していた。夫の父は鉱山で店を経営していた人で、50の父親はアメリカにしばらく行っていたが、戻ってきて森林の労働者をしていた。父の兄弟は4人いて、みんなアメリカに行ったが、2人は戻ってきた。つまり、この家族にとって、フーソー劇は本当に近い先祖の話なのである。50が結婚した時、フーソーには3軒の店があり、うち1軒は衣料品が中心の店であった。息子2人のうち、次男（36）はフーソーに住み、長男は近くの集落に住んでいる。この辺の土地を受け継いでたくさん持っており、税金は31や長男が払っている。

　5（83歳、男性）は最初の調査時には、妻が亡くなって一人で家事などをこなしていたが、2007年の調査ではソーシャル・サービスの人が1日2回来ていた。午前9時と午後3時の2回、食事を（子供がいなくなって閉鎖中の）集落の小学校の台所で作って持ってきて、必要なら温めなおしたりもする。2週間に1回、掃除をしたりベッドのシーツを替えたりしてもらうが、スウェーデンでは普通のサービスという。費用は年金から出す。金額も変わるのでよくわからないが、毎月3000～4000kr支払っているのではないかということであった。

　お風呂のサービスは月に4回で、家に来てくれることもあるし、ヤルペン（コミューンの役所のあるところ）へ行くこともある。ヤルペンでは月に4回ぐらい老人たちが集まる機会があるらしい。元気そうで、1人で住んでいることには何にも問題を感じていない。

　食事は2食で、あとはお菓子を食べるぐらいという。きらいな食事もあるらしい。1週間に2～3回、買いたい物があったらICA（スーパーマーケッ

ト：カルやヤルペンにある）に配達してもらうホームサービスを受けている。クレジットカードで支払う。起きる時間や寝る時間は決まっているわけではない。インタビューの日は6時半に起きた。だいたい夜9時くらいに寝るという。朝9時に朝食なので、起きてから朝食までは、本を読んだりクロスワードパズルをやったりしている。午後3時ごろに2食目の食事をし、寝るまでは、新聞を読んだりする。テレビはほとんど見ない。朝はラジオを聞くという。誰かが訪ねてきたり、彼が訪ねていったりすることはある。

しかし、交友関係についての質問はとても微妙な、触れてはいけない問題でもあるらしい。高齢者の社会関係が少ないのは重要な問題で、年を取ると社会関係も狭まり、社会も変わってお互いに訪問し合うような関係はないという意見も聞かれた。5の場合、近くに息子や孫息子が居住しており、特に孫息子は同じ敷地内に居住しており、時々訪ねてきている。

5-3　調査地における高齢者支援

フーソーで高齢者への支援について聞いたところ、買い物やどこかに連れて行ってほしい時は、子どもやきょうだいに頼むことが多いという。そうでない場合、そういうことをやってくれるのが2a（48歳：男性：ヤルペンで看護師をしている。最大の家系につながる）である。礼はお金をあげたりするのではなく、1aであればパンを焼いてあげたりする。2aはすごくやさしくてみんなの手伝いをしているという。実際、調査中に会ったばかりのわれわれにちょっとしたお土産をくれたりする気遣いのある人だった。また、5の息子の8a（52歳：男性：農業）も家の修理など、いろいろを手伝っている。2aの兄の2b（50歳：男性オーレで修理工）は、コンピュータの資格をもち、技能的にも長けているため、集落の人々のコンピュータ、インターネット等の補助をしてくれるという。

過疎化の進む地域ではあるが、フーソーの高齢者は、フーソー出身者が多く、家族・親族、友人が多く残っており、フォーマルケアとインフォーマルケアを上手に利用しながら暮らしているように見える。

第6節　むすび

　人口希薄地域の山村フーソー集落で、鉱山労働者につながる古い家族を中心として、広くて濃密な親族関係がみられた。これらの親族関係の考察から、濃密な親族関係が高齢者の生活を支えていること、当地の地域開発活動を支えていることの2点が見えてきた。

　スウェーデンでは、高齢者の社会関係が少ないと言われ、高齢者の孤独が問題になるが、当地では高齢者のインフォーマルケアを支える親族が集落内に居住していた。このような面で、過疎化、高齢化が進んでいても、当地の高齢者はフォーマルケアとインフォーマルケアの両方から独居が支えられる環境にあるといえよう。

　一方、このような集落の親族関係からみた自治会活動は、古い家系につながる親族の中に自治会活動を支えるものが多くみられる一方で、集落外からの転入者、元教師といった社会的な地位のあるものも、中心的な役割を担っている。会員を集落内に限定しないという自治会規則は、自治会の活動をこのように転入者が担うことを期待している面もあるのだろう。自治会の会計という重要な役割を長年に亘り担っていたのは、古い家系の娘婿で、よそから来た元教師であった。フーソー劇のように先祖につながる活動には、多くの住民が参加していた。特に、系譜のつながる人々が率先して参加していたが、当地の家族・親族関係を見るならば、その広がりも納得できよう。また、リフト組合の理事となり、投資していたのは、当時、組合活動に熱心な人々であった。理事として活動を担った人々の多くは、親族を集落に持つ、地元で生まれ育った人々であり、実際に雇用されて働いた人々の多くも、親族ネットワークの中にみることができる。このように、当地の地域開発の住民活動の中心的役割を担ったフーソー劇、リフト組合などの組合や自治会活動は、古くからの家系と濃密な親族関係と、外から来た教員といった社会的地位の人々に支えられていたといえる。このような地域活動、高齢者ケアにおける親族ネットワークと社会的地位の実態は、歴史を持つ社会の人間関係、

地縁・血縁を彷彿とさせ、日本の過疎山村の現状にもつながるように思われる。

参考文献
藤岡純一、2009、「スウェーデンにおける家族・親族介護者支援の課題」『関西福祉大学　社会福祉学部紀要』12号、pp.189-197.
西村洋子、1993、「スウェーデンにおける高齢者ケア：社会と家族はどうかかわるか——政策的視角から」『Sociologica』17（2）、pp.A1-A25.
善積京子、1992、「スウェーデンの家族はどこに行く」布施晶子・玉水俊哲・庄司洋子編『現代家族のルネサンス』青木書店.
善積京子、1996、「スウェーデン社会と家族変動」野々山久也・袖井孝子・篠崎正美編著『いま家族に何が起こっているのか』ミネルヴァ書房.
Almqvist, Boel, 1973, *Huså*, Sevärdheter I Jämtland-Härjedalen.

おわりに
―地域再生の新たな展開によせて―

大野　晃

　われわれの研究課題は、条件不利地域にみる人口、戸数の激減と高齢化の急速な進行による地域の衰退化をどう再生していくのか、その具体的道筋を明らかにするところにある。

　もとより、この出発点は日本の条件不利地域の調査研究にある。日本の条件不利地域、とりわけ山村の実態調査を重ねるにつれ、日本の条件不利地域対策の不充分さ、未熟さを実感し、その克服が大きな課題となってきた。そのため、EUの条件不利地域対策の先進性に着目し、1995年EU加盟したスウェーデンの条件不利地域の実態調査を通して再生の糸口を見い出すべく、1999年に調査を開始した。調査対象はスウェーデンで最も人口希薄地域が多いイェムトランド県の2地区である。

　その1つは、1980年代急速な人口減少により、小学校や食料雑貨店（ICA）などの存続が危ぶまれ、衰退の危機にあった地域を「企業家精神」溢れる70社に及ぶ中小企業を集積させ、企業と住民の主体的参加による連携で多目的総合施設たるコミュニティーセンターの建設とその運営を成功させてきたクロコム・コミューンのトロングスヴィーケン地区である。もう1つは、幼稚園がなくなり小学校が統廃合された上に、地域唯一の食料雑貨店（ICA）が閉店となるなか、地域開発による外部資本の導入を拒否し、森と湖に囲まれた豊かな自然と人との調和を目差す取組みを集落自治会（ビア

ラーグ)を中心に展開しているオーレ・コミューンの人口希薄地域フーソー集落である。これら2地区の定点調査は10年に及んでいる。

　本書をまとめるに当り、ここでは本研究の出発点をなしている日本の条件不利地域再生論はひとまず置いて、スウェーデンの条件不利地域再生論、具体的には人口希薄地域の再生に焦点を絞り、2地区の実態把握をもとにEUの地域政策、スウェーデンの協同組合の展開、地域に集積する企業の生産活動と地域貢献、住民の主体的活動の拠りどころとなっている「新」協同組合や集落自治会(ビアラーグ)の活動など多面的な観点から地域の再生を検討、考察してきた。こうしたスウェーデンの条件不利地域再生論をまとめた上で、条件不利地域の比較日本論に再度立ち帰るそのステップをつくることが本書刊行の意図である。

　結びに当り、2地区の実態把握を踏まえた考察から住民主体の地域再生の取り組みとして重要な点を以下に述べておく。

　第1に指摘すべきは、住民が主体的に地域再生に取り組んでいくためには、活動の拠りどころとなる集落自治会や「新」協同組合などの組織の存続が不可欠な点である。

　第2は、スウェーデン型組合方式は住民参加の基礎組織として地域再生に重要な役割を果たしている点である。しかし、こうした組合方式はいまや市場経済への柔軟な対応が求められており、第5章で考察されているクロコム・コミューンの(株)トロングスヴィーク社にみるように自らを「社会的企業」の推進・実践母体として自覚し、「なによりも地域社会の発展を重視」していくような時代状況への適応が重要になっている点である。

　第3は、EU構造資金の公的支援が条件不利地域の再生に大きな役割を果たしている点である。そのため、EU資金の獲得・運用等のプロジェクトを導入する際にはプロジェクト・リーダーが重要な役割を果たすので、住民組織を基盤にしつつ専門性を持つ人材を広く内外から募集する必要がある。また、自治体の分担が求められるEU資金の導入には自治体の協力が必要であり、専門家集団としての大学・研究所の協力も欠かせない。活動の担い手を地域内部に限定することなく、内外の多様な人材と連携して協力体制を組む

ことが重要である。

　最後に、この書ではスウェーデンの地域研究にみる2つの新しい分野の開拓を試みているのでこの点にふれておく。

　その1つは、地域社会に果たすビアラーグの研究である。われわれは定点調査の後半にこの問題に気付いた。ビアラーグは、日本の村落共同体のような歴史的系譜を引いた自治組織とは違い、機能的集団である。このビアラーグは第4章で述べられているようにスウェーデンの集落においては住民の主体的活動を行う重要な拠りどころとなっている。また第6章にみるように、集落の置かれている状況によってその発足の経緯や機能内容も違い、きわめて多様である。ビアラーグが地域社会でどのような役割を果たしているのか、地域活性化にどう生かされているのか、こうした点を今後さらにつめていく必要がある。

　第2は、オーレ・コミューンのフーソー集落における悉皆調査にかかわる点である。悉皆調査は日本の農村調査で用いられる調査手法である。われわれは、この手法をフーソー集落調査に用い、補論にみるように全世帯の世帯構成を世帯類型別に整理し、そのなかから独居老人世帯を含む親族ネットワークを抽出した。この親族ネットワークの事例から明らかにされたことであるが、集落内の独居老人は買い物などの日常生活を親族関係の支援を通して維持している。

　食料雑貨店が閉店に追い込まれているフーソーのような条件不利地域においては、独居老人の生活を支えている親族関係の存在は今後一層大きな意味を持ってくる。その意味でスウェーデンの条件不利地域における公的支援に対する親族支援の問題は今後重要な研究課題である。

　以上、スウェーデンにおける条件不利地域、オーレ・コミューンのフーソー集落とクロコム・コミューンのトロングスヴィーケン地区の2地域における地域再生論の研究成果をふまえ、日本の条件不利地域の再生論を考えることが今後われわれに課せられた課題である。その際、スウェーデンにみる地域密着型機能集団、ビアラーグおよび集落内血縁関係による親族ネットワーク支援と日本の農村、山村にみる地縁・血縁関係の歴史的経緯を引いて

いる町内会・自治会との比較再生論的考察がさらに大きな課題になってくる。この残された課題をここに確認し結びとする。

あとがき

　早いものである。イェムトランド県の県都エステルスンド市のホテルのレストランで、スウェーデン地域調査研究所（SIR：ITPS の前身）の所長さんから歓迎のセレモニーとやらで発酵ニシンをハナをつまみながら食べさせられてから 12 年になる。1999 年夏のことであった。

　当初の私たちの研究関心は、EU の条件不利地域農業への助成の現状を調査するところにあった。フーソーの農家の EU 助成申請書類をフーソー小学校の校長先生に夜遅く来てもらい学校でコピーをしてもらった。これは生態的助成と文化的景観助成にかかわる EU 助成の個別事例を示す大変貴重な資料であった。調査の後半はわれわれの関心がスウェーデンの協同組合論や住民自治論に移ってくるとともに、ビアラーグの存在を知り一大"発見"をしたように喜んだ。日本の町内会・自治会の調査をやってきていたので、後半はビアラーグのきき取りに力を入れた。本書は、その流れからすれば後半部分の調査をまとめたものであると言える。

　フーソー集落の調査では、集落内に泊まる所がないので空き家を借り 1 週間から 10 日の調査合宿をした。朝食は当番制で毎日パン、サラダ、ハム、牛乳が定番で、インスタントラーメンを無精に食べたくなったがメニューにはのらなかった。調査合宿で大変だったのは食料雑貨店が閉店になり、食材調達に難儀したことだった。このフーソーには 1999 年から 2009 年までの間に 9 回足を運び、集落の人たちには大変お世話になった。特に、フーソー集落自治会の会長ベリエ、会計マッツ、監査役ホーカンの 3 氏には調査中

の連絡等で大変お世話になった。フーソーの悉皆調査が出来たのも彼らの協力があったからである。また、エステルスンドにある中央スウェーデン大学と労働生活研究所の諸先生には調査先の手配や調査後に行われた研究報告会では貴重なコメントをいただき、これがわれわれの調査研究の継続に大きな力になった。また、スウェーデン政府のスウェーデン研究所等の諸機関にスウェーデンの条件不利地域にかかわるアドバイスをいただいた。記して謝意を表する次第である。

　最後になったが、本書刊行を快くお引き受け下さった東信堂の下田勝司社長には心から御礼申し上げる。

　尚、私たちの調査研究は以下の科研費助成によるものである。
○研究課題：農山村における環境保全と過疎問題
　　　研究組織：吉澤四郎、大野　晃、中道仁美
　　　研究期間：平成 11 年度〜平成 13 年度
○研究課題：農山村における内発的発展と環境保全
　　　研究組織：大野　晃、中道仁美、小内純子
　　　研究期間：平成 14 年度〜平成 17 年度
○研究課題：住民参加による条件不利地域の再生と EU 地域政策
　　　研究組織：中道仁美
　　　研究期間：平成 18 年度〜平成 21 年度
　また、本書は平成 23 年度科学研究費補助金（研究成果公開促進費）を受けての出版であることを合わせて記しておく。

2011 年 8 月 31 日

　　　　　　　　　　　　　　　　　　　　　　　　　　　　大野　晃

索 引

【欧字】

ALI（労働生活研究所） 75
ALMI（ビジネスパートナー公的企業） 60
EAGGF（欧州農業指導保証基金） 6
ECSC（欧州石炭鉄鋼共同体） 5
EIB（欧州投資銀行） 6
EQUAL 18
ERDF（欧州地域開発基金） 6, 8
ESF（欧州社会基金） 6
EU 14
EU援助金 196
EU基金 69
EU構造基金 89, 140, 152
EU構造資金 238
EU資金 104
EU社会基金 19
EU助成 119
EU地域開発プロジェクト 102
EU地域開発補助金 101
EUの地域政策 238
EUの農業補助金 28
EUプロジェクト 66, 102, 129, 140, 143, 152, 161, 175-177, 188, 194
GBV（全スウェーデン農村開発機関） 59, 75, 88
INTERREG 9, 18
ITPS（スウェーデン経済成長研究所） 60, 75
ITプロジェクト 155
JiLU（イェムトランド地域開発局） 61

LEADER 9, 194
LEADER + 19
new-old 運動 48, 71, 175
NUTEK（スウェーデン産業・技術開発庁） 17, 58, 64, 75
NUTS（地域統計分類単位） 8, 19
SIR（Sweden Institute for Regional Research） 60
URBAN 19

【ア】

アジェンダ2000 9, 17, 20, 24
アセットマネジメント 176
新しい協同組合 iv, 48, 64, 86
アルセン村組合 193, 212

【イ】

イェムトマート 51
イェムトランド対応 72
イェムトランド地域協同組合開発センター（CDA） 49
イェムトランドモデル iii, 46, 47, 52, 54, 69, 71
イネブラー（成功促進要因） 55
インキュベーター 165, 168, 176, 177
インダストリーハウス 141
インフォーマルケア 231, 233, 234
インフォメーションセンター 212

【ウ】

運営委員会 130

運営助成金　189, 210, 212

【エ】

エコ・ツーリズム　123, 133
エコノミーとエコロジー　134, 135
エーデ／ロンニングスベリ・ビアラーグ
　　　185
エルドシェル（eldsäl）　891, 04
遠隔農村地域　vi

【オ】

欧州化　20, 29
欧州地域協力　10
大きな地域政策　14
オーセ／トロング・ビアラーグ　189

【カ】

会員資格　204
介護　216
解散　199
解散条項　210
外的刺激（External Stimulation）　55-57
街灯　185
街灯委員会　192
街灯組合　191, 208
街灯補助金　210
外部からの刺激　104
学習サークル　80, 92
過疎化　ii, 231, 234
家族　216, 220
過疎山村　220, 235
過疎スタイル　147
過疎地域　viii, ix
家畜補助　27
学校統廃合　111
活動家　89, 103, 104
活動の自律性　72
活動のミッション　164
合併　i

カル地区連合会　101, 104
環境支援　25
環境政策　27
環境補助　27
観光開発　110
カントリーミュージアム　132-135

【キ】

起業　165
企業家組合（företagare förening）　145, 158, 162
企業家集団　149
企業家精神　103, 168, 237
起業学校　141
企業家の育成　169
企業の集積　148
共通農業政策　ix, 4, 6, 28, 30
共同織物小屋　203
協同組合　67, 81, 88, 151, 230, 238
協同組合開発センター　15, 82, 86
協同組合活動　129, 234
協同組合研究プロジェクト　86
協同組合プロジェクト　89
協同組合中央組織（KF）　79, 150
協同組合評議会　64
共同作業　210
共同洗濯小屋　203, 206
共有財産　206
近郊農村地域　vi
禁酒団体　150

【ク】

クビッツレ・ビアラーグ　203
クビンヌム（Kvinnum）プロジェクト
　　　51, 68
グラスルーツ　52, 71
クレジット保証組合（KGF）　169, 179

【ケ】
経営基盤の強化　173
景観的エコシステム　134
経済協同組合　83
経済「新」協同組合　83, 85, 87
経済的・社会的結束　16
系譜　223, 234
結束基金　8
限界集落　viii, 123, 131, 215
県民衆運動委員会　63
県村活動委員会（Läsbygderådet）　64

【コ】
公共セクター　42
工業発展期　41
公的サポート　55, 57, 72
公的サポートシステム　58
公的支援　56, 238, 239
公的セクター　53, 58
構造基金　i, 8, 17
構造政策　ix
高齢化　130, 234
高齢者　215, 218, 230, 234
高齢者支援　233
コーディネーター　164
コミュニティ・イニシアティブ（共同主導）　8, 9, 17
コミュニティ企業　140
コミュニティセンター　143, 145, 146, 149, 162, 176
コミュニティセンター株式会社　168
コミュニティセンター組合　144, 146, 158
コミュニティ・ビジネス　87
コミュニティワーカー　53, 56
コミューン　i
コミューン合併　12, 81
コミューンの統合　47
雇用の創出　156

コンスム（消費協同組合）　96, 150
コンパニオン（Coompanion）　49, 64, 84

【サ】
財政平衡制度　14
財団（stiftelse）　83
サードセクター　138
サポート体制　58
サマーカフェ　165, 188, 195, 200
山村　237

【シ】
ジェンダー主流化　69
ジェンダー分割　46
事業組合　94
市場経済　103
市場統合　7
施設の維持管理　206, 210
自然の景観美　132, 134
滴り落ち論　10, 15, 30
自治会　129, 183, 209, 224, 230
自治会運営　125
自治会活動　104, 187, 234
自治会規則　234
自治会規約　124, 128
自治組織　iv, 113, 209, 239
死ぬことを拒否する村　93
地元住民の動員　104
社会関係　233, 234
社会関係資本　71147
社会起業家　89
社会的企業　iv, 137, 148, 159, 165, 173, 177, 238
社会的協同組合　139
社会的経済　165
社会的地位　234
社会的風土　211
住民運動　150
住民活動のリーダー　172

住民参加　177
住民自治組織　111
住民組織　149, 238
住民の主体性　179
集落アソシエーション（hembygsförening）　184, 203, 212
集落活性化運動　i, 88
集落活性化活動　230
集落再生　133
集落自治会　101-104, 109, 113, 124, 129, 141, 145, 151, 172, 173, 183, 237, 238
集落組織　i
収れん　10
商業協同組合　150
主体的参加　237
条件不利地域　ii, iii, ix, 4, 25, 29, 122, 237
消費生活者協同組合　80
消滅集落　131
職業的特徴　220
触媒　165, 175
触媒作用　52, 56, 71
職場の存続　156, 162
食料雑貨店（ICA）　100, 106, 115, 146, 156
植林手当て　28
女性資源センター　51, 67, 69
女性主体型　74
女性プロジェクト（クビンヌム・プロジェクト）　67
所得補償　ii
「新」協同組合　81, 86, 94, 103, 238
人口希薄地域　v, 113, 237, 238
人口希薄地域派遣団　12
親族　216, 220
親族関係　116, 223, 234
親族関係図　225-229
親族ネットワーク　216, 223, 230, 234, 239
人的・物的資源の動員　56
新食糧政策　21
親睦活動　206, 210
森林レーン（森林県）　11

【ス】

水道組合　97
水曜例会　161, 189
水浴場　155
水浴場管理助成金　210
スウェーデンクレジット保証組合（SKGF）　179
「スウェーデン全体で生き残る」　13, 14, 48, 81, 96, 103
スウェーデン農村開発局　13
スポーツアソシエーション　150

【セ】

生活環境保全　104
生活協同組合　150
生活保全　215
成功要因　161
生産調整　27
成人教育制度　80
生態系　134
生態的助成　28, 121, 122
石灰博物館　155, 193
積極的労働市場政策　11
積極的労働政策　41, 46
専門家集団　238

【ソ】

総会　192
総会議事録　188, 191, 196
ソーシャル・キャピタル　138
ソーシャル・サービス　232
村落共同体　239
村落コミュニティ　184

索 引　247

【タ】

大衆社会運動　82, 105
多角的な経営　120
ダッチ・プロジェクト　104
単一欧州議定書（SEA）　7, 19
男性主体型　74

【チ】

地域協同組合開発局（CDA）　64
地域再生　104
地域再生運動　46, 71, 114, 137
地域再生システム　iv
地域産業政策　15, 29
地域資源　52
地域振興団体　88
地域政策　i, 6, 11, 29
地域政策助言委員会　12, 81
地域政策補助金　11
地域成長契約　14, 15
地域的動員　71
地域のイニシアティブ　56
地域プロジェクト事業　12, 16
地域マネージャー　102
地域密着型機能集団　124, 240
地域類型　37
小さな地域政策　14
地縁・血縁　235
地区委員会　112
地方アソシエーション　184
地方開発会議　62
地方議会（Rural Parliament）　63
地方自治体の支援　104
中央スウェーデン大学　86, 161, 163
直接支払　ii
直接所得補償　25

【テ】

定例会　125, 127, 129
定例会議事録　125
デカップリング　4
テストプロジェクト　145
転職支援制度　123
電力資金　106
電力補償金　101

【ト】

同棲婚（サンボ）　220
道路組合　98, 199, 204, 208, 212
道路問題　125, 129
特別不利地域　iii
都市地域　vi
独居　234
独居世帯　218
独居老人世帯　218
トップダウン型のサポート　62, 73
（株）トロングスヴィーク社　155, 157, 158, 162-164, 166, 176, 188, 194, 201
トロングスヴィーケン農業銀行　150
トンプソン報告　6

【ナ】

内発的発展　135

【ネ】

ネットワーク　52, 53, 72
年間活動報告　130

【ノ】

農業環境政策　21
農業構造政策　ix
農村開発機関　60
農村議会　13
農村再生　175
農村振興政策　20
ノルランド　33

【ハ】

廃校活用　127
パートナーシップ　iii, 8, 14, 29, 30, 52, 54, 69, 72

【ヒ】

ビアラーグ（byalag）　iv, 109, 124, 141, 151, 183, 184, 197, 224, 237-239
ビアラーグ規約　186, 197, 198, 204, 205
ビアラーグの運営　187
ビアラーグの会計報告　200
非営利アソシエーション　166
非営利「新」協同組合（ideell förening）　83, 84
一人一票　83, 187, 210
必須の三角形　55, 71-73
非割当　7, 9

【フ】

フィーカ　200
風力発電　101
フォーマルケア　231, 233, 234
フーソー組合　98
フーソー劇組合　93
フーソー集落　216
フーソー集落自治会　98
フーソー・ビアラーグ　185, 204
フーソー物語　92
プログラム　7
プロジェクト・コーディネーター　159
プロジェクト・リーダー　51, 56, 69, 153, 159, 161, 163, 175, 238
ブロードバンド　155, 157, 188
文化的景観助成　119, 122
文化的景観保全　28
文化的資源　53

【ホ】

保育（親）組合　94
放牧組合　212
北欧全体で生きる　63
北部畜産補助金　27
補助金申請　209
ポストEUプロジェクト　172
ボトムアップ　iii, 29, 52, 54, 71
ボトムアップ型　69, 72
ホームサービス　233
ボランティア　48, 161, 200, 204, 207, 212

【マ】

マーケティング・プロジェクト　153
マルチレベル化　10
マルチレベル・ガバナンス　9, 20, 29

【ミ】

3つの必須条件　104
緑の波　73
民間セクター　43, 54
民間非営利組織　84
民衆運動　80, 82, 89
民衆運動委員会（Folkröerlseråder）　13, 48, 62, 63, 81
民衆運動支援機関　57
民衆運動支援組織　73
民衆活動　29
民衆教育　80
民主的組合　105

【ム】

無償労働　94, 199, 210, 212
村活動グループ　63
村の寄り合い　185
村フォーラム　64

【メ】

メッランシューグループ　193
メンター　174, 176

メンターンシップ（助言者）　165

【モ】
燃え尽き症候群　100
目的1　18, 102
目的1の地域　8
目的1プロジェクト　155, 157
目的2　18
目的3　18
目的5a　17, 22
目的6　8, 16, 17, 22, 102, 103
目的6プロジェクト　153
モー／トロングスヴィーケン・ビアラーグ　196

【ユ】
優先事項　9

【ヨ】
要求実現活動　207, 210
4つのキーワード　54

ヨー牧場　155, 191, 195

【リ】
理事会議事録　196
理事会選挙　186
立地政策審議会　11
林業政策　28

【レ】
歴史学習サークル　193
歴史的建造物　193, 223
歴史的社会資本（hisitorical social capital）　71, 147-149, 151, 162, 174

【ロ】
老親　216
労働者協同組合　79, 80
労働者組合　86
労働生活研究所（ALI）　161, 163
労働奉仕　211
ローマ条約　3, 5-7

執筆者紹介 （○印編者）

○中道仁美（なかみち　ひとみ）　愛媛大学農学部准教授
専門分野
　農村社会学、女性学
主要著作・論文
　「農村女性研究の展開と課題」日本村落研究学会編『家族農業経営における女性の自立』（農山漁村文化協会、1995 年、pp.136-166）、「農山村におけるグリーン・ツーリズムの展開と課題」日本村落研究学会編『山村再生 21 世紀への課題と展望』（1998 年，農山漁村文化協会、1998 年、pp.127-153）、「魚介類販売にみる女性の活動とネットワーク――沖縄の刺身店の事例から――」中道仁美編『女性から見る漁業・漁村』（農林統計出版、2008 年、pp.131-156）

○小内純子（おない　じゅんこ）　札幌学院大学社会情報学部教授
専門分野
　地域社会学、地域メディア論
主要著作・論文
　『釧路内陸部の地域形成と観光マーケティング』（共編著、創風社、2007 年）、『在日ブラジル人の労働と生活』（共著、お茶の水書房、2009 年）、『階級・ジェンダー・エスニシティ』（共著、中央法規、2001 年）

○大野　晃（おおの　あきら）　長野大学環境ツーリズム学部教授、高知大学名誉教授
専門分野
　環境社会学、地域社会学
主要著作
　『山・川・海の環境社会学――地域環境にみる〈人間と自然〉』（文理閣、2010 年）、『限界集落と地域再生』（信濃毎日新聞社等地方紙 12 社共同企画出版、2008 年）、『山村環境社会学序説――現代山村の限界集落化と流域共同管理』（農山漁村文化協会、2005 年）

吉澤四郎（よしざわ　しろう）　中央大学名誉教授
専門分野
　社会学、環境社会学、林業経済
主要著作・論文
　「林業労働組織と村落」『社会学年誌』第 10 号（1969 年、pp.71-85）、「奄美南部山村の開発と自然保護――林業開発とアマミノクロウサギの関係を中心として――」『中央大学経済研究所年報』第 16 号（1985 年、pp.59-124）「上流山村のむらづくり――『吉野川源流物語』の展開――奈良県吉野郡川上村の村づくりと林業労働」『村落社会研究』第 8 巻第 1 号（2001 年、pp.1-11）

スウェーデン北部の住民組織と地域再生

2012 年 2 月 29 日　初版第 1 刷発行　　　　　　　　　　　〔検印省略〕

＊定価はカバーに表示してあります

編者 © 中道仁美・小内純子・大野晃　発行者　下田勝司　　　印刷・製本　中央精版印刷

東京都文京区向丘 1－20－6　郵便振替 00110－6－37828

〒 113－0023　TEL 03－3818－5521（代）　FAX 03－3818－5514

　　　　　　発　行　所
　　　　株式会社　東 信 堂

E-Mail tk203444@fsinet.or.jp　http://www.toshindo-pub.com

Published by TOSHINDO PUBLISHING CO.,LTD
1-20-6, Mukougaoka, Bunkyo-ku, Tokyo, 113-0023, Japan
ISBN978-4-7989-0106-0 C3036 Copyright©2012　H. NAKAMICHI, J. ONAI, A. ONO

【現代社会学叢書】

開発と地域変動——開発と内発的発展の相克	北島　滋	三二〇〇円
在日華僑のアイデンティティの変容——華僑の多元的共生	過　放	四四〇〇円
健康保険と医師会——社会保険創始期における医師と医療	北原龍二	三八〇〇円
事例分析への挑戦——個人現象への事例媒介的アプローチの試み	南　保輔	三八〇〇円
海外帰国子女のアイデンティティ——生活経験と通文化的人間形成	水野節夫	四六〇〇円
現代大都市社会論——分極化する都市？	園部雅久	三八〇〇円
インナーシティのコミュニティ形成——神戸市真野住民のまちづくり	今野裕昭	五四〇〇円
ブラジル日系新宗教の展開——異文化布教の課題と実践	渡辺雅子	七八〇〇円
イスラエルの政治文化とシチズンシップ	G.シャフリー／宝月誠監訳	三六〇〇円
正統性の喪失——アメリカの街頭犯罪と社会制度の衰退	奥山眞知	三八〇〇円
地域社会研究と社会学者群像——社会学としての闘争論の伝統	橋本和孝	五九〇〇円
福祉政策の理論と実際（改訂版）福祉社会学研究入門	三重野卓編	二五〇〇円
韓国の福祉国家・日本の福祉国家	武川正吾・キム，ヨンミョン編	三二〇〇円
改革進むオーストラリアの高齢者ケア	木下康仁	二四〇〇円
スウェーデン北部の住民組織と地域再生	井口高志	三八〇〇円
認知症家族介護を生きる——新しい認知症ケア時代の臨床社会学	中山純子・小野内純子・中村晃子編	四二〇〇円
社会福祉における介護時間の研究——タイムスタディ調査の応用	渡邊裕子	五四〇〇円
介護予防支援と福祉コミュニティ	松村直道	二五〇〇円
対人サービスの民営化——行政・営利・非営利の境界線	須田木綿子	二三〇〇円
新版 新潟水俣病問題——加害と被害の社会学	飯島伸子・舩橋晴俊編	三八〇〇円
新潟水俣病をめぐる制度・表象・地域	関　礼子	五六〇〇円
新潟水俣病問題の受容と克服	堀田恭子	四八〇〇円

〒113-0023　東京都文京区向丘1-20-6
TEL 03-3818-5521　FAX 03-3818-5514　振替 00110-6-37828
Email tk203444@fsinet.or.jp　URL:http://www.toshindo-pub.com/

※定価：表示価格（本体）＋税